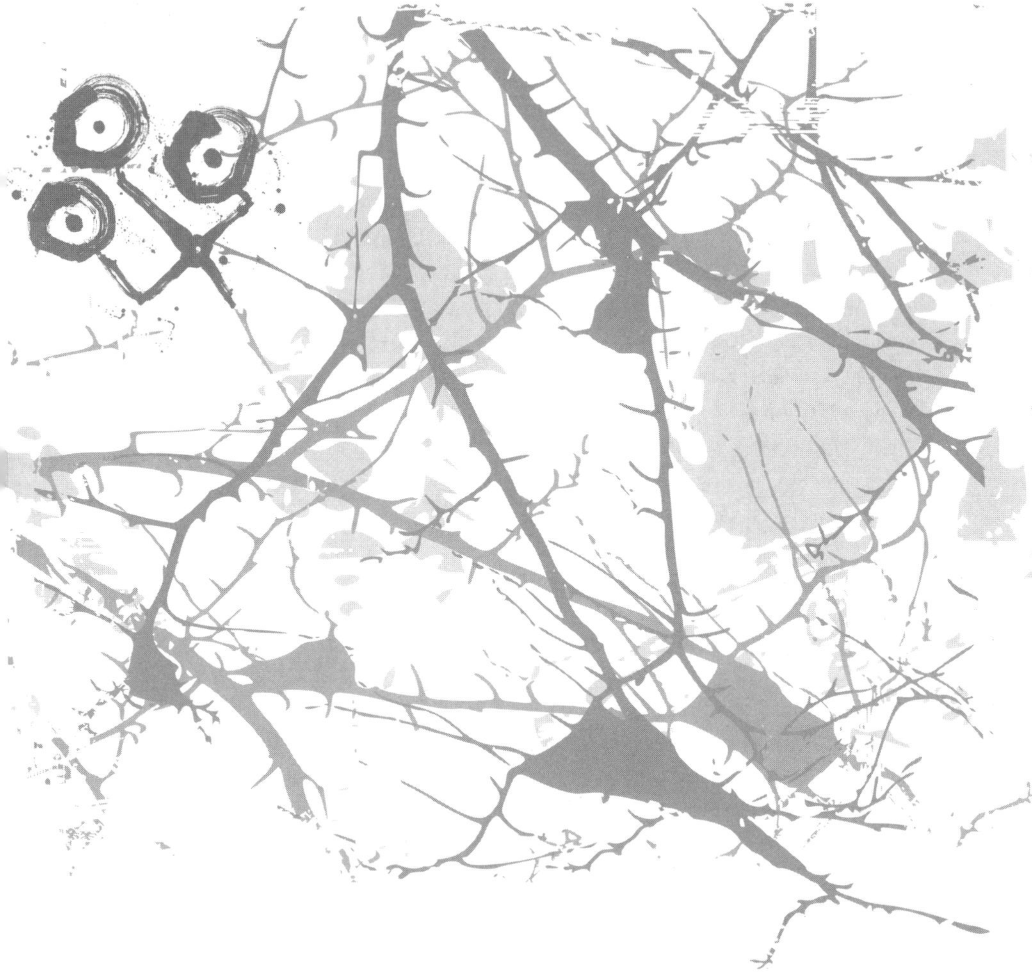

계몽과 통속의 소설사

최성윤

도서출판 월인

최성윤
강원도 강릉 출생. 강릉고등학교를 졸업하고 고려대학교 국어국문학과와 동 대학원에서 문학을 공부했다. 학부 과정 중인 1995년 문화일보 문예공모에 시 「獨酌」이 당선되어 등단하였으며, 고려대학교 대학원 국어국문학과에 진학한 후에는 한국 근현대소설 연구에 전념하고 있다. 2000년 「이근영 연구」로 석사학위를, 2009년 「한국 근대초기 소설 작법의 형성과정 연구」로 박사학위를 받았다. 주요 논문으로 「이해조의 「화의 혈」과 채만식의 「탁류」에 나타나는 '자매' 모티프의 세대론적 의미」, 「김유정 소설의 여성 인물과 '貞操'」, 「김동인의 창작방법론과 「소설작법」의 의의」 등이 있다. 삼척대, 한경대, 대진대 등에서 전공 및 교양 교과목을 맡아 강의하였으며, 현재 고려대학교와 순천향대학교 강의실에서 학생들을 만나고 있다.

계몽과 통속의 소설사

초판 1쇄 인쇄 • 2013년 4월 4일
초판 1쇄 발행 • 2013년 4월 8일

저 자 • 최성윤
발행인 • 박성복
발행처 • 도서출판 월인
서울시 강북구 노해로25길 61(수유2동 252-9)
등 록 • 제6-0364호
등록일 • 1998년 5월 4일
전 화 • (02) 912-5000
팩 스 • (02) 900-5036
www.worin.net

ISBN 978-89-8477-538-1 93810

값 14,000원

서문

금이 가고 이지러진 그릇들에 관심이 갔다. 쓸모없다 하여 버려지는 것이 당연할지도 모르는 그것들을 누가 빚었으며, 왜 빚었으며, 어쩌다 망쳐버린 것인지 소상히 알고 싶은 욕심이 났다. 흙을 이길 줄도 물레를 찰 줄도 모르는 이가 조급하게 모양을 만들고 성급하게 유약을 발라 가마에 넣는 바람에 세찬 불을 이기지 못한 것이었으리라. 아무튼 그렇게 서툰 그릇들도 모자라고 귀해서 버려지지 않은 시대가 있었고, 나는 그 애처로운 유물들에서 책상물림에나 어울릴 얼굴을 한 서투른 도공의 진땀과 눈물 냄새를 맡는 것이다.

이 책은 '근대 초기의 소설과 그 개념의 형성과정'이라는 그간의 관심사를 몇 편의 논문으로 나누어 서술한 것이다. 1920년대와 그 이전의 한국소설사는 '소설'이라는 근대적 양식과 그 개념의 형성 과정이라는 큰 틀에서 접근하기에 용이한 대단히 흥미로운 자료들을 다수 포함하고 있다. 1920년대 중반을 근대 소설 문단의 정립 시기로 본다면, 1920년대 전반기까지의 서사 텍스트들과 문예 비평적 담론들은 개념과 작법의 정립을 위한 당대 문인들과 독자들의 적극적 토론 및 점진적 합의의 양상으로 드러난다.

'근대소설의 형성과정'에 관한 것이 아니라도 우리 소설사는 비평이 우위에 있어 작품 혹은 작가를 이끌어갈 수 있으리라는 환상을 오랜 기간 포기하지 않고 있었다. 당대의 비평만이 그러했던 것이 아니라 후세의 사가들도 비평의 흐름을 우선시하고 그에 따른 작품의 범주화를 시도해 왔다고 본다. 그러나 잊지 않아야 할 것은 비평이나 이론이란 늘 작품이 있기에 존재한다는 명백한 사실이다. 작품에 선행하는 비평이란, 우리 소설사의 특수성을 고려하더라도, 완전한 참이 될 수 없으며, 이와 같은 관점은 뚜렷하면 할수록 다수의 텍스트를 소외시키고 사장시키는 결과로 나타난다. 한국 소설사는 단선적인 흐름이나 발전이 아니라 상호텍스트성의 관계 속에서 융합하고 분열하면서 복수의 유형으로 계보를 이룬다.

요즘 들어 느끼는 것이지만 근대소설 연구 및 교육은 이미 현재성에서 벗어나 역사의 영역으로 편입되고 있다. 학생들은 1930년대 이전 소설을 현대소설로 생각지 않으며, 근대소설을 읽기 위해 고전소설을 읽을 때처럼 '감상' 이전의 '독해' 단계를 필요로 한다. 이 책이 주목하고 있는 1900~20년대의 텍스트는 말할 필요도 없을 것이다. 이러한 상황은 해방 이전 근대소설을 일반적 독자나 학생들로부터 유리시키고 해당 시기 연구자의 연구실 책상 위에서만 연명토록 부추기고 있는 것이나 다름없다. '고전소설'을 '과거의 것'으로, '근·현대소설'을 '현재의 것'으로 구분하여 가르치는 소설론 교실에서 가장 먼저 소외되는 것은 근대소설이다.

어쩌면 '솜씨 있는 도예가의 잘 빚은 그릇'에 비유할 만한 텍스트를 쉽게 구해 볼 수 있는 세상이 된 탓일지도 모른다. 그러나 근대 초기의 작가와 작품들이 우리에게 가르쳐 주는 것은 그들의 설익은 계몽적 전언만도 아니고 식상한 통속적 서사만도 아니다. 우리는 그들의 분투를 되새기면서 계몽과 통속이 만나 결국은 금이 가고 터져 버린, 구조적 파탄의 의미를 배워야 한다고 믿는다. 그들과 그들의 작품이 없었다면 도전과 극복에 의한 역사적 발전은 고사하고 그 시작마저 늦어졌을 것이 자명하기 때문이다.

'모르겠거든 알 때까지 읽어라.' 지난 날 선생님께서는 이렇게 가르치셨다. '소설이 나로 하여금 그렇게 읽도록 깨우쳐 줄 때까지 줄곧 소설과 타협해야 한다.' 아직도 나는 선생님의 알듯 모를듯한 가르침을 내 소설 공부의 머리말에서 치우지 못하고 있다.

'궁금한 것이 생길 때까지 읽어라.' 나는 학생들에게 이렇게 가르친다. '아는 것이 없으면 궁금하지도 않기 때문이다.' '아무 것도 모를 땐 다 알 것 같더니 알면 알수록 궁금한 것이 많아지는 게 소설 공부 아니겠는가.' 학생들이 고개를 끄덕이는 모습을 보면서 나는 부끄럽다. 20대 청춘도 아닌 지금 모르는 게 많든 궁금한 게 많든 그 이유는 내가 게으르기 때문인 것이다.

처음으로 묶은 이 책 한 권으로는 갚을 길 없는 은혜를 입었음을 알지만, 이번 기회에 가르쳐 주신 선생님들께, 사랑하는 가족에게, 함께 공부한 동문들께 인사를 드리고 싶다.

2013년 3월

최 성 윤

목차

제1부

한국 근대초기 소설 작법의 형성과정

제2부

한국 근대초기 서사 텍스트의 안과 밖

제 I 부

한국 근대초기 소설 작법의 형성과정

제1장 서론

1-1. 연구사 검토 및 문제제기

한국소설사・한국소설비평사에서 '창작방법론'이 가지는 비중은 무시될 수 없다. 본 논문의 서술 과정에서 따로 분석한 결과를 얻지 않더라도 한국소설비평사의 큰 흐름이 궁극적으로는 창작방법론으로 수렴되어 온 것임을 각각의 비평자료들을 통해 확인할 수 있다.[1] 이 같은 양상이 나타난 원인에 대해서는 다음의 두 가지 설명이 가능하다.

---

1) 당시의 작가나 비평가들에게는 그 내용의 차이만 있었을 뿐 상당수가 "계몽"이라는 공통의 목적을 가지고 있었음을 부인하기 어렵다. 계몽이라는 의도에 소설이라는 양식이 동원되는 경우가 빈번했던 것이다. 그러나 여기서 문제는 그들이 선각자적 의식에 더하여 예술가로서의 자의식도 함께 가지고 있었다는 점이다. 계몽의지가 먼저냐 예술성의 확보가 먼저냐를 따지기에 앞서 그들은 소설을 소설답게 써내는 것에도 강렬한 열망을 드러내는데, 이때 그들보다 앞선 전범이 없다는 것이 큰 문제였던 것이다. 비록 설익은 것이었다 해도 기초이론으로 무장한 비평가들과 심지어 일반 독자들에게서까지 작가들은 혁신의 요구를 받았고, 무엇보다 그들 자신이 새로워지고 싶어 했다. 즉 그들이 가질 수 있었던 유일한 작법은 구소설과 다르게 쓰는 것, 새로워질 것 등 당위적 성격의 그것일 뿐이었다. 작가와 비평가의 구분이 모호하거나 무의미했던 초창기를 벗어나서도 사정은 크게 달라지지 않았는데, 어찌 보면 이는 당연한 것이다. 구세대를 극복한 신세대가 다시 구세대로 취급되는 일은 빈번히 일어났고 그 주기는 매우 짧았다. 여기서 신세대에게 요구된 것 혹은 신세대가 의도했던 것은 구세대보다 더 잘 쓰는 일뿐만이 아니라 구세대와 다른 것을 쓰는 일이었다. 다시, 그들에게는 전범을 문단 내에서 찾지 못하고 새로운 창작방법을 찾는 노력이 따를 수밖에 없는 일이었다. 새로운 경향에의 요구가 새로운 창작방법을 모색하는 과정에서 논쟁을 낳는 식이다.

그 첫 번째는 작가와 비평가들에게 '무엇을 쓸까'만큼이나 '어떻게 쓸까'의 문제가 커다란 비중을 갖고 논란거리로 부각되었다는 점이다. 그들에게 '무엇'과 '어떻게' 중 어느 편이 더 중요한 문제였는가에 대해 성급한 결론을 내릴 필요는 물론 없을 것이다. 그들 간에 존재하는 사상 혹은 성향의 차이를 거론치 않을 수는 없겠으나, 일단 그들에게 써야 할 '무엇'이라는 것이 어느 정도 미리 범주화되어 있었다고 볼 수는 있다.[2] 단적으로 말해 리얼리즘을 주창하던 카프 계열의 작가들의 경우 그들이 써야 할 무엇이 일정한 범주 속에 제한되어 있었는데, 이와 같은 사실은 그들이 실제로 무엇을 창작했는가보다 그들이 창작하지 않았던, 그들이 다루기 어려웠던 소재 및 주제를 떠올려 본다면 보다 쉽게 수긍될 수 있다.

두 번째로 우리 소설사를 둘러싼 역사・사회적 여건이 작가와 비평가들에게 끊임없이 새로운 방법론을 요구했다는 점을 들 수 있다.[3] 문단 내부에도 혹은 문단 외부에도 작가와 비평가를 곤혹스럽게 만드는, 그리하여 그들로 하여금 새로운 방법론을 찾지 않을 수 없게 하는 사건이 빈발했던 것이다. 그러한 일련의 사건들은 우리 소설사의 흐름에서 개별적 전환점들로 기능하고 있으며, 그 점들을 잇는 짧은 기간들이 각각의 의미를 가지고 그것들의 전후 시기와 연계되는 양상을 보여 준다.

이러한 현상은 신소설 시대를 포함한 근대소설의 남상기[4]에서보다

2) 신소설 시대를 포함한 근대소설 초창기의 경우를 우선 고려해 본다면, '무엇을 쓸까'에서 '무엇'을 범박하게 말해 소재라고 할 때, 진정한 근대소설이 없다고 생각한 당시의 작가들에게 쓸 것이란 어디에서나 흔히 찾아낼 수 있는 것이었다. 그 중 시급한 것은 무엇이겠는가 하는 문제에도 그들은 쉽사리 동의했고 예컨대 '당대적 인물과 상황'이라든지 '인생의 암면'이라든지 '비참한 조선의 모습'이라든지 등등 당대 독자나 비평가들이 요구한 것들과 심각한 내면적인 불화를 겪지는 않았던 것으로 보인다.

3) 작가 자신 차원에서와 외부에서 강제된 것 모두를 포함하여 그들은 늘 검열에 시달렸음을 감안하여야 할 것이다.

4) 1920년대 이전의 비평 혹은 창작방법론이란 그 양적 측면을 살펴보아도 소략한 수

는 1920년대 중반 이후 비평가들 사이에서 본격적인 문학논쟁이 일어난 시점으로부터 뚜렷이 드러난다. 김기진과 박영희의 이른바 '내용·형식 논쟁' 이래 한국근대문학사를 비평논쟁사로 구성할 수 있을 만큼의 수많은 문학논쟁이 나타나는데, 이후 각각의 논쟁의 양상은 상당 부분 일정한 스테레오타입으로 나타난다. 즉 기존 문단의 한계를 지적하고 새로운 문학의 기치를 든 당사자가, 수차례의 공방이 오고 간 뒤에는, 결국 되돌아온 부메랑처럼 분명하고 현실적인 대안으로서의 방법론을 요구받게 되는 형식이 그것이다. 작가들을 향해 새로운 소설을 요구한 비평가에게 그렇다면 어떻게 쓰라는 것이냐는 질문을 작가 아닌 또 다른 비평가가 하는 식이다. 물론 이와 같은 양상에 대해서는 평단과 창작계의 소통 문제 즉 평단의 요구가 현실적으로 작가들에 의해 받아들여질 수 없었거나, 개별 작가가 그 요구에 부응하기에는 또다른 작법 논의가 제기되기까지의 기간이 너무 짧았으리라는 해석이 가능하다.

그러나 이에 앞서 검토되어야 할 문제는 카프 중심의 리얼리즘 계열 비평가들에 의해 전개된 모든 창작방법론적 논쟁이 그들 내부에서 정리될 수 있는 성격이었겠는가 하는 점이다. 그들의 논쟁은 때로 격화되기도 했었지만 심화되지 않은 상황에서 정리되는 경우가 많았는데, 논쟁이 분쟁으로 이어진다는 것은 곧 적전분열과 다름없었기 때문이다.[5] 말하자면 '내용·형식 논쟁'이 김기진, 박영희 양자의 입장

준에 머물러 있거니와 그 내용을 살펴볼 때에도 새로움의 강조 이외에 그 구체적 방법론으로 거론되는 부분들은 용어의 개념마저 서로 소통되지 않은 상태에서 우후죽순격으로 산출된 것이었다. 본론을 통해 상술될 것이다.

5) 카프 진영 외부의 적이란 곧 민족주의 계열 문인들을 뜻한다고 볼 수 있겠으나 언제나 그런 것은 아니었다. 김화산 등 아나키스트 진영과의 논쟁, 동반자 작가 논쟁 등의 경우에서처럼 카프의 외연을 확대할 것이냐 내부 결속을 강화할 것이냐 등의 문제가 결부되는 경우 위와 같은 경향은 더 뚜렷이 나타나는 것이다. 논쟁의 양대 주체를 범박하게 강경파와 온건파의 대립 구도로 분석할 때, 애초에 문제가 제기된 지점이나 논쟁의 핵심과 무관하게 강경파의 득의와 온건파의 반성으로 마무리된 경우를 수없이 접할 수 있다. 창작방법론이라는 키워드를 위주로 이 같은 상황을 고찰한

차이만으로 설명될 수 있겠는가 등의 문제를 고려해야 한다. '부르조아 문학 혹은 부르조아 문인'이라는 대타항을 설정하지 않고 이 논쟁을 바라보는 일은 무의미하다.

그렇다면 보다 일찍 신문학에 눈을 뜨고 나름대로의 서구 근대적 문학론을 전개하고 있었던 이들, 그럼에도 불구하고 카프 진영의 대타적 문인군으로서 소설사와 비평사에 이미 자리매김된 민족주의 계열의 경우는 어떠한가. 비교적 이른 시기에 한 편의 독립적인 글로 체계적으로 정리된 근대소설 창작방법론으로 김동인의 「소설작법」(1925)[6]을 예거할 수 있다. 이 글의 집필 의도에 대해 동인 자신은 "비료"가 되려는 심정이라 피력하고 있다. 그런데 그 내용을 살펴보면 집필 당시 김동인에게 '이광수', '염상섭'이라는 대타항이 또한 얼마나 크게 작용하고 있었는지가 쉽게 간파된다. 이광수의 『무정』이나 염상섭의 『해바라기』를 고려하지 않고, 염상섭과의 당시 논쟁 등을 고려하지 않고는 「소설작법」을 읽을 수 없다. 또한 김동인의 초기 창작소설을 읽을 때 이광수를 넘으려는 지극한 노력과 함께 이광수의 그늘을 좀처럼 벗지 못하는 몸부림을 동시에 읽어내게 되는 점만 보아도 김동인이 「소설작법」을 당당하게 세상에 내놓을 수 있기까지의 과정을 주목하지 않을 수 없다. 김동인은 극복을 꿈꾸었고, 그 꿈의 결실이 「소설작법」으로 나타났다면, 극복의 대상 또한 하나의 양식이요 창작방법이다. 김동인 이전의 창작방법론 혹은 작법의 전개 양상을 살피기 위해서는 이광수의 작품을 포함한 이전의 소설들이 어떤 유 무형의 창작방법에 의해 씌어진 것인지 살펴야 하고, 만약 그 실체

다면 논쟁의 결론보다는 논쟁의 과정이 중요해지며, 논쟁이 시작되도록 한 애초의 문제제기 부분을 마지막까지 놓쳐서는 안 될 것이다. 달리 말하면 논쟁의 끝이 문제의 해결은 아니며 논쟁의 당사자들은 이후에도 같은 문제에 대해 고민하며 나름의 해결책을 모색하고, 자신의 논의를 재개할 기회를 기다리고 있었다고 볼 수 있다.

6) 『조선문단』, 1925.4~7까지 4회 연재. 7월호의 4회 말미에 '(續)' 표기가 되어 있으나 더 이상 연재가 계속되지 않았다.

가 문자로 기록된 것이 아니라면 그림자라도 좇아야 한다.

이 지점에서 한국 근대소설의 창작방법론을 단속적으로보다는 연속적으로 파악해야 할 필요성이 드러난다. 그럼에도 불구하고 기존의 소설사 혹은 비평사 연구에서 '창작방법론'은 특정 시대(연대)의 논쟁을 중심으로 설명되어 온 경우가 대부분이다. 근대 초기 소설 작법의 원형을 추적하는 본 연구가 궁극적으로는 '한국근현대소설의 창작방법론'을 사적으로 고찰하는 데 이르고자 하는 이유는 이것이 지금까지 상대적으로 저평가된 주제이기때문만이 아니라 지금의 시도가 소설사와 비평사를 새로이 정리할 제3의 방법론이 될 수 있으리라는 판단에서이다. '창작방법론'은 소설사와 비평사의 접점에서 양자의 전개 과정과 긴밀히 연관되어 있는 것이기 때문이다.

소설 창작방법론 혹은 작법의 사적 연구를 시도한 기존의 논의는 찾아보기 어렵다. 그러므로 여기서는 본 논문의 주요 연구 대상인 신소설 작품과 작가들에 대한 기존의 평가가 어떤 방식으로 행해져 왔는지를 먼저 개관하고 새롭게 제시되는 신소설에 대한 인식이 기존의 소설사 연구가 지닌 한계를 어떻게 극복할 수 있는지에 대해 언급하기로 한다.

한국소설사에서 '신소설'의 존재는 종종 애매한 위치의 것으로서 이해되어 왔다. 때로는 근대소설의 시작[7]으로, 혹은 고전소설과 근대소설의 과도기 양식[8]으로, 심지어는 고소설의 양식특질로부터 오히려

7) 「조선근대소설고」(『조선일보』, 1929.7.28~8.16) 등 김동인의 문학사적 탐구는 근대소설의 시작을 이인직의 작품(특히 『귀의 성』)으로 단정하고 있으며, 이광수와 김동인 자신으로 이어지는 일종의 계보학을 의도하고 있었던 것으로 보인다. 김우종의 『한국현대소설사』(성문각, 1982) 또한 신소설을 "한국 현대소설이 움트는 최초의 기점"으로 인식하고 있다. 또 최원식의 일련의 연구도 1905~10년의 시기를 근대문학의 기점으로 설정하고 있는데, 이 기간은 이인직 이해조 등 주목될 만한 신소설 작가의 창작 시기와 일치한다. 그러나 1905년 이후 합방 때까지의 기간에 신소설만이 서사양식의 대부분을 차지한다고 볼 수는 없고, 결과적으로 최원식의 연구는 역사 전기류 등 민족주의적 성향의 서사물에 신소설만큼이나 세심한 주의를 기울이고 있으므로 김동인 등의 논지와는 다른 부분이 많다.

퇴행함으로 해서 소멸할 수밖에 없었던, 소설사적 발전도상에서의 파편적 양식[9] 정도로 거론되기도 했다.

신소설을 근대소설의 시작으로 보는 경우 고전소설과의 변별성에 주목하여 신소설의 혁신적 측면을 강조하는 해석으로 귀결되곤 한다. 전대문학과는 비약적 차이를 보이나 근대문학에는 미달하는 양식, 즉 근대문학의 준비기로 보는 견해 또한 이와 유사하다. 전대문학과의 비교를 통해서는 차이를 강조하고 서구적 외래 사조의 영향에 무게를 둔다. '시공간의 현장성', '서술 시간의 역전', '상황 및 심리 묘사의 증대', '언문일치에 근접한 문체' 등을 근거로 하여 고전소설과 신소설의 차이를 설명할 수 있다. 이와 같은 소위 '새로운' 측면들은 이후의 근·현대적 소설들에서 더욱 분명해지거나 점점 더 강화된다.

다만 19세기 말 이후 1906년 이전의 서사적 양식들과 신소설의 관계를 고려하려는 측면[10]에서 본다면 문제는 간단하지 않다. 고전소설

---

8) 임화의 「개설 신문학사」(『조선일보』, 1939.9.2~1940.5.10 / 『인문평론』, 1940.11~1941.4)는 이러한 이해의 근간을 이루는 초기 업적이다. 이후 백철의 『신문학사조사』(수선사, 1947), 조연현의 『한국현대문학사』(현대문학사, 1956)가 신소설에 관한 한 '과도기적 양식'이라는 임화의 견해를 거의 그대로 따랐으며, 어쩌면 이와 같은 해석은 신소설의 문학사적 연구사의 주류를 형성하고 있다고 해도 과언이 아니다. 조동일의 『한국문학통사』(지식산업사, 1982) 또한 신소설을 중세에서 근대로의 '이행기' 양식으로 규정하고 있다.

9) 김윤식·김현의 『한국문학사』(민음사, 1973)은 개화기 소설의 여러 양태 중 이인직이나 이해조 등의 서사 중심 신소설의 의의를 거의 인정하지 않고 상대적으로 신채호, 안국선 등의 문학사적 가치를 강조하는 서술 태도를 드러낸다. 이식 사관을 철저히 비판하고자 한 위 책은 근대문학의 시점을 과거로 소급하는 노력에 집중하였으므로, 서사적 텍스트의 존재를 근거로 한 근대 초기문학의 문학사적 공백 등을 돌보지 않을 수 있었다. 이에 따라 이인직이나 이해조의 신소설 작품을 주류에서 벗어난 방계에 위치시키는 일이 가능했던 것이다. 이 책에서 신소설은 "구소설의 붕괴가 얼마나 처참의 경에 이르렀는가 하는 점을 드러내는" 텍스트이다.(김윤식·김현, 위 책, 103면)

10) 1990년대 이후 김영민의 문학사 연구들은 개화기의 '단형서사'들을 적극적으로 논의의 장에 끌여들여 신소설 및 당대 서사양식과의 수용, 계승 관계를 정리하고 있다. '서사적 논설', '논설적 서사'를 신소설의 전단계 양식으로 보고 신소설을 '논설 중심 신소설'과 '서사 중심 신소설'로 계열화하여 종적 계통도를 완성하였다. 『한국근대소설사』(솔출판사, 1997)는 개화기의 단형서사에서 이광수의 『무정』까지를 특정 시기의 대상 텍스트의 공백 없이 서술한 예이다. 김영민의 최근 저서인 『한국근대소

과 근대소설을 나누고 신소설을 근대소설에 포함시키려는 순간 신소설의 새로움은 근대적인 그것이어야 한다는 최소한의 명분을 충족시켜야 하는 것이다. 특히 그 내용이나 주제를 고려하여 전대의 소설 혹은 서사양식과 신소설을 구분한다면 더욱 복잡한 문제가 생긴다. 신소설은 그 이전의 단형서사나 개화기의 애국적 계몽적 담론들을 얼마나 충실히 반영하였거나 발전시켰거나 극복하였는가 하는 문제다.

고전소설과 근대소설을 내재적 발전론에 근거하여 사적으로 정리하기 위해 신소설을 분석 대상으로 삼는, 신소설의 있는 그대로의 의의를 인정하는 연구[11]의 경우는 애국계몽, 근대계몽 등의 당대 정신사적 맥락을 부각시키는 데 효과적이라 할 만하다. 이러한 연구는 형식적 측면보다는 주제적 담론을 강조하는 경향으로 드러난다. 창작 당시의 한계상황을 인정하고 작가의 소명의식을 평가하려는 시각의 연구들이 다수 포함된다.

그러나 이와 같은 경우 또한 도식화의 함정에 빠질 위험이 있다. 신소설 작품들이 시대정신을 담는 그릇으로서 계몽성의 강화라는 일정한 의의를 거둠과 동시에 형식적 전근대성이라는 한계를 노정하였다는 평가에 매몰될 위험이 있는 것이다. 이도 저도 아닌 이와 같은 양비론적 평가는 당대적 의의를 과장하거나 전근대적 한계를 강조하는

설의 형성과정』(소명출판, 2006)에서도 이와 같은 시각은 이어지고 있다. 이에 비해 한기형의 『한국 근대소설사의 시각』(소명출판, 1999)은 근대 초기의 '단편서사물'의 문학사적 의의를 적극적으로 승인하면서도 그것들과 신소설과의 종적 계승관계에 대해서는 부정적인 견해를 드러낸다.

11) 송민호(『한국개화기소설의 사적 연구』, 일지사, 1975), 홍일식(『한국 개화기의 문학사상연구』, 열화당, 1980) 등의 연구가 이에 해당한다. 1980년대 중반 이후 『한국근대소설사론』 등 최원식의 다수의 연구 또한 이에 해당한다. 최원식은 1905~10년간을 '애국계몽기'로 규정하고 이 시기를 근대문학의 기점으로 설정하였다.(최원식, 「민족문학의 근대적 전환」, 『민족문학사강좌 하』, 창작과비평사, 1995, 33~34면 참조.) 최원식은 이인직 대신 이해조를 애국계몽기 문학의 중심에 놓고 새로운 문학사 서술을 시도한다.(최원식, 「이해조 문학 연구」, 『한국근대소설사론』, 창작사, 1986 참조.) 이는 친일개화론자인 이인직을 문학사의 방계에, 애국계몽사상가인 이해조를 주류에 재배치하기 위한 '정전 재편 작업'의 일환이다.

시선으로부터 자유로울 수 없다.

신소설에 관한 위의 몇 가지 견해는 신소설 자체에 대한 파악의 결과라기보다는 신소설이라 일컬어지는 작품들의 문학사적 자리매김을 위한 고찰에서 파생되는 것이다.[12] 형식적 측면에 착안하여 새로움의 양상을 부각시키든, 내용적 측면에 착안하여 당대의 정신사적 궤적을 그려 보든 간에 다시 해결해야만 하는 문제는 너무 범위가 넓거나 불명료한 '신소설'이라는 대상의 양식적 특질이다.

신소설의 양식적 특질을 살펴보는 일[13]은 고전소설과 근현대소설의 단절을 극복하고 소설사를 하나의 체계로 파악하려는 노력[14]으로 귀결되기는 하지만, 신소설 개념의 올바른 정립을 위해서도 지속되어야 할 작업이다. 하지만 신소설이라는 범주 자체 내에서 드러나는 퇴행적 전개 양상은 여전한 난제로 남는다. 권선징악의 봉건적 패턴이 반복적으로 변주된다는 점, 구조적 파탄을 내포하고 있다는 점, 통속화의 경향이 농후하다는 점, 내용과 분량의 부조화가 극심하다는 점 등이 신소설의 양식적 한계라고 진단할 때, 1900년대의 초기 신소설보다는 1910년대 이후의 후기 신소설에서 이러한 경향이 더욱 짙게 드러난다는 점은 일반적으로 인정되는 편이라고 보아 무방하다. 이렇게 되면 신소설 자체의 근대적 양식으로서의 효용가치에 대한 회의가 생

12) 특히 신소설은 근대문학의 기점을 논하는 자리에서 논란의 대상이 되는 경우가 많다. 본 논문이 근대문학의 기점 논의에 참여하거나 나름대로의 규정을 의도하는 것은 아니지만, 한 가지 분명한 것은 근대의 기점과 근대문학의 기점 사이에 일정한 시간차가 존재한다는 사실이다.

13) 조동일, 『신소설의 문학사적 성격』, 서울대출판부, 1973.
한기형, 『한국 근대소설사의 시각』, 소명출판, 1999.

14) 조동일의 연구 또한 최원식의 연구처럼 내재적 발전론을 의도하고 있으나 최원식의 연구가 기점론을 근거로 한 신소설 등 애국계몽기 양식의 근대성에 주목하고 있다면, 조동일은 고전소설과의 연계 양상에 집중하여 작품을 분석하고 있다는 점이 다르다. 조동일의 연구에 대해 송민호는 "통시적인 신·구의 비교요, 신으로 전이되는 과정을 주안으로 하지는 않았다"는 문제를 지적하고 "전대소설과의 비교에서 얻은 신구의 성격은 개화기라는 한 시기 내에서 공시적으로 검토할 때에도 거의 같은 유형으로 나타날 수 있다"고 주장한다.(송민호, 위 책, 17~18면 참조.)

길 수 있으며, 시대정신의 측면과 미적 근대성의 기준에 모두 미달하는 양식으로서 신소설을 바라보게 되는 것도 무리가 아니다.

여기서 알게 되는 것은 신소설의 문학사적 위치를 살피기 위해 연구 대상의 범위 한정이 필수적으로 선행되어야 한다는 점이다.

신소설의 근대성에 주목하거나 신소설의 양식적 특징을 살펴 전근대적 퇴행 과정을 증명하는 두 가지 시각은 사실 동전의 양면과도 같다. 결국 이인직 혹은 이인직을 비롯한 제 작가들의 양식적 혁신성을 칭찬하거나, 동일한 텍스트의 전근대성을 비판하게 되기 때문이다.

신소설을 하나의 한시적 생명력의 양식으로 규정하고 당대적 담론 위주로 분석하는 경우 이인직 등의 혁신성보다는 이해조 등의 정론성에 주목할 가능성이 높다. 직접적 계몽의지를 피력하려는 과정에서의 여러 가지 난점, 뚜렷한 전범이 없었다거나 급변하는 당대 정세가 형식적 측면을 돌볼 여유를 주지 못했다거나 등등의 이유를 인정하고 수용한 상태에서 작품을 이해해야 한다는 주장은 타당한 측면이 있다.

위 두 가지 방향은 신소설 연구자 각각에 의해 여러 가지 방식으로 통합되어야 하고 실제로 적지 않은 방식의 종합·수렴이 이루어져 왔다.[15] 하지만 기존의 연구들은 이인직과 이해조라는, 신소설의 양대 산맥을 공히 정당하게 자리매김하는 데는 여러 모로 한계를 보였다고 판단된다. 이인직과 이해조는 1906년부터 1913년까지라는 신소설 창

15) 근대 초기 서사문학을 대상으로 한 최근의 연구 경향은 임화 이후 1970, 1980년대까지 이어진 기존 문학사적 성과에 대해 문제를 제기하고 근대의 기점 논의보다는 근대성의 실체를 규명하는 쪽으로 초점을 맞추고 있다. 신소설뿐만이 아닌 역사전기류 등 여타의 서사 양식에 대해서도 고른 관심이 부여되고 있으며, 특히 단형서사를 텍스트로 하고 그것이 실린 매체 등과 관련지어 근대성을 고찰하는 연구는 괄목할 만하게 집적되었다. 일례로 최원식은 1990년대 중반 이후 1905~10년간의 애국계몽기와 1910년대 이후의 기간을 연속성의 관점에서 파악하려는 노력을 보여 주고 있다. 최원식은 애국계몽기와 1910년대를 성격은 다르지만 계몽기로서 공통된다고 설명하고 계몽문학의 시대가 1919년을 기준으로 종결된다고 주장한다. 즉 이인직과 이해조가 주도하던 애국계몽기와 그들의 후계자격인 최찬식, 김교제의 시대, 이광수『무정』의 시대가 하나의 계통도 안에 묶이는 형국이다.(최원식, 「이식론과 내재적 발전론을 넘어서」, 『창작과비평』, 1993. 겨울 참조.)

작 시기를 공유하고 있고, 서로 다른 색깔의 작품세계를 뚜렷이 보여준다. 그러나 그 차이를 객관화하지 못하고 이인직과 이해조에게 1인자와 2인자 등의 순위를 매기거나,[16] 현실 인식의 정당성을 살펴 작가들을 줄 세우는 작업[17]은 연구자의 문학관 혹은 사상적 지향점만을 선명하게 보여줄 뿐이다.

물론 그 극단적인 예는 분단 이후 남・북한의 문학사 기술태도에서 쉽게 발견되는데, 특히 북한문학사의 경우[18] 20세기 말부터 이인직의 이름과 작품을 언급하는 것을 넘어 작품 분석과 해석을 더한 문학사적 자리매김을 수행하려 하고 있지만, 결국 한 사람은 적극적으로 평가하고 다른 한 사람은 어쩔 수 없이 부분적인 의의를 승인하는 태도[19]에서 벗어나지 않는다는 점에서는 이전 북한 문학사의 기술과 별

---

16) 임화는 이인직을 가장 우수한 신소설 작가로 규정하고 이해조, 최찬식 등을 방계에 위치시켰다. 임화의 표현에 의하면 "이인직은 순수한 현대작가요, 이해조는 전통적 작가요, 최찬식은 대중작가"이다.(임규찬 한진일 편, 『임화 신문학사』, 한길사, 1993, 157면) 이후 백철과 조연현이 이 같은 견해를 따랐으며, 김우종 또한 이인직을 대표작가로, 이해조는 이인직의 수준에 비할 바가 못되는 작가로 서술한다.

17) 최원식의 연구는 이인직 위주의 신소설 기술을 비판하고 이해조를 중심에 이인직을 방계에 자리매김하는 문학사적 정리를 시도한 대표적 예이다. 한기형은 "근대문학의 기점을 '애국계몽기'에 두고 이인직의 소설을 친일문학으로, 이해조의 소설을 근대민족문학의 적자로 구분한 최원식의 구도는 한국근대문학 백년사의 흐름을 민족문학이라는 관점으로 체계화하려는 시도로 학계의 폭넓은 공감을 얻고 있다"고 하여 최원식의 작가비평적 논의에 기본적으로 동의하지만 "1910년 이후 이해조 소설에 나타나는 현저한 민족의식의 후퇴 문제"를 들어 상대적으로 조심스러운 접근을 보여 준다.(한기형, 위 책, 119면)

18) 1956년에 출판된 안함광의 『조선문학사』(교육도서출판사)는 이해조에 대한 서술로 신소설 항목을 거의 채우고, 이인직과 그의 소설은 '이 시기의 반동문학'이라는 다른 항목에서 다루어 "그 후에 오는 리광수의 반동문학과 직접적으로 련결된다"고 주장한다.(안함광, 위 책, 35면) 이후 이인직은 북한의 소설사에서 언급되지 않으며, 1980년에 출판된 북한문학사 또한 이인직에 관한 부분을 생략한 채 이해조의 정론성을 높이 평가하고 리얼리즘 문학의 선구로 평가한다.(박종원・최탁호・류만, 『조선문학사(19세기 말~1925)』, 과학백과사전출판사, 1980)

19) 정홍교・박종원의 『조선문학개관』(사회과학출판사, 1986)은 이인직을 문학사 서술에 다시 포함시킨 책이다. 이인직을 신소설의 개척자로 평가하고 『혈의 루』 등 작품 해설도 곁들였다. 그러나 그의 친일행적과 반인민적 성향에 대한 비판은 1950년대 북한의 문학사 기술 태도와 다르지 않다.

차이가 없다.

신소설의 새로움에 주목하는 경우라면 비단 작품 내의 혁신적 측면을 강조하는 데 그치지 말고 지속적으로 반복 변주되고 있던 전근대적 측면을 살펴 그 불가피성을 고구할 필요가 있다. 신소설이 담고 있던 주제 및 담론에 주목하는 경우라면 일종의 근대 미학적 양식이 마련되지 않은 상황에서의 구투 답습이라는 단선적 진단에서 더 나아가 구조적 파탄의 경로를 살피고 그 속에서 시대정신을 확인할 필요가 있다. 이에서 확인할 수 있는 양식적 파탄이 곧 신소설 작가들의 한계 지점이자 구투 형식의 변용을 통한 새로운 형식 찾기의 시발점이 됨을 긍정하여야 할 것이다.

우리 근대 문학사 연구에서 수십 년을 이어져 온 이식문학론을 둘러싼 논쟁에 대한 다음과 같은 의견은 다시 한 번 숙고될 필요가 있다.

> 여기(『한국문학사』)서 그(김현)는 임화의 이식문화론을 전통단절론으로 규정하면서 그 극복을 주장한다. 이미 구중서가 지적하고 있듯이, 임화의 이식문화론=전통단절론은 "원문비평의 착오"인데, 그 비판은, 한국 근대문학을 전통적인 것과 이식적인 것의 복합으로 파악하되 시민계급의 미성숙으로 말미암아 이식 현상을 우위에 두지 않을 수 없었던 임화가 아니라, 한국 근대문학을 오직 기계적 이식으로만 속류화한 백철 조연현 등에 돌려져야 한다.[20]

이식문학론이 그토록 문제시되어 온 이유는 물론 여러 가지가 있을 것이다. 그러나 그 중 가장 확연하게 드러나는 이유는 이식문학론에 대한 긍정과 부정이 전통의 단절과 계승의 문제로 바뀌어 인식된 것과 연관된다.

---

20) 최원식, 『한국계몽주의문학사론』, 소명출판, 2002, 362면. 괄호 안은 인용자 註.

후대 연구자의 입장에서 이식문학론을 극복의 대상으로 인식한 것은 충분히 가능한 방향 설정이라고 할 만하지만, 이식문학론의 부정을 전통계승론으로, 이식문학론의 긍정을 전통단절론으로 동일시하는 것은 온당치 못한 상황파악이다. 애초에 이식문학론의 극복을 의도한 여러 선행 연구 성과들의 의의는 '신문학의 역사는 단연 문화 이식의 역사이고, 신문학 건설의 토대가 되어야 할 전통은 제 역할을 하지 못했다'는 취지에 따른 임화의 선언을 극복하기 위해 전통이 계승된 작품 내적 근거들을 확보해 놓은 데 있다고 할 수 있다.[21]

즉 전통이 계승되었다고 보는 입장에서 임화의 논리를 극복한 부분은 서구 문학이 이식되었다는 주장에 대한 반박으로서가 아니라 전통이 단절되었거나 신문학 건설에 도움이 되지 못하였다는 주장에 대한 반박 논리를 구성하였다는 점에서 찾을 수 있다는 것이다. 따라서 전통계승론의 업적들은 전통단절론에 대한 부정으로서의 의의를 가진다고 할 수 있다. 서구 문학의 영향이나 이식에 대한 논리적 부정이나 극복은 아니다.

이식문학론의 저변에 전통단절의 논리가 포함되어 있다고 볼 수는 있다. 그러나 이식문학론이 곧 전통단절론은 아니라고 보아야 한다. 그러므로 역으로 생각하여 이식문학론과 대립되는 개념으로서 전통계승론을 내세우는 것에도 논리적 오류가 숨어 있다. 물론 이식이라는 표현 자체에 대한 거부감은 남을 수 있을 것이다. '서구문학의 영향' 정도의 순화된 표현을 찾고 그 영향이 미미한 것이 아니라 절대적이었음을 주장한 것으로 그친다면 그 주장에 대한 반박이나 비판이 그토록 오랜 기간 동안 지속되었겠는가 생각해 보아야 한다.

---

21) 조동일의 『신소설의 문학사적 성격』은 전통단절론에 대한 부정과 비판으로서 전대소설과의 유사성을 꼼꼼히 제시한 대표적 사례이다. 김윤식·김현의 『한국문학사』와 최원식의 연구가 이식문학론 혹은 전통단절론의 극복을 위하여 기점론 재정립을 시도한 것에 비해 조동일의 연구는 전대문학의 긍/부정적 계승태로서의 신소설의 양식적 특질을 규명하는 데 집중하였다.

전통계승론의 상대가 이식문학론으로 상정되는 한 토론은 지속되고 공전될 수밖에 없다. 전통계승론이 비판하고 부정해야 할 상대 개념은 전통단절론일 뿐이다. 전통계승론자들의 연구 업적들은 이미 충분히 전통단절론을 극복하고도 남을 정도로 확충되었다고 본다. 이식문학론과 전통단절론을 동일시하거나 혼동하지만 않는다면 근대문학사가 내포하고 있는 문제들은 보다 명확해지고 예각화될 수 있다.

문학 혹은 문화의 이식은 근대 초창기 지식인들에 의해 적극적으로 의도되었다고 보는 것이 타당하다. 한국 근대문학사를 '이식의 역사'로 규정하기보다는 '이식을 기획하고 역동적으로 추진한 문인들의 역사'라고 정리하여 이해하는 것이 보다 유효할 것이다. 그러나 결과적으로 이식의 과정은 순탄하지 않았다. 이식을 의도하였으나 쉽지는 않았던 것이 서구문학의 양식이라면, 단절을 꾀하였으나 결과적으로는 계승된 것이 문학전통이었다. 그만큼 전통의 힘은 완강한 것이었고 다른 무엇보다 소설 작법이라는 주제어로 추이를 살필 때 지속적인 전통의 위력은 가장 분명히 드러난다. 문학이론은 쉽게 이식될 수 있어도 작법은 이식될 수 없는 것[22]임을 우리 문학사가 가르쳐주고 있는 것이다.

근대 이전 우리 문학사에서 서사 장르의 텍스트들은 근대적 소설 양식과의 연계선상에서 보지 않더라도 그 존재 자체로서 의미가 있다. 그것들이 묘사하는 세계는 '그 인물이 굳이 그 이름을 가져야 하는가.', '그 사건이 굳이 그 시대에 일어나야 하는가.' 등의 물음을 만족시키지 못한다는 점에서 1900년대 이후의 소설과 차별된다. 그러나

22) "비평적 발언을 듣고 작가는 위축되고, 독자도 나쁜 영향을 받았다. 스스로 설명할 수 있는 표면적인 의식은 적지 않게 멍이 들었다. 그러나 작품 창작은 그런 의식 근저에 있는 설명하기 어렵고 정립되지 않은 의식에서 이루어졌다. 문학작품을 애독해 온 독자가 계속 요구하고, 작가가 자기도 모르는 사이에 일본에 가기 전에 성장기의 독서 체험을 통해 익힌 방식대로 민족의 수난을 다루는 창작활동이 기형적인 양상을 띠지 않고, 서양의 모형의 의식에 의존하지 않고 쉽사리 가능할 수 있었다."(조동일, 『한국문학통사 5』, 지식산업사, 1994, 35면)

'이야기가 있었고 그것은 사라지지 않았다'는 기본적인 전제를 인정한다면, 근대소설과 이전 양식을 선조적으로 이해하려는 노력은 의미 있으되 필수불가결한 것은 아니다.

전대의 소설을 통시적으로 살펴보고 연구 당시의 안목으로 계열화할 때 부각되는 것은 시기별 작품과 평론들의 유사 상동성보다는 차별성이 될 가능성이 높고, 연구자에게는 극복으로서의 문학사를 구성하고자 하는 욕망이 생기게 될 것이다. 차별성에 주목하면 할수록 그 차별성을 야기한 원인에 대해 고민하게 되는 것이나 개화기 혹은 근대 계몽기의 소설에서 서구 혹은 일본의 영향을 지적해 내게 되는 것 또한 자연스러운 현상이다. 그러나 이 같은 시각은 문제의 일면을 명확히 할 수 있는 장점에도 불구하고 반대쪽 면면들을 경시하거나 사장시키는 결과를 가져오기 쉽다.

전통의 계승이나 서구적 근대의 수용을 문제 삼을 때 그 계승 혹은 수용의 주체는 당대의 작가일 수밖에 없다. 그러므로 비평가적 입장이 아닌 작가의 입장에서 수용 혹은 계승의 문제를 고찰할 필요가 있다. 전통과의 단절 혹은 경이적인 새로움을 열망하고 의도했던 것은 오히려 당대의 작가들이었다. 전혀 새로운 세계를 창조하려는 그들의 노력은 얼마간의 성공을 거둠과 동시에 어쩔 수 없는 한계를 드러내기도 했다. 근대 초창기 작가들의 성과는 당연히 있는 그대로 인정해야 하지만 그들이 지어낸 것도 결국은 이야기였다. 제재의 측면에서, 인물 묘사의 측면에서, 문체의 측면에서 그들은 눈에 띄는 새로움을 보여 주었지만, 구투의 이야기 틀을 깨는 데는 적지 않은 시간과 공을 더 들여야만 했다. 그들의 노력이 이어진 그 시간 동안을 문학사의 한 시기로 규정하고 공시적으로 분석하는 대신 1년, 1개월의 변화를 찬찬히 들여다볼 필요가 있다. 무엇도 한꺼번에 이루어지지 않았고, 하나씩 하나씩 변해 갔음을 인정해야 한다. 전대의 그늘을 벗기 위해 그토록 노력해야 했던 것은 그들에게 있어 전대의 영향이 지대했음을 역설적으로 의미하는 것이다.

또한 당대가 요구했던 '새로움'의 내용이 무엇이었던가에 대해서도 보다 세심한 시기 구분에 의한 분석이 가해져야 할 것이다. '신'소설과 '구'소설을 대립관계로 놓고 독자 혹은 비평가의 요구와 작가의 의도를 비교 검토하는 작업이 근대 초기라는 애매한 명목으로 한데 뭉뚱그려져서는 곤란하다는 말이다. 달리 말해 '신소설이 의도했던 새로움'과 '신소설과 이광수의 『무정』까지도 구태의연한 소설로 인식하여 극복하려 했던 새로운 새로움'은 구분되어야 마땅하다.

기존의 문학사는 오랫동안 '근대소설의 형성과정'이라는 문제에 착안할 경우 신소설에서 이광수의 소설, 나아가 초기 문단의 근대소설로 이어지는 흐름을 단선적인 발전의 과정으로 해석하려 노력해 왔다. 그러나 신소설 작가들을 포함한 근대 초기 작가들 공통의 목적이 근대소설의 완성이었다는 전제 하에 각각 어느 정도의 성취를 보여 주었느냐를 평가하는 것은 의미가 없다. 이와 같은 관점에서 본다면 이인직 이해조 등의 신소설 작가와 김동인 이후의 근대 작가들이 생각한 이상적 소설은 서로 다를 바가 없는 '근대'소설이 된다. 하지만 신소설 작가들이 생각한 혹은 요구받았던 새로움과 근대소설 작가들이 요구받고 의도한 새로움은 질적으로 다른 것이었다.

본 연구에서는 근대 초기로부터 20년대 전반까지 전개된 한국소설사의 창작방법론을 대상으로 하여 기초적인 작법의 형성과 모티프의 수용 과정을 사적으로 드러내려 한다. 제목 혹은 내용에서 창작방법론 혹은 작법이라는 주제어를 선명히 드러내는 자료는 드물고, 1925년 이후의 문학사를 포함하여 보더라도 발표 시기의 간격이 지나치게 넓거나 또는 어느 한 시기에 집중되어 있는 것이 사실이다. 그러나 특히 20세기 전반 문학사의 경우 한 사람의 작가 혹은 비평가가 나름대로 정리된 하나의 작법을 세상에 내놓게 되는 일은 이전의 수많은 작품, 비평과의 영향 관계 안에서 일어나는 사건임을 염두에 두지 않아서는 안 된다. 아울러 이와 같은 작업이 20년대 후반 이후에까지 그 범위를 넓혀 진전될 때 지금의 연구는 한국근대소설사 전반을 새로운 계보학의 틀 위에 얹어 놓을 수 있으리라 생각한다. 이 연구가 종국에는 한국근대소설사 서술의 사전 작업, 기초 작업의 성격을 가지기 바란다.

1-2. 연구의 범위 및 대상

이와 같은 문제의식 하에 본론은 1925년 이전 한국 근대초기 소설 작법의 형성과정에 관하여 크게 두 부분으로 나뉘어 서술될 것이다.

우선 본문의 전반부에서는 개화기 및 그 이후에도 지속적으로 창작된 신소설의 안팎을 살펴 이후 창작방법론의 본격적 전개를 가능하게 한 선구적 토대를 검토하겠다. 이 논의에서 이인직 이해조 등의 키워드를 반복 서술하는 것은 그들의 작품이나 입론의 당대적 의의를 강조하는 결과에 이를 수 있으나 그들만의 선구적 의의를 강조하기 위해서는 아니라는 점을 미리 밝혀 둔다. 또한 '근대소설'의 범주를 인위적으로 확장하기 위해 이인직과 이해조 등의 이른바 '신소설' 작품을 논의의 대상으로 끌어들이는 것은 아니다. '근대소설'과 '신소설'의 경계를 확인하거나 종적 계승 관계를 과장하기 위해서도 아니다.

연구의 범위를 확정함에 있어 특히 문제가 되는 부분은 무서명 작품들을 포함한 후기 신소설이다. 신소설 자체를 연구의 주제로 하는 논문이 아닌 경우, 달리 말해 근대소설사의 전개 과정을 다루는 연구들은 대부분 후기 신소설을 당대적 의미를 획득하지 못하는 텍스트로 구분하여 논의 대상에서 제외했다. 그러나 이 논문에서는 이인직 이해조 등의 대표작들뿐만 아니라 해당 작가의 후기작이나 합방 이후 1920, 1930년대까지 유통되었던 작가 미상의 통속적 신소설 작품들도 함께 거론하여 분석하려 한다. 물론 해당 연간에 씌어졌던 근대소설들과 비교하여 볼 때 무서명 신소설 작품들은 문학사적 의의를 획득하기 어려운 것이 사실이지만, 작품 자체의 성과를 떠나 신소설 작가들이 공유하고 있던 전근대적 보편적 작법의 원형을 재구하는 데는 유용한 자료이다.

특히 이인직이나 이해조의 대표작들과 비슷한 화소, 모티프 등을 공유하고 있는 후기 신소설을 살피면 많은 공통점을 보유하고 있음에도 불구하고 전근대적 통속으로 귀결될 수밖에 없는 이유를 알 수 있게 되며, 이들 문제점이 극복되거나 극복이 시도되는 지점으로부터 신소설과 전근대적 이야기 텍스트의 구조적 차이를 확인할 수 있게 된다. 이 점과 관련하여 당대의 급격한 작품 외적 현실상황의 변화와 작가들의 계몽 의식 쇠퇴가 소설 작법에 어떤 영향을 끼치는지 세심하게 살필 필요가 있다. 외적 정세의 변화가 새로운 방법론을 추동하고 촉진시키는 계기로도 작용하였지만 새로운 방법론의 발견을 가져오지 못했을 경우는 반대로 퇴행의 동기로 작용하게 됨을 이해하여야 할 것이다.

'서사구조의 계승과 당대 계몽담론의 수용'이라는 개념은 이인직과 이해조, 또는 이광수의 소설들에만 나타나는 특질이 아니며, 이후의 소설사에 지속적으로 나타나는 가장 뚜렷한 방법론중의 하나이다. 계몽을 목적으로 하고 구조적으로는 통속소설의 면모를 현저히 드러내는 다수의 장편들을 위 범주에 복속시킬 수 있다. '이야기(서사구조)의 계승'은 부정적일 수 없지만, 그렇다고 긍정적으로 평가할 수도 없는 개념이다. 독자들에게 전달하고 싶은 메시지가 뚜렷한 반면 그것을 형상화하기엔 역부족이었던 근대 초창기 작가들의 고육지책이 통속의 구조로 드러난 것이기 때문이다.[23)]

---

23) 만약 이것이 당대의 '고육지책' 정도로 인식될 수 있다면, 30년대 이후의 장편들을 열거하여 고찰할 때 문제는 조금 더 복잡해진다. '권선징악(勸善懲惡)'이 '권신징구

'세대' 구분과 세대론적 인물구도의 설정은 전대 소설과 차별되는 근대 초기 소설의 가장 두드러진 변화 양상이다. 구세대와 신세대를 대립시키고 인물에게 짐지운 시대적 운명을 구별하여 주제화하는 것은 이인직의 『혈의 루』 이후 끊임없이 재생산된 틀인 것이다. 그러나 선각자적 사명을 자각한 사상가적 풍모의 작가가 자신의 계몽의지를 대립구도의 틀 속에서 구현하려 할 때 그 작품은 구조적 파탄을 드러내고야 만다. 이후 압도적 현실의 무게를 몸소 실감하고 그것을 충실히 묘사하려는 태도를 가진 작가들에 의해 '세대' 구분은 전망 유보의 형식으로 변주된다. 작가가 신세대 인물이나 화자를 내세워 독자를 각성시키려는 면모를 보일수록 소설 결말에서의 전망은 낭만적으로 과장되기 마련이다. 반면 20년대 이후 외부 현실의 공고함과 개화 세대 자체의 무력함을 알아버린 작가들은 과장된 전망 대신 모색의 과정을 보여 주는 방식을 택하였다. 또 하나 30년대 중반 이후 주요인물 혹은 서술자 자신의 세대까지를 낡은 것으로 묶어 그들을 통한 전망의 생산 자체를 포기하고 자라나고 있는 어린아이들에게 안쓰럽게 눈을 돌리는 경향까지 '세대'와 관련된 항목에 포함시켜 논의할 수 있을 것이다.[24)]

'희생양' 모티프 또한 통속적 결말구조와 권선징악적 주제를 노출시키는 작품 속에서 중심서사를 벗어난 지점에 이면적 주제를 끼워넣는 신소설 특유의 방법론이다. 권선징악의 스테레오타입을 적극적으로 극복하려 하는 텍스트에서는 물론 권선징악의 결말구조를 고수하고 있는 작품의 경우에도 구조적 파탄을 감수하면서까지 선한 인물을 희

(勸新懲舊)'로 변주된 저간의 사정을 그나마 이해할 수 있는 것은 그야말로 '작가 역량'의 문제로 돌릴 수 있기 때문이라 해도, '선(善)' 혹은 '신(新)'이 노동자・농민으로, '악' 혹은 '구'가 자본가・지주로 변주된 상황은 어떻게 이해해야 할 것인가.

24) 본 논문의 분석 대상에서는 제외되지만 채만식, 한설야 등의 30년대 후반 작품들의 세대 의식은 본 논문의 논지와 관련하여 분석될 필요가 있고, 이 같은 작업은 전망의 생산은커녕 모색조차 어려웠던 암흑기를 작품 분석으로서 객관화하는 의의를 가질 수 있다.

생제의의 구조에 끼워넣는 작가의 의도가 무엇인지 각각의 텍스트 분석을 통해 검증하겠다.

위에서 예로 든 몇 가지 틀은 비단 근대 초창기에서뿐만 아니라 30년대와 해방 이후의 소설에도 그 흔적을 남기며 변주되어 왔다. 결말구조나 작가(서술자)의 태도 등으로 시기별 텍스트의 차이를 구별하고 서사구조의 성격에 따라 개별 작품을 보다 세밀하게 계열화하는 것이 가능하겠으나, 양자 모두 소설의 당대적 의미에 대한 고민의 소산이라는 점에서는 공통된다. 예컨대 민족 모두가 함께 나아가야 할 길을 당위적으로 제시하는 양식과 그 민족적 과업을 주체적으로 수행하고 전망을 생산해내야 했던 세대의 고민이 형상화되는 양식으로 각 시기의 작품들을 대별하여 볼 수 있겠으나 그것은 각 작품별로 명확히 구분되어 나타나는 특질은 아니며, 혼합 착종되어 드러나기도 한다.

본문의 후반부에서는 전반부에서 분석한 신소설의 작법 및 그에 관련한 모티프들이 이광수 이후의 근대소설에 어떻게 직·간접적인 영향을 주고 있는지 살펴보기로 한다. 신소설의 계승으로서의 『무정』 등의 근대 초기 소설작품은 그 혁신성의 이면에 전근대 소설 혹은 신소설과의 양식적 공통점을 많이 가지고 있다는 사실이 많은 선행 연구에 의해 이미 밝혀져 있다. 그럼에도 불구하고 『무정』을 재론하면서 본 논문이 주목하고자 하는 점은 계몽 의지를 전면적으로 드러내다시피 한 이 텍스트에서 '세대', '희생양'의 모티프가 어떻게 변주되고 있는가 하는 점이다. 신소설 시대 이후 민족 문학사의 한 주류를 형성했다고 판단되는 '계몽과 통속의 소설사'는 『무정』이라는 커다란 저수지에 수렴되고 다시 후대에 계승되어 다양한 지류로 흘러갔다는 것이 필자의 판단이다

이에 대한 직접적인 반발이라고 보기는 어려울지 모르나 일체의 목적의식을 배제한 '순수'소설이 뒤따라 추구된 것은 우연이 아닐 것이

다. '형식주의', '예술지상주의' 등의 용어로 싸잡아 비판되기도 했던 김동인의 외로운 분투는 소략하나마 형식적 측면에서 소설 창작의 전반을 다룬 「소설작법」을 산출해냈다.

김동인이 쓴 「소설작법」과 그것이 세상에 나온 1925년은 한국소설사에서 여러 모로 중요한 의미를 가지며 근대소설 창작방법론의 역사에서 중요한 분기점을 이룬다. 김동인이 정리한 소설 작법의 한 극점은 반대편 극점과 끊임없이 대립하였고, 이후 문학사에서 제기된 창작방법론적 논의들이 양 극점의 사이 특정한 좌표에 위치할 수 있도록 하였다.

김동인의 노력은 이광수라는 문단 선배의 소설에 자극받은 결과 이루어졌다는 데 의심의 여지가 없다. 그러므로 김동인의 작법은 이광수의 작법에 반기를 들어 형성된 성과라 할 수 있다. 단적으로 말해 김동인은 이광수의 소설이 계몽을 의도하는 것 자체에 반대했다. 소설 문학도 예술인 이상 선이라는 가치보다는 미의 가치에 주목하고 집중해야 한다는 논리를 내세운 것이다. 이와 같은 김동인의 주장은 이광수에 의해 직접적으로 비판받은 예를 찾기 어렵다. 오히려 김동인의 작법 내용보다는 그의 예술 옹호의 문학정신 자체가 카프 비평가들로부터 예술지상주의라는 명목으로 비판받는다.

그러나 김동인의 작품 또한 이전 소설사의 자장에서 완전히 벗어나기 위해서는 적지 않은 시간이 필요했다. 김동인은 이광수 및 신소설의 작품세계를 극복하기 위하여 나름대로의 노력을 경주하였으나 그가 선보인 '패배자의 유형'은 결국 '권선징악'을 부정하기 위한 위악적 음화일 따름이었다고 할 수 있다.

카프 계열의 작가 비평가들의 활동이 두드러지기 시작한 해가 1925년이라는 점을 김동인의 「소설작법」과 굳이 연관시킬 필요는 없을지 모른다. 그럼에도 불구하고 우선 김동인의 소설작법은 전대 소설과 소설 비평의 계몽 일변도적 흐름에 반기를 들어 소설 창작에서의 형식적 측면의 중요성을 일깨운 노력으로서 의미 깊다 할 것이다. 또한 카프 계열의 작가 비평가들의 활동이 급격히 증가하면서 또 다른 관점에서의 계몽이 기획되고 있었으며 이후 소설사에 커다란 영향력을 발휘했다는 점까지 함께 고려하면 「소설작법」은 당대는 물론 이후 소설사까지를 포함하여 통시적인 관점에서도 일정한 역사적 의의를 가지게 된다. 1925년이라는 시기적 좌표는 이러한 맥락에서 강조될 필요가 있다고 판단하였다.

본 논문에서는 선행 작법의 영향 내지는 수용의 양상에 주목하여 몇몇 작품들을 분석하려 한다. 물론 이를 통하여 계승, 비판 및 극복 등 다양한 해석의 결과를 가져올 수 있겠으나, 비교적 전절에서 추출한 항목들과 유사한 구조 혹은 모티프를 가진 작품들을 선별하여 종적 관계를 드러내려 시도할 것이다.

물론 이는 전대소설을 답습했다거나 무비판적으로 수용했다는 등의 부정적 해석을 내리려 하는 것이 아니며, 본 논문의 분석 결과를 침소봉대격으로 일반화하여 과장된 결론을 도출하려는 것도 아니다. 어쩌면 본 논문에서 시도하는 작업은 수많은 원형적 모티프 혹은 서사구조의 통시적 전개 과정을 암시하는 데 그칠 것이다. 그럼에도 불구하고 이러한 작업이 일정한 의의를 가지려면 다른 작품들을 대상으로 다른 작법의 흐름을 짚어 보는 개별적 분석이 지속적으로 전개되어야 할 것이며, 따라서 이 연구는 궁극적으로 한국 근대소설 창작방법의 원형을 하나의 가설로서 복원하고 그것의 수용과 계승 혹은 극복 과정을 전체적으로 조망하려는 후속 연구의 시론으로서 기능할 수 있을 것이다.

제2장 전대 서사구조의 계승과 계몽 담론의 수용

2-1. 공리적 소설론과 신소설의 양식적 특성

2-1-1. 구소설/신소설 구분의 당위론

근대소설의 구조원리에 대해 선례를 찾아 본받을 수 없었던 작가들에게 전대소설은 마음에 들고 않고를 떠나 하나의 전범이었다. 전대소설의 틀을 이용하되 선악의 무조건적 대립을 넘어서는 복잡다기한 근대를 묘사하여야 했으므로 표면의 주제와 이면의 주제가 텍스트 내에 공존하는 과도기적 형식을 취하게 되었다. 이중구조와 그 관계의 파탄은 신소설이 보여 주는 일반적인 패턴이라고 할 수 있다.

그 이유는 자명하다. 계몽의 의지와 그 내용이 명확한 상태에서 그것을 담는 그릇으로서의 소설 창작이 이루어진 것이기 때문이다.

1910년대 초기까지의 개화 지식인들은 스스로의 예술적 성취를 위해 소설 창작에 임했다기보다 소설을 통한 시대적 담론의 소통과 전파에 주의했다. 즉 구소설은 황탄무계한 것으로서 독자의 심경을 어지럽히는 해악적 존재로서 부정되어야 하며, 새로운 소설은 독자에게 유익한 시대담론의 전파, 즉 계몽의식이 우선하는 존재로서만 긍정될 수 있다는 것이다. 이는 근대문학 혹은 문학적 근대보다는 근대 자체의 도입이 시급한 것으로 당대의 문사적 지식인들에게 인식되었음을 뜻한다. 또한 근대란 무엇인가에 대한 고민에 앞서 세계적 조류에 뒤떨어지지 않기 위한 개화의 필요성이 제기된 것이라고도 말할 수 있다.

해악적 존재로서의 구소설과 이로운 존재로서의 혹은 이로운 존재로 탈바꿈되어야 할 신소설이라는 분류방식은 이후에도 한동안 지속된다. 소설은 공리성을 지닌 양식이어야 했다. 용어의 개념 정립이 보다 세밀하게 이루어질 필요가 있겠으나 소위 '정치소설', '역사전기류' 등의 서사물이 당대에 그 필요성을 인정받은 것도 이 때문이다.

근대에 들어 처음으로 요구된 소설의 양식이란 '모던한' - 양식적으로 세련된 - 서구적 근대소설이 아니었다. 그러므로 권징주의의 교훈적 결말구조 등이 문제될 것은 없었다. 즉 초기 신소설 작가들은 선악의 구별과 그에 따른 결말구조의 채택을 피해 보려 노력할 필요가 없었다.

박은식과 신채호의 1907, 1908년에 발표된 입론, 이해조의 『자유종』 본문 등은 저간의 분위기를 잘 보여 주는 예이다.

> 我韓은 由來 소설의 善本이 無하여 國人所著는 「九雲夢」과 「南征記」 數種에 불과하고 自支那而來者는 「西廂記」와 「玉麟夢」과 「剪燈新話」와 「水滸志」 등이요, 국문소설은 소위 「蕭大成傳」이니 「蘇學士傳」이니 「張風雲傳」이니 「淑英娘子傳」이니 하는 종류가 閭巷之間에 성행하여 필부필부의 菽粟茶飯을 供하니 是는 皆 荒誕無稽하고 淫靡不經하여 適足히 인심을 蕩了하고 풍속을 壞了하여 政敎와 世道에 관하여 爲害不淺한지라.[25]

25) 박은식, 「서사건국지」, 권영민 편, 『한국의 문학비평』, 민음사, 1995, 31~32면 ; 박은식, 『서사건국지』, 대한매일신보사, 1907, 서문.

한국에 전래하는 소설이 태반 桑園溥上의 괴담과 崇佛乞福의 怪話라. 此亦 인심풍속을 敗壞케 하는 일단이니, 각종 신소설을 著出하여 차를 일소함이 亦 汲汲하다 운할지로다. (…생략-인용자…) 然而 近今 신소설이라 운하는 자 刊出이 稀罕할뿐더러, 又 기 간출자를 觀한 즉, 只是 일시 牟利的으로 草草撰出하여 구소설에 비함에 更是 백보 오십보의 間이라 족히 신사상을 수입할 자가 무하니, 噫라.[26)]

인용문에서 박은식은 당대까지 유통되고 있던 소설류의 폐해를 지적하고 있고, 신채호는 이에 더하여 당대 신소설까지 포함한 한국소설을 비판하고 있다. 이들에게 소설은 공리적 효용성이 지대한 계몽의 도구로 인식되는데, 소설이 가진 큰 힘이 오히려 국민의 의식을 좀먹는다고 주장한다. 그렇다면 소설은 "신사상을 수입"하여 담아내는 그릇이 된다. 이 때 중요한 것은 그릇의 미적 가치가 아니라 그릇에 담겨 있는 내용물의 가치이다.

또한 이들에게 소설은 현실사회와 문화의 진보 등을 반영하는 것보다 진보의 방향으로 국민을 추동하는 도구로 인식되었음에 주의할 필요가 있다. 이들은 소설의 감화력을 믿었고, 가치 있는 내용을 담은 소설을 유통시키면 사회가 그에 따라 변화할 수 있다고 믿었다. 그러나 그들이 생각하고 있었던 소설의 개념은 - 근대라는 수식어를 굳이 붙이지 않더라도 - 일반적인 의미에서의, 창작서사물로서의 소설에서 멀리 떨어져 있었던 것이 사실이다.

우리 셰죵대왕 근로ᄒᆞ신 셩덕은 다 말솜ᄒᆞᆯ 슈 업거니와 반졀 몃쥴에 나라 돈도 만이 드렷소 그렷컨만는 빅셩들은 줏드른 한문ᄌᆞ만 슝상ᄒᆞ고 국문은 바려 두어셔 암글이라 지목ᄒᆞ야 부인이나 쳔인이 빅호되 반졀만 ᄉᆡᆨ

26) 신채호, 「근금 국문소설 저자의 주의」, 위 책, 42~43면 ; 『대한매일신보』, 1908.7.8.

> 치면 다시 읽을 것이 업스니 보ᄂᆞᆫ 것은 다만 츈향젼 심청젼 홍길동젼등물 ᄲᅮᆫ이라 츈향젼을 보면 뎡치를 알겟소 심청젼을 보고 법률을 알겟소 홍길동젼을 보아 도덕을 알겟소 말ᄒᆞᆯ진ᄃᆡ 츈향젼은 음탕 교과셔오 심청젼은 쳐량 교과셔오 홍길동젼은 허황 교과셔라 ᄒᆞᆯ 것이니 국민은 음탕 교과로 가ᄅᆞ치면 엇지 풍속이 아름다오며 쳐량 교과로 가ᄅᆞ치면 엇지 장진 지망이 잇스며 허황 교과로 가ᄅᆞ치면 엇지 졍대ᄒᆞᆫ 긔상이 잇스릿가 우리 나라 란봉 남ᄌᆞ와 음탕ᄒᆞᆫ 녀ᄌᆞ의 제반 악징이 다 이에셔 나니 그 영향이 엇더ᄒᆞ오[27]

물론 위 글들에서 다루고 있는 부정적 소설의 범위에는 당시에 창작되고 있던 신소설들도 포함된다. 그러나 신채호나 박은식 등의 논자들이 비판하고 있는 것은 신소설을 포함하여 당대에 유통되고 있던 소설 작품들의 음란하고 황탄한 내용이지 양식적 특질이나 권징주의 자체는 아니었음을 알 수 있다. 신소설 양식의 전근대성이나 교훈주의에 대한 비판은 '문학이란 무엇인가' 류의 논문들이 여러 매체를 통해 쏟아지기 시작한 이후에 본격화된다.[28]

급변하는 국제정세 속에서 위기의식을 느낀 당대 지식인들이 여러 가지 형태와 내용의 계몽의 양식, 담론을 산출하였음은 이미 확인된 바다. 그러나 그들의 애국계몽, 교육구국 등에 기반한 근대 기획은 여

---

27) 이해조, 『자유종』, 광학서포, 1910, 10~11면.

28) 문학의 개념을 정립하려는 다수의 논의들이 반복 출현한 것은 그 내용의 실질성이나 수준을 따지기에 앞서 근본적이고 필수적인 통과의례로서 주목되어야 한다. 박은식이나 신채호, 이해조 등의 텍스트에서 '문학'이라는 용어를 쉽게 찾을 수 없으며, 소설이라는 양식을 문학의 한 장르로 인식하고 있었다는 증거 또한 찾아지지 않음을 어떻게 해석하여야 하는가. 그들의 텍스트에서 소설의 상위 개념으로 추출할 수 있는 용어는 단지 '글' 혹은 '문'일 뿐이며, 시나 희곡을 소설과 함께 아우르는 '문학' 개념이 아니다. 동일한 층위의 하위개념으로써 즉 문학이라는 예술의 양식 개념으로써 시나 소설을 이해하지 않을 때 이들 문학의 하위 장르는 '창작'하는 것이 아닌 '저술'하는 텍스트가 되어 버리는 것이다. 그리하여 글을 쓰는 사람 또한 문인 혹은 문장가로 인식될 뿐 새로운 세계를 창조하는 예술가로 자리매김 될 수 없다. 이에 대해서는 다음 항에서 상술하기로 한다.

지없이 실패하였다. 특히 문학 혹은 소설을 통한 계몽은 그것이 구국의 방편으로 의도되었을 때 참담할 정도로 역부족일 수밖에 없었다.[29)]

1910년대 중반 이후 1920년대 초까지도 구소설의 극복태로서의 새로운 소설을 바라는 논의는 계속되었다. 그러나 이때 거론된 새로운 소설의 개념은 전술하였다시피 1900년대에서 1910년대 초까지의 논자들이 열망하고 요구한 '쓸모 있는 텍스트'로부터 상당 부분 변화해 있었다. 자연주의 등의 수입 문학론이 빈번히 제시되고 문학이라는 용어가 일반화되어 있는 상태에서 '소설'은 하나의 양식으로 수용되고 있었다.

물론 당시의 자연주의 등의 이해가 적절한 것이었는지도 의문일뿐더러 자연주의 창작방법을 보여주는 작품이 등장한 것도 이후의 일이다. 다만 '소설'이라는 존재가 문학 양식으로 개념화되어 작가들에게 각인되었을 때 비로소 필요하게 되는 것이 구체적인 창작방법이었을 것이라는 데 의문의 여지가 없고, 창작 과정과 수용의 과정이 이전과는 다른 형식으로 진행되었을 것이라는 점에서 문학 양식으로서의 소설 논의는 주목하지 않을 수 없다. 근대소설의 창작방법은 근대소설이라는 양식의 이해로부터 출발한 것이다.[30)]

2-1-2. 신소설 서사의 원형적 구조

그렇다면 고전소설과 차별되는 면모를 보여 주는 첫 장편소설 작가인 이인직과 이해조의 작품을 살펴 기존의 이야기책이 보여 주던 서사구조 혹은 창작방법으로부터 진일보했거나 새로워진 요소는 무엇인

29) 졸고, 「이해조의 「자유종」에 나타나는 교육구국론의 의미와 한계」, 『한국문학이론과 비평』, 2001.6. 참조.

30) 이와 같은 '새로운' 새로움에 관련된 창작방법에 대해서는 다음 항에서 개념화하고 그에 따라 자세히 다루도록 한다.

지 우선 살펴볼 일이다. 사실 위 두 작가가 없었다면, 보다 명확하게는 위 두 작가의 초기작이 없었다면 우리가 생각하는 신소설 일반은 재래의 이야기책이 보여 주는 작법들을 거의 무비판적으로 답습하여 지속한 전통적 혹은 전근대적 양식으로 범주화되었을지도 모른다.[31)]

예컨대 이해조의 작품세계가 후기로 갈수록 전근대적인 방식으로 퇴행하는 모습을 보여주었다는 것이 일반적인 평가라고 할 때 이러한 현상을 또 다른 시각에서 해석해 볼 수 있다. 즉 이해조에게 있어 계몽의지가 축소된 것이 전근대적 세계로의 퇴행과 어떤 관련이 있는지를 생각해 보는 것이 물론 중요하지만, 달리 보면 그의 후기작품들이 오히려 초기작들보다 선행하는 작법의 얼개를 내포한다고 볼 수도 있다는 것이다.[32)] 이해조가 의식적 무의식적으로 배워 지니고 있었던 '전통적으로 이야기하는 방식'은 초기작보다는 후기작에서 나타난다. 역설적으로 그의 초기작은 그가 가지고 있던 기존의 작법에서 일탈하여 참신해지려는 시도의 소산인 것이다.

요컨대 이해조의 신소설이 문학사적으로 특히 창작방법의 역사에서 의의를 갖게 되는 범위는 그의 초기작에 한정될 수밖에 없다.[33)] 그럼에도 불구하고 그의 후기작을 살펴보아야 하는 이유는 문학 양식을 교육 제도 안에서 학습한 근대 작가들의 활약 속에서 꾸준히 작품활동을 지속한 그의 원형적 작법을 추출할 수 있는 자료가 되기 때문이

31) 만약 여기에 예외가 있다면 몇몇 이른바 토론체 양식의 작품들 등일 것이나 이것들이야말로 소설을 문학 개념이 아닌 글 혹은 문의 개념으로 인식한 결과요 산물일 것이다.

32) 이에 대해서는 이인직의 경우도 다르지 않다. 텍스트 자료의 불충분을 어려움으로 토로했던 임화의 『신문학사』가 이인직의 처녀작을 『치악산』으로 기술하고 뒤이어 『귀의 성』, 『혈의 루』 등을 썼다고 사실관계의 역순으로 서술한 것을 우연으로만 치부하기는 아무래도 어려운 것이다.(임규찬 · 한진일 편, 『임화 신문학사』, 한길사, 1993, 156~157면 참조.)

33) 논란의 여지가 있을 수 있으나 이해조의 소설이 갖는 문학사적 생명력은 이인직이 작품활동을 마감한 해인 1913년 즈음에 소진된 것으로 보인다. 즉 이인직과 이해조의 시대는 1906년으로부터 1913년까지의 6, 7년 정도로 한정되는 것이다.

다. 즉 이해조의 후기작들이 보여주는 스테레오타입은 이해조의 작가적 개성을 드러내는 작법이 아니며, 실제로 수많은 무서명 작가들의 작품에 답습되고 있는 점을 보더라도 전대소설을 수용한 형태로서의 신소설 구조를 드러내 주는 자료인 것이다.

비단 이해조 한 사람 뿐이 아니라 문학을 통한 계몽을 의도한 당대 지식인의 텍스트가 소위 '신소설' 양식으로 산출되었다면, 1900년대, 1910년대의 각 연도는 작가의 계몽의식이 급격히 위축되거나 양적 질적 변형이 이루어질 수밖에 없는 문학 외적 조건이 엄존하고 있었음을 감안하지 않을 수 없다. 이해조처럼 문학을 통한 단순한 개화 계몽 의도를 넘어 작품 내에 국운(國運)에 대한 근심을 표현하고 그 타개책을 모색해 본 경우라면 더욱 그렇다고 할 수 있다. 이를 창작방법론이라는 기준에 초점을 맞추어 살펴볼 때 다음과 같은 가설을 세워 보는 것이 가능해진다. 즉 기존의 전통적 이야기 구조에 익숙했던 작가가 자신의 계몽의지를 피력하는 방법을 고민한 증좌를 초기 텍스트에서 드러낸다면, 후기 텍스트에서는 수정된 계몽의 내용에 따라 다른 방법론이 필요해지거나, 계몽 의지 자체에 대한 포기에 따라 원초적 방법론으로 회귀하게 된다는 결론을 얻을 수 있는 것이다.

이 장에서는 그러므로 1930년대 혹은 그 이후까지 지속적으로 출판된 신소설의 창작 연대를 따지지 않고 어느 한 작가의 독특한 기법이라 하기 어려운, 집단적 공유물에 가까웠던 창작방법에 관해 먼저 살펴보기로 하겠다. 물론 이는 당시 텍스트들의 전체를 설명하는 틀이 될 수는 없을 것이지만 동시대를 살아가던, 그러나 의식적으로는 신세대로 자부하던 근대 작가들의 작법과 영향관계에 놓여 있음을 증명할 수 있다면 그 의의가 자연스럽게 드러날 것이다.

1906년부터 『만세보』에 연재되고 이듬해 광학서포에서 출간된 이인직의 『혈의 루』[34]는 식민지 시기에 임화 등의 논문 및 문학사에서의 논의를 거쳐 해방 이후 1950년대부터 본격적으로 연구되었다.[35] 현재까지 최초의 신소설로 평가되고 있는 『혈의 루』가 가지는 문학사적 의의는 개화사상, 문체, 구성 등의 각 측면에서 다양한 방법으로 고찰되었으며, 작가 개인의 생애와 사상적 지향 등의 문제를 제외하면 작품 내외적으로 상당한 수준의 검증이 이루어졌다고 볼 수 있다.[36]

1906년 10월 10일 총 50회로 상편을 끝낸 『혈의 루』는 곧 단행본으로 출판되었다. 『혈의 루』 하편에 대한 논란 혹은 이견이 없었던 것은 아니지만,[37] 인물과 서사 내용의 연속성을 따져 볼 때 1913년 『매일신보』에 연재된 『모란봉』[38]을 『혈의 루』의 속편으로 보는 데 별 무리가 없다.[39] 『모란봉』은 총 65회에 걸쳐 연재되었으나 미완으로 연재가 중단되었다. 50회를 연재한 『혈의 루』나 65회를 연재한 『모란

34) 이인직의 『혈의 루』는 『만세보』에 1906.7.22부터 10.10까지 50회 연재되었으며(상편 완), 연재된 분량만큼 광학서포(1907)에서 출판되었다.

35) 송민호의 「신소설 「혈의 루」 소고」(『국어국문학』 14호, 1955), 전광용의 「혈의 루」(『사상계』, 1956.4) 등을 『혈의 루』에 대한 초창기 연구 업적으로 거론할 수 있다.

36) 김영민은 『한국근대소설사』에서 『혈의 루』 연구사를 개관하여 그 의의를 밝히고 그동안 비교적 알려져 있지 않던 이인직의 생애 자료를 복원하여 분석하였다. 그 결과 "이인직은 자신의 새로운 삶의 주제인 '개화'와 '친일'이라는 주제를 그의 〈신소설〉들 속에 자연스럽게 담아내기 시작"하였다는 해석과 함께, "그 첫 번째 작품으로서 「혈의루(血의淚)」를 선보이게 된다"고 기술한다.(김영민, 『한국근대소설사』, 솔출판사, 1997, 190～213면 참조.)

37) 『혈의 루』의 후편은 상편 말미에 "아래권은 그 여학생이 고국에 돌아온 후를 기다리오"라고 예고된 후, 1913년 2월부터 6월까지 『모란봉』이라는 이름으로 『매일신보』에 65회에 걸쳐 연재되었다. 『제국신문』에 1907년 5월부터 6월까지 11회 연재된 『혈의 루 下』를 속편으로 보는 견해도 있다. 1912년 경 동양서원에서 '모란봉'이라는 이름으로 개제되어 정정된 상편이 출판되었다는 기록도 있으나 판본 확인이 어렵다.

38) 『매일신보』에 1913년 2월 5일부터 6월 3일까지 연재되었다. 상편 『혈의 루』가 주인공 옥련의 7세～17세까지의 사적을 다룬 데 비하여 하편 『모란봉』은 그 이후의 사적을 다룬 것이다. 소설 본문의 첫머리에 이 작품이 "玉蓮의 十七歲 以後 事蹟을 述한 것인데 其上篇이 無하더라도 또한 無妨"하다고 밝히고 있다.

39) 한 편의 작품으로 처음 구상된 『혈의 루』 혹은 『모란봉』은 옥련이라는 주인공의 성장담에 한정되는 것이 아닌 '일대기'였을 것이다. 『제국신문』 연재본의 11회짜리 후일담은 옥련의 성장담을 완성시키기 위한 것으로 볼 것이며, 그럼에도 불구하고 이인직이 다시 『모란봉』 창작에 들어갔다는 것은 '일대기'로서의 서사 완결을 시도했던 것이라 판단되는 것이다.

봉』이나 미완 작품으로 남은 것은 마찬가지지만 『모란봉』에 비해 『혈의 루』는 서사적 완결성을 확보하고 있는 독립 작품으로 보아도 무방하다는 평가를 받는다.[40)]

『모란봉』이 『혈의 루』에 비해 문체적 측면이나 묘사의 측면에서 진일보한 면면을 보여 준다는 의견은 있으나,[41)] 대부분의 선행 연구는 『모란봉』의 작품성이 『혈의 루』, 『귀의 성』 등 작가의 초기작에 비해 현저히 떨어지며 통속화된 경향이 있다고 평가하고 있다. 게다가 『모란봉』은 미완의 작품인 탓에 다각도로 분석되지 못한 측면이 있다. 어쨌든 최초작인 『혈의 루』와 최후작인 『모란봉』을 비교하면, 가치판단을 물론하고 일단 그 성격이 크게 구별되며 대조된다는 것을 알 수 있다.

이인직이 어째서 굳이 『모란봉』을 쓰기 시작했으며, 어째서 『모란봉』을 끝맺지 못했을까 하는 두 가지 질문에 대해서는 명확한 해답을 제시하기 어렵다. 그러나 『모란봉』을 쓰면서 이인직이 작가의식의 후퇴나 계몽의지의 약화를 드러낸 것을 사실로 긍정한다면 이는 앞서 말한 이해조의 경우 - 초기작에 비한 후기작의 급격한 통속화 - 와 크게 다르지 않다고 볼 것이다. 계몽의 의도가 반영된 부분을 제거한다면 『혈의 루』 또한 하나의 전근대적이고 통속적인 작품으로만 남게 되는 것일까.

여기서 본 논문은 『혈의 루』를 창작했던 이인직의 창작방법의 원형

40) 이인직의 의도가 어떤 것이었는지 증명할 수는 없지만, 일대기로서도 부족하고 성장담의 완성도 보지 못한 『혈의 루』 상편은 오히려 이후의 완결된 형태로서의 신소설 혹은 근대소설 작품들과 구조적 친연성을 가진다는 점에서 흥미롭게 해석될 가능성이 있다. 이인직 자신도 『혈의 루』가 상편만으로 출판이 가능한 하나의 이야기가 되리라는 점을 짐작했을 수 있지만, 전통적 개념에 혹은 당대적 통념에 비추어 완결되지 않은 『혈의 루』의 성공은 일대기도 아니고 선악 구분에 의한 운명 가르기 즉 핵심사건의 종결도 아닌 장편서사의 새로운 가능성을 확인시켜 주었으며, 작가의 의도적 전망 제시가 작품 완결의 필수조건은 아니라는 점을 실질적인 텍스트로 증명한 것이라 할 수 있다.

41) 김영민, 앞의 책, 190~213면 참조.

을 재구하기 위해 동일 작가의 『모란봉』 대신 『혈의 루』와 비슷한 인물 구도와 구성방법을 취하되 봉건적인 주제를 다루고 있는 무서명의 신소설 작품을 예로 들고자 한다.

> 옥년이가 얼골빗을 쳔연이 ᄒᆞ고 고쳐안쩌니 모란봉에셔 총맛고 야젼병원으로 가든일과 정상군의의 집에 가든 일과 ᄃᆡ판서 학교에셔 졸업ᄒᆞ든 일과 불힝ᄒᆞᆫ ᄉᆞ긔로 ᄃᆡ관을 써ᄂᆞ든 일과 동경가ᄂᆞᆫ 긔ᄎᆞ을 타고 구완셔를 만ᄂᆞ셔 <u>절쳐 봉ᄉᆡᆼ</u>(밑줄 - 인용자)ᄒᆞ든 일을 낫낫치 말ᄒᆞ고 그 말을 맛치더니 다시 얼골빗이 변ᄒᆞ며 눈물이 도니 그 눈물은 부모의 졍에 관계ᄒᆞᆫ 눈물도 아니오 제 신세 ᄉᆡᆼ각ᄒᆞᄂᆞᆫ 눈물도 아니오 구완셔의 은혜를 ᄉᆡᆼ각ᄒᆞᄂᆞᆫ 눈물이라[42]

위 인용문은 『혈의 루』에서 여주인공 옥련이 미국에서 부친을 만나 지난 사정을 술회하는 장면을 묘사한 부분이다. '절처봉생(絶處逢生)'은 말 그대로 오도 가도 못할 막다른 길에서 살 길을 만난다는 뜻으로, 여기서는 옥련의 고난 극복 과정을 비유적으로 표현한 것이다. 구완서라는 은인을 만난 것을 따로 적시하고는 있으나 사실 옥련의 고난은 일회성에 그친 것이 아니었고 난리통에 일본 군의를 만난 그 순간부터 이후의 전 과정이 '절처봉생'의 연속이었던 것이다.

주인공의 고난과 그 극복과정을 연쇄적으로 제시하며 독자의 감정이입을 유도하는 창작방법은 주지하다시피 전대의 설화문학 전통에서 익숙히 보아 오던 바이다. 문체나 당대의 시사적 소재 및 담론 체계 등을 일단 논외로 하고 인물구도와 서사구조만을 문제 삼을 때 『혈의 루』 또한 '고난 - 극복'의 틀을 고수하고 있다는 점에서 전대소설과 크게 차이가 나지 않는다. 다만 차이점이 있다면 주인공에게 고난을

42) 이인직, 『혈의 루』, 광학서포, 1907, 83면. 이후 인용은 이 책의 페이지 수만을 밝힌다.

주는 존재가 특정한 인물로서의 악인이 아니라 외적 정세, 다시 말해 주인공을 둘러싼 역사·사회적 상황이라는 점을 들 수 있다. 또한 '절처봉생' 격의 최대 위기가 극복되었을 때 서사가 매듭지어지는 것이 아니라 다시 앞날을 기약하게 하는 열린 결말을 보여 주고 있는 점도 전대소설과는 다르다. 한 가지 더 말하자면 사실 고난을 당하는 인물은 주인공뿐이 아니라 그의 가족 전체로 제시됨으로써 해석에 따라서는 당대 사회의 평범한 백성 전반이 겪었을 고난으로 의미가 확장될 가능성을 내포하고 있는 점도 특기할 만하다.

이인직의 『혈의 루』 이후에도 '절처봉생'의 모티프는 신소설 텍스트를 통해 지속적으로 반복 변주된 바, 이것이 아예 제목으로 전면화된 작품이 있다.[43] 작가 미상의 『절처봉생』은 『혈의 루』와의 비교를 통해 많은 공통점을 추출할 수 있는 텍스트이다.[44]

다음은 『절처봉생』의 경개를 인물(구도)과 사건(헤어짐과 만남, 고난과 극복의 서사구조에 기반한)을 중심으로 간략히 정리한 것이다.

> 판서의 손자이자 참판의 아들이지만 가난한 청백리인 이종협(이진사)은 시대의 변화에 편승하지 않고 남산골 삼간초막에 은둔하여 부인 김씨의 삯바느질로 연명하고 있었다. 서울 장안에 난리가 일어나 모두가 피난을 가는 통에 이진사의 가족도 피난을 가기로 결정은 하였으나 책상물림인 이진사나 양반댁 규수였던 부인 김씨나 또 어린 정희나 애초에 먼 길을 맨걸음으로 떠날 수 있는 사람들이 아니었다. 피난 인파 속에서 갖은 고생을 겪던 이진사 가족은 장돌쇠라는 사람을 만난다. 돌쇠는 이진사 가족의 형편을 짐작하고 계략을 꾸며 김씨 부인을 납치하는 데 성공한다. 설상가상으로 이진사는 딸 정희마저 노상에서 잃어버려 세 사람은 모두 뿔뿔이

43) 노익형 편집 겸 발행, 『절처봉생』, 박문서관, 1914.
44) 편의상 직접적인 비교 분석을 행하지는 않을 것이나, 일반적으로 알려진 『혈의 루』의 경개나 인물구도 및 성격 등을 감안하여 본다면 『절처봉생』에 대한 분석 서술만으로도 자연스럽게 비교되는 부분이 많을 것이라 판단된다.

흩어지고 말았다. 납치되었던 김씨는 조생원이라는 은인을 만나 돌쇠의 마수에서 벗어나지만 조생원이 이진사의 행적을 좇으러 나간 사이 제2의 위기를 맞게 되고 결국 조생원의 집을 떠나 다시 한 번 죽을 고생을 한 끝에 또다른 구원자인 황의관을 만난다. 한편 낙담한 이진사는 부인과 딸을 찾는 일이 불가능함을 느껴 곳곳을 유람하다가 수월자라는 여승을 만나는데, 그 만남 때문에 봉변을 겪기도 하나 결국은 환속한 수월자(경난)와 혼인에까지 이른다. 딸 정희 또한 갖은 고생을 겪고 은인에 의해 구출되기를 반복하는데, 다행히 그동안 공부를 계속하는 기회는 얻었다. 다시 볼 수 없을 것만 같던 가족이 우연히 상봉하게 되고 함께 행복을 누린다는 내용을 담고 있다.(정리 - 필자)[45]

앞에서 서술하였다시피 주인공의 파란만장한 고난과 그 극복 과정을 제시하여 독자들의 감정이입을 유도하는 방법은 작품 창작 당시의 신소설이나 근대소설의 존재를 일단 논외로 하더라도 전대소설의 독자들에게는 매우 익숙한 것으로서 1910년대의 텍스트인 『절처봉생』[46] 뿐 아니라 1930년대 이후까지의 수많은 무서명 신소설 작품들의 내적 구조원리로 작용하고 있었다.

위 줄거리 정리 부분에서 알 수 있는 것은 '가족의 이산과 상봉'이 전체 서사의 처음과 끝을 공식화하는 틀로 이용되고 있다는 점, 이산과 상봉이라는 양 극점을 사이에 두고 인물의 고난과 극복의 중간 서사가 이어지며 '주인공의 자살 기도와 구출'이 중요한 화소로서 활용되고 있다는 점, 중심서사의 주변에 '남성 인물의 낙담과 그에 따른

45) 줄거리 정리는 노익형 편집 겸 발행의 위 책을 텍스트로 한 것이며, 앞으로의 작품 인용 등은 본문 중에 동 텍스트의 면수만을 표시하기로 한다.

46) 1914년이라는 창작 혹은 발표 연대 자체가 세심한 분석을 요구하는 문제라고 할 수 있다. 기존에 활동을 하고 있던 계몽적 신소설 작가의 경우는 물론이고 자신의 이름을 드러낸 소수의, 혹은 드러내지 않은 다수의 직업적 작가의 경우에도 1912~13년 이후의 작품은 1910년대라는 명목으로 묶여 공통된 특질을 드러내기보다는 1920, 1930년대의 후기 신소설 작품들과 유사한 특질 및 의의를 가진다고 보이기 때문이다.

산천 유람[47]이라는 다소 일탈적인 사건이 삽입되어 있다는 점, 홀로 떨어진 아동에게 뜻밖에도 교육의 기회가 주어진다는 점 등이다.

이와 같은 양상은 『혈의 루』를 통해서도 쉽게 추출되는 것들이며, 물론 여타의 많은 신소설 작품들에 각각의 요소들이 확장 혹은 축소되어 변주되고 있는 모습을 쉽게 확인할 수 있다. 다만 『절처봉생』에서는 『혈의 루』와 비교할 때 가족 구성원 중 '아내'의 서사가 강조되고 '딸'의 서사가 약화된 것이 눈에 띈다. 즉 『혈의 루』의 '절처봉생'은 딸 옥련의 상황에 귀속되지만, 『절처봉생』의 경우에는 다음 인용문과 같이 아내 김씨의 상황에 귀속된다 하겠다.

> 그ᄯᆡ 됴ᄉᆡᆼ원집의셔 ᄉᆞ셰부득이 나와셔 쥭을고ᄉᆡᆼ을 ᄒᆞ다가 황의관 마누라에 구함을 입어 그집에가셔 안신ᄒᆞ고 잇던말이며 박션달이와셔 남ᄉᆞᆫ골 집을 파러 이리로 이ᄉᆞ한말과 시량범졀이 걱졍업시 지ᄂᆡ넌것은 다 박션달에 덕이라 그남ᄆᆡ의 은혜ᄂᆞᆫ 이셰상에 엇지다 갑는단 말솜이오 그러ᄂᆞ 진ᄉᆞ님 소식을몰너 쥬야로 근심ᄒᆞ기에 발셔라도 목숨을 ᄭᅳᆫ어 이져실련만(『절처봉생』, 143면)

문학사적 의의나 작품의 성과 등을 고려하지 않고 신소설 작품을 내용 위주로 일별해 보면 가정사의 비극이 소재가 되는 작품이 다수 발견됨을 알 수 있다. 계모와 전처 소생 딸의 갈등구조, 시모와 며느리의 갈등구조, 혹은 처첩간의 갈등구조 등이 나타나는 경우가 많으며,[48] 주인공에게 고통을 주는 존재로서의 악인형 인물의 축에 몸종,

---

47) 『혈의 루』의 경우에도 옥련의 부친은 아내와 딸을 잃었다는 사실을 깨닫는 순간 즉시 도미(渡美) 유학을 결심하고 실행에 옮긴다. 물론 한가로운 강산 유람과는 성격이 다르다 할지라도 이로 인해 이별의 시간이 길어지고 남은 자의 고난이 심화된다는 점에서는 유사하다 할 것이다.

48) 사실 이와 같은 갈등 구조는 신소설 혹은 전대소설이라고 할 만한 기록된 형태의 텍스트에서만 찾아지는 것도 아니다. 기록되지 않은 서사물, 예컨대 설화 문학의 예에서도 찾아 볼 수 있는 보편적 화소라고 할 수 있다. 즉 뚜렷한 존재로 드러나거나

안잠자기, 시모나 첩의 심복 격인 일가친척 등이 위치하는 양상이 빈출된다.49)

작품이 내포한 주제의식의 성격이 어떠하든 간에 그것이 당대의 봉건적 성향을 지닌 백성에 대한 반봉건적 혹은 애국적 계몽의 특질을 지니지 않는 이상 주인공이 죽을 고비를 수차례 넘기거나 누명을 쓰고 자살을 기도하다 우연히 만난 은인에 의해 구원되는 등 행복한 가정으로의 귀환에 이르는 전형적이고 통속적인 권선징악의 결말구조란 단적으로 말해 인간의 보편 정서를 자극하는 수준에 그치게 된다.

특이한 것은 많은 수의 신소설 작품에서 여성 인물의 고난이 지속되는 가운데 배우자 등 남성 인물들의 역할이 지극히 미미하다는 점, 심지어는 남성 인물들이 여성 인물에게 조금의 도움도 주지 못한 채 박해의 구도에 참여하게 되기도 한다는 점이다. 남성 인물들은 아내 혹은 상대 여성 인물에 대한 최소한의 동정심을 지니고는 있다 하더라도 그를 위한 구명 노력을 너무나 손쉽게 포기한 채 낙담한다거나 심지어 대책 없는 방랑의 길을 떠나 버리기도 하는 것이다. 즉 누명을 벗거나 죽음의 위기에서 벗어나야 할 모든 책임을 홀로 져야 하는 운명의 여성 인물은 '절처봉생'의 순간에 우연히 나타날 제삼의 인물, 조력자를 기다릴 수밖에 없다.

이처럼 남성 인물이 조력자가 아닌 방관자로 나타난다든가 고난의

최소한 작품에 의해 암시되는 작가가 특정한 사상적·시대담론적 주제를 드러내려는 의도로 채택하는 차원이 아니라 근대적 양식으로서의 소설 이해에 미숙한 독자가 충분히 납득할 수 있고 또는 예상할 수 있는 정도의 기본적인 이야기 구조인 것이다.

49) 오히려 이들 작품이 가질 수 있는 최소한의 근대적 면모는 바로 악인형 주변인물의 성격과 행동 묘사에서 찾아지는 경우가 많다. 주인공과 안타고니스트의 대결구도가 권선징악적인 일반적 패턴으로 귀결되어 전근대적 통속으로 떨어지고 마는 경우라고 할지라도 이들 악인형 인물의 욕망은 철저하고 생생하게 묘사되어 당대의 풍속사로 재구성될 수 있기 때문이다. 그들의 물신적 욕망은 전근대적 덕목이나 도덕·윤리·종교 등 추상적 세계로 환원되지 않고 비록 나중에 처벌되고 죽음에 이른다고 할지라도 온전히 '그 때의 그 곳'에 한정되어 있는 것이다.

서사가 한 인물에 집중되어 나타난다든가 하는 것은 두 말할 필요 없이 독자의 동정심을 자극하는 효과를 극대화하려는 작가의 통속적 의도에서 비롯된 것이다. 그리고 이러한 통속적 구도는 누군가의 노력을 수반한 고안을 필요로 하는 것이 아니라 어느덧 창작 담당 계층에 의해 자연스럽게 공유되고 있었다 할 수 있다.

그러므로 『절처봉생』의 경우 『혈의 루』와 유사한 특질을 고루 갖추고 있으면서도 인물의 성장이나 변화의 과정은 문맥 아래로 가라앉아 효과적으로 드러날 수 없었던 것이다.[50] 작품 속의 '경희'는 『혈의 루』의 옥련과 마찬가지로 홀로 떨어져 온갖 간난신고를 겪었고 그 와중에서 교육의 기회를 얻기도 하였지만 결국 그것은 감격적인 가족 상봉을 위한 준비 과정에 불과했다. 경희가 신교육의 세례를 받으면서 어떻게 의식이 성장했는지, 경희를 통해 작가는 어떤 전망을 제시하려는 것인지 독자는 관심을 가지기조차 어렵다.

남편의 경우도 마찬가지다. 『절처봉생』의 '리진사'는 난리통에 아내와 자식을 잃고 실의하여 생활의 근거지를 떠나 유랑의 길에 나선다는 점에서는 『혈의 루』의 '김관일'과 유사하지만, 김관일이 장래를 기약하며 신문명과 근대교육을 경험하려 미국으로 향한 것이라면, 리진사의 유랑은 다분히 즉흥적이다.

> 세상ᄉᆞ를 져버리고 페포파립 쥭장망혜로 지향업시 발길나가는ᄃᆡ로 쳔리만리 팔도강ᄉᆞᆫ이나 구경ᄒᆞ고 어듸가셔 쥭던지ᄒᆞᄌᆞ구 나신사ᄅᆞᆷ은 별사ᄅᆞᆷ아니라 난즁에 쳐ᄌᆞ를일코 셰상에 거두할 마음업시나신 리진ᄉᆞ라 경긔ᄯᅡᆼ은 일시머물기 실은마음이 어드로 향할지 모를즈음에 우연니 넷사ᄅᆞᆷ의 지은글귀가 ᄉᆡᆼ각킨다 원ᄉᆡᆼ고려국ᄒᆞ야 일견금강산이라 ᄒᆞ여시니 지라갓튼 명승지 사ᄅᆞᆷ덜도 멧만리밧 타국ᄉᆞᆫ쳔이건만 ᄒᆞᆫ번보기를 원ᄒᆞ엿거든 우리야 쳔하명산이 눈압헤잇ᄂᆞᆫ걸 못보고쥭으면 병신이라ᄒᆞ고 츤츤 젼진ᄒᆞ여 금강

50) 혹은 처음부터 의식의 성장이나 자각 등은 의도되지 않았다고 볼 수 있다.

순으로 향흔다(『절처봉생』, 99면)

위 인용문에서 알 수 있듯 리진사의 금강산 행은 매우 충동적이며 즉흥적인 결정에 의해 실행된다. 인물의 의도 외에 전체 서사 안에서의 이 행동의 역할은 또 다른 인연을 만나게 하는 장치이며, 인물을 근거지로부터 일탈하게 함으로써 가족 상봉을 더 지연시키는 장치이기도 하다. 가족의 상봉이 계속 지연된다면 가족 구성원 각각의 고난은 지속될 수밖에 없고, 그 기간이 길수록 고통의 깊이도 더욱 심화될 가능성이 높아진다.

요컨대 『절처봉생』의 고난은 여성인물 특히 부인 김씨의 서사 부분에 집중되어 있는 것이 특징적이다. 물론 남편 리진사나 딸 정희의 삶이 평탄했던 것으로 보이지는 않지만 『혈의 루』의 최씨와 『절처봉생』의 김씨를 대하는 각 작가의 태도는 완전히 구별된다. 사실 『혈의 루』의 최씨가 가족 이산의 기간 동안 겪었던 외적 정황에 의한 고난은 거의 작품 초반부에 집중되어 있다. 그 고비를 넘긴 후에는 가족을 잃은 슬픔을 견디며 기다리는 것 이외에 최씨의 행동과 심리는 거의 묘사되지 않는다. 어쩌면 가족 상봉의 감격적 순간까지 최씨의 서사적 역할은 별로 없다고 해도 무방하다.

그러나 『절처봉생』의 김씨는 남편과 아이를 잃는 순간부터 작품의 마지막 부분까지 끊임없이 새로운 사건을 만나고 그에 의한 위기상황을 그때그때 돌파하며 살아가야 했다. 작품을 읽는 독자로 하여금 김씨의 처지에 동정심을 가지면서 작품의 상황에 감정이입하고 주서사를 따라가게끔 하는 전략이다.

『혈의 루』의 가족 이산이 단번에 이루어지는 데 반해 『절처봉생』의 가족 이산은 단계적으로 이루어지는 것도 주목된다. 이인직이 가족의 이산을 통해 보여 주는 것은 헤어짐 이후의 상황, 각 인물들의 독립된 삶의 당대적 의미였던 것에 비해 『절처봉생』의 작가는 헤어짐의 과정 자체를 중시하고 그 과정에서 겪어야 할 인물들의 고통을 있는 그대로 드러내려 했던 것이다. 『혈의 루』가 내포한 고난과 극복의 서사가 인물의 변화 및 발전, 의식 각성 등의 당대적 의미를 제시하려는 목적에서 독자들의 감정 이입을 유도하는 형식이라면, 『절처봉생』이 보여주는 그것은 독자의 감정 이입을 유도하는 이외의 다른 의미를 찾을 수 없는 통속적 형식이라는 점에서 구분된다.

즉 『절처봉생』은 있는 그대로의 통속으로, 『혈의 루』는 통속과 계몽의 결합으로 규정될 수 있는 것이며, 이때 『절처봉생』의 독자에게서 예상할 수 있는 독후감은 당대적 담론에 의해 구성되는 현실 인식이 완전히 제거된, 보편적 인지상정으로서의 동정심의 수준을 결코 넘어설 수 없다.

계몽 의지의 표현을 위해 통속의 구조를 빌린 것이냐 통속 그 자체냐의 문제를 위와 같이 구분해 보면 남편과 딸의 서사에서 또한 다음과 같은 결론을 도출할 수 있다. 김관일이 가족을 잃고 홀로 떠나 독립된 삶을 살면서 얻은 것, 옥련이 스스로 얻은 것은 모두가 당대성을 획득할 수 있는 것임에 비해, 김관일처럼 세상을 떠돈 리진사나 옥련처럼 교육을 받은 정희는 그저 가족 상봉의 기쁨 속에 묻혀 전혀 당대적 전망을 획득하지 못하는 것이다. 리진사는 뜻밖에도 후처를 얻은 셈이고 정희는 좋은 배필을 만날 자격요건 하나를 더 갖출 수 있었을 뿐이다. 그래서 독자들은 그들이 앞으로 '어떻게 할 것'이라는 예상보다 '어떻게 될 것'이라는 예상을 하게 되는 바 그것은 '행복한 가정생활'로 요약되고 만다.

당대적 의미를 직접적으로 가질 수 있느냐 없느냐에 따라, 혹은 역사적 사실이 의미 있는 시대적 배경으로 작용하느냐 그렇지 않으냐에 따라 다를 수는 있으나 외적 요인으로부터 가족의 불행이 시작되는 텍스트는 최소한 그 갈등 상황을 현실 사회적 문제로 확장시킬 가능성을 내포하고 있다고 생각된다. 그러나 작품 내의 갈등구조가 가정사의 문제로 국한된다면 주인공의 성명과 신분 직업 등을 떠나 작품의 결말은 통속적으로 귀결될 가능성이 증대된다.

물론 이러한 국지적 갈등구조를 드러내는 텍스트 속에서도 무의식적 현실 반영의 실마리를 끄집어내는 것은 가능하다. 예를 들어 어떤 속된 만남과 헤어짐에도 나름의 이유는 있는 것이며 그 나름의 이유란 - 그것이 신소설 작품일 경우 더욱 - 작가의 세계관과 밀접한 관련을 맺는 경우가 많기 때문이다. 악인의 처벌을 묘사하지 않으면 서사가 완료되었다는 느낌을 가질 수 없는 작가들, 최소한 용서하는 모습으로 선인의 관용을 부각시키기라도 하려는 작가들과 그에 동의하는 독자들의 세계에서 그 악인은 어째서 처벌되어야 하는가의 문제는 중요하지 않다.[51] 그 악인은 왜 악인인가에 대해 작가들은 설득하는 것이고 독자들은 그것을 받아들이는 것이다.

그런 점에서 신구(新舊)의 문제가 선악(善惡)의 문제로 간주된 신소설 및 근대 초창기 소설의 현실인식은 작품의 전개 과정이나 결말구조에서 어쩔 수 없는 통속적 면모가 드러났다 하더라도 최소한의 의미를 가지고 있다고 보아야 한다. 신구의 관계가 선악의 관계와 동일시될 수는 있는 것인지, 어째서 그러한지에 대해 당대의 작가 및 독자들이 가지고 있었던 공감대의 수위를 가늠해 보는 일은 대단히 중요하다.

문제는 이와 같은 권신징구(勸新懲舊) 형의 소설에서 드러나는 신구에 대한 관념을 모든 텍스트에 동일하게 적용시킬 수는 없다는 점이다. 선악의 구도가 먼저 있었고 신구를 계몽적 의도에서 그 구도에 끼워 넣은 것이냐, 선인의 편에 신세대를 악인의 편에 구세대를 내세워 갈등구조를 만들기는 했으나 계몽적 의도가 아닌 기존의 통속적 선악의 구도를 답습한 결과일 뿐이냐 하는 판단이 경우에 따라서는

51) 물론 연구자의 입장에서는 악인이 악인으로 규정된 후에도 그가 처벌되는가 혹은 용서되는가의 차이 또한 세심하게 구별하여 해석해야만 한다.

여전히 요구되기 때문이다. 물론 역으로 신세대적인 것보다 구세대적인 것에서 선한 면을 찾으려는 전근대적이고 보수적인 작품도 또한 엄연히 존재하고 있었음을 인정해야 한다.

작가의 당대적 현실인식 혹은 당대 풍속의 묘사 등을 잠깐 논외로 해둘 때 연구자는 통속의 구조를 가진 작품에서 전근대적 이야기 전통과 맥락이 닿아 있는 당시 소설의 원형적 서사구조를 추출해낼 수 있다. 그 중 가장 빈번하게 활용된 주인공의 고난과 그 극복이라는 단순한 틀을 거론하게 된다. 그 주인공이 남성일 때 거대한 세상과 맞서 분투하고 이겨내는 영웅서사의 그림자를 발견할 수 있고, 그 주인공이 여성으로 설정되었을 때는 악인으로부터 고통받고 결국 구원되는 복선화음의 서사를 미리 짐작할 수 있다. 그리고 한국 신소설의 많은 텍스트는, 시대적 정황을 굳이 결부시켜 해석하지 않는다고 할지라도,[52] 후자 쪽에 집중적으로 분포되어 있다.

예컨대 이해조의 『춘외춘』(신구서림, 1912)[53]은 무능한 남편과 간악한 후처를 주인공의 주변에 놓고 계모에 의해 구박을 받는 딸을 여주인공으로 내세운 작품이다. 구박을 하는 것으로 모자라 인신매매 등의 범죄를 저지르기도 하며, 결국은 그 범죄가 발각되어 '정해진 이치' 대로 가정의 질서가 회복되기까지의 과정을 그렸다. 물론 결말에 이르러 악인은 처벌되고 무능한 남성은 뉘우치며 고난을 받던 여주인공

---

52) 이와 같은 복선화음(福善禍淫)류의 서사 텍스트는 결과적으로 소극적이고 수동적인 인물형을 주인공으로 제시하게 되는데, 굳이 맥락을 짓자면 개인의 힘으로 운명을 바꾸거나 최소한의 전망조차 찾을 수 없는 식민지 근대 초기의 현실과 전혀 관계없다 말하지는 못할 것이다. 또한 이러한 수동적 구원의 텍스트가 여성인물만을 주인공으로 하고 있는 것은 아니다. 아직 성인이 되지 않은 청소년기의 남성인물이 독지가 등 주변의 도움을 받아 교육을 받고 의식적으로 성장하는 서사도 드물지 않게 발견된다. 『금의쟁성』(남궁준 편집 겸 발행, 유일서관, 1913), 『탄금대』(이해조 작, 신구서림, 1912), 『순정한 사랑』(조준경 저작 겸 발행, 보성서관, 1938) 등의 작품이 그 예이다.

53) 『매일신보』에 1912년 1월 1일부터 3월 14일까지 58회에 걸쳐 연재되었으며 동년 신구서림에서 상 하권으로 나누어 출판되었다.

은 행복한 가정을 꾸리게 된다. 이해조의 다른 작품에서도 빈번히 보이는 '근대적 법제도에 의한 사건 해결'의 방법이 드러나기는 하지만, 이 작품은 고난이 한 인물에게 집중되고 그 해결이 뜻밖의 주변인물에 의해 우연한 경로로 이루어진다는 점에서 작가의 초기작에 비하면 극히 안일한 창작 태도를 드러낸다.

그런가 하면 박건병 저작의 『광악산』(박문서관, 1912)은 시집살이의 고통을 다룬 소설이다. 아름답고 총명하며 범절 있게 자란 '태희'가 시어머니와 동서의 구박을 못이겨 결국은 자살을 기도하게 된다는 이야기이다. 괴벽스러운 시어머니와 질투심 강한 동서는 태희에게 불륜의 혐의를 씌우고, 집에서 쫓겨난 태희는 자살 기도를 포함하여 몇 번이고 죽을 고비를 넘긴다. 특이한 점은 태희의 남편 '을형' 또한 처지를 비관하여 자살을 기도한다는 점인데, 두 사람 모두 살아나 결말 부분에서 감격적으로 재회한다.[54]

이상협의 『무궁화』(박문서관, 1928)[55] 또한 계모형 소설이다. 여덟 살에 모친을 잃고 계모를 맞이하게 된 '옥정'이 아버지마저 세상을 뜨자 계모에 의해 온갖 고난을 받다가 위기로부터 탈출하는 통속적인 신소설의 전형적인 패턴을 답습하고 있다. 죽은 부친은 물론이고 정혼자인 '심진국'마저 옥정에게는 아무 도움이 되지 않는다는 점에서 무기력한 남성 인물의 유형도 적실하게 드러난다. 계모 '홍 씨'의 악행 중에 돈에 눈이 멀어 딸을 팔아 버릴 궁리를 하는 것이 어김없이 끼어 있고 그 과정에서 홍씨의 육촌동생이 활약하는 등 전대소설에서도 낯익은 인물구도와 화소에 의해 사건이 전개된다.[56]

---

54) 전형적인 선인-악인의 틀로 풍속개량을 의도한 소설이다. 여성의 신학문 수용을 긍정적으로 보는 작가의 의식이 나타나 있지만, 신학문을 배운 여성이 일부종사를 위해 자살한다는 설정은 인물의 모순성을 드러낸다. 또한 을형의 유학이나 태희의 근대 교육기회 획득이 미래에 대한 전망보다는 행복한 가정이라는 틀 속에 묻혀 버린다는 점에서 계몽적 의미는 퇴색된다 할 것이다.

55) 『매일신보』에 1918년 1월 25일부터 7월 27일까지 연재되었으며 1928년 박문서관에서 간행되었다.

이상과 같은 작품을 통해 알 수 있는 것은 계몽 의지가 약화되거나 소거된 후기 신소설 작품에서 『혈의 루』, 『귀의 성』, 『빈상설』 등의 초기 신소설에서 볼 수 있는 서사구조 혹은 모티프가 다수 발견된다는 점이다. 이는 상기 초기 신소설의 창작방법을 후기 신소설이 수용하거나 답습한 증거로 해석될 수도 있겠으나, 역설적으로 이해한다면 위와 같은 신소설의 스테레오타입은 특정 작가의 스타일에서 비롯된 것이 아니라 일반적으로 공유되던 전근대적 방식의 면면일 수도 있다.

당대의 지식인들 또한 전근대적인 이야기문학의 독자요 수용자였다는 점을 생각한다면 긍정적으로든 부정적으로든 대중과 함께 일반적으로 공유하고 있었던 서사의 틀이 존재하였음을 부정할 수 없다. 그것이 봉건을 극복하는 근대 혹은 외세에 반대하는 애국, 우국이라는 이데올로기를 만나 계몽 의지로 드러날 때 구태의연한 상태로부터 약간의 진전을 보이는 작법이 나타날 수 있었다. 그러나 합방 이후의 외적 정세 등에 의해 작가의 계몽의 의도가 약화되고 작품이 권선징악의 전근대적 주제 속에 함몰될 때는 통속의 구조만이 남는다.

2-2. 통속의 논리와 희생제의 구조

2-2-1. '희생양'과 '희생제의'의 전경화

다만 주인공의 불행이 끝내 해소되지 않고 끝내 죽음에 이르는 등

---

56) 특이한 것은 옥정과 심진국의 재회를 주선하고 혼인하도록 유도하는 역할을 기생 신분의 '무궁화'가 한다는 점이다. 기생이라는 독특한 직업군이 등장하고 긍정적으로 묘사되며 결국은 신여성에게 연인을 빼앗기거나 양보하는 상황으로 귀결되는 점은 1917년 『매일신보』에 발표된 『무정』의 간접적 영향을 받은 것으로도 볼 수 있는데, 결과적으로 볼 때 남녀 유학생의 장밋빛 미래보다 기생 무궁화의 개인적 비극이 결말 부분에서 강조됨으로써 계몽적 의미는 퇴색되고, 뿐만 아니라 작품의 얼개도 전반부와 후반부가 각각의 2중적 통속으로 떨어져 파탄의 형식을 낳았다고 할 수 있다.

의 서사 진행을 보이는 작품은 보다 진전되거나 변화된 방향의 성과로 이해할 수 있다. 선악의 극단적 대비와 선의 승리라는 공식을 넘어선 텍스트로도 독자의 기대나 요구에 부응할 수 있고, 나아가 부정적 인물 혹은 상황, 사회에 대한 비판이 가능하다는 점을 당대의 작가들이 이해한 것이라 할 수 있다.

물론 고전소설이나 전근대적 설화의 세계에 비극적 서사가 나타나지 않는 것은 아니다. 『장화홍련전』, 『인향전』 등의 이야기를 그 예로 들 수 있을 것이다. 그러나 이 같은 이야기가 주인공의 죽음을 포함하여 진행된다고 해도 달라지지 않는 것이 있다. 그것은 선과 악이라는 두 축의 작가적 규정이 여전히 완강하다는 것이며, 독자와 작가의 소통 또한 텍스트의 주제에 대해 조그만 의심의 여지도 없는 상태에서 일종의 합의 하에 이루어진다는 점이다.

즉 작가가 주인공의 비극적 운명을 이야기하면서도 결말 부분에서 의혹을 해소시키거나 원한을 풀어 주거나 심지어 환생 혹은 그에 준하는 화소를 끼워 넣어 독자를 만족시키는 서사적 장치를 마련해 둔다는 것은 그 주인공이 실제로 살고 죽는 차원을 넘어 또 다른 승리와 패배의 공식을 만드는 것과 다름없다. 그런 점에서 옛 이야기의 선한 주인공이 죽음을 당하면서도 승리하는 것과, 근대 이후의 작품에서 어떤 주요인물이 살아남아서도 패배하는 것은 작가와 독자의 소통구조에서 완전히 다른 양상의 반응을 수반하게 된다. 즉 일반적으로 공유되는 주제로서 독자와의 의견 합일을 전제로 하여 발화하는 것이 아닌, 독자의 판단과 반응을 염두에 두고 설득시키거나 대화하고자 하는 발화 양식은 일련의 준비 과정 없이 단행되기 어려운 것이다.

'희생양'은 자신의 희생을 통해 살아남은 사람들을 위무하는 장치이다. '대속'이라는 환상을 무의식적으로 내면화시키고 있는 대중의 이기심을 이용하는 것이기도 하다. 희생양의 '희생'은 궁극적으로 자기 자신을 위한 것이 아니고, 희생되지 않은 다수를 만족시키기 위한 것이다. 희생양은 희생제의를 통해 희생된다. 소설 텍스트 안에서라면 희생제의로 해석될 만한 서사구조가 인입되는 것이다. 작가가 만든 희생제의의 구조에 독자도 함께 참여하게 된다. 그러나 남은 사람들이 희생 제의를 통해 얻는 것은 잠시의 위안일 뿐이며 모순의 해결은 아니라는 점에서 제2, 제3의 희생양은 운명적으로 예비되어 있는 것이나 다름없다.

희생양은 남다른 존재이어야 하며 희생에는 나름의 이유가 분명히 있어야 한다. 그렇지 않으면 희생 제의는 생존자들의 동의를 구하지 못할 수도 있고, 따라서 그 공공성이 일정 부분 훼손될 수도 있기 때문이다. 흠없는 존재이어야 하고 희생되는 이유도 있어야 하는 '희생양'의 이중적 성격은 모순된 것이지만 예정된 제의에 필요한 희생양은 반드시 찾아진다. 소설 텍스트 안에서도 마찬가지다.[57)]

이 때 소설 텍스트 안에서 죽음 혹은 그에 준하는 운명을 짐진 인물이 재생의 기회를 갖게 되거나 도덕적 복권(復權)의 가능성을 처음부터 내포하고 있는 경우라면 그 존재를 '희생양'이라 부를 수는 없을 것이다. 그는 말 그대로 희생되어야 하고 심정적 동의가 잘 이루어지지 않더라도 독자가 판단하거나 이해해야 할 것은 그 희생의 이유 혹은 의미이다.

기존 통속의 구조에 희생제의의 구조가 결합한 양상을 보이는 작품들이 있다.

---

57) 르네 지라르의 『희생양』(김진식 역, 민음사, 1998), 『폭력과 성스러움』(김진식 외 역, 민음사, 1993) 등은 희생 제의와 희생양의 성격에 대한 독특한 시각과 해석을 보여준다. 이들 책을 참고할 수 있을 뿐 아니라 서사 텍스트 안에 작가와 가상의 독자가 서사구조라는 제도를 통하여 '희생양'을 만들고 제단에 올리는 의식이 어떻게 내포되어 있는지를 분석해 보면 일정한 공통점과 작품 각각의 개별적 특성을 설명해낼 수 있을 것이다. 작품에서 드러나는 '희생양'적 존재가 '제의'적 상황에서 어떤 의미를 가지는지는 여러 가지 작품 외적 현실상황에 좌우되는 경우가 많고, 그러므로 작품이 창작되고 발표되는 시기를 고려하는 분석이 가능할 것이다.

이인직의 『귀의 성』[58]은 처첩간의 갈등과 악한 계모의 등장 등 전대소설의 소재를 빌어 왔으나, 등장인물의 개성이 뚜렷이 살아 있고, 심리묘사가 적절히 표현되어 신소설 전체의 문학적 수준을 대표하는 작품으로 거론된다. 특히 결말 부분의 묘사를 예로 들어 김동인이 그의 평론에서 상찬한 이후, 사실적 묘사, 구소설의 해피엔드식 종말을 지양한 점, 언문일치의 문장 등으로 인해 문학사적 의의를 인정받았다.

이 작품에서도 무능력한 남성 인물의 모습은 어김없이 드러나고 있으며, 물욕 · 성욕 등 순간의 욕망에 충실한 근대적 악인의 형상이 잘 묘사되어 있는 것도 확인할 수 있다. 그러나 『귀의 성』은 여성 인물 '길순'의 고난을 다룬 부분과 악행을 저지른 인물들에 대한 '강동지'의 응징 부분이 이어지는 과정에서 당대의 통속적 텍스트와 구분되는 특성을 드러낸다.

죄 없이 고난을 당하고 죽음에까지 이른 길순의 입장에서 보면 부활의 가능성은커녕 그를 위로하거나 도덕적으로라도 복권시킬 아무런 서사적 장치도 텍스트 내에 마련되어 있지 않다는 점에서 길순은 거의 완벽한 희생양적 존재라 할 수 있다. 길순과 그의 아들을 죽인 사람들은 죽음을 당하였지만 강동지의 응징은 통쾌하기보다는 처절하며, 악인의 죽음은 반면교사격의 교훈으로 환원되지 않고 사실적인 충격과 비장감에 머무르는 것이다.

위에서 기술한 내용과 관련하여 권선징악적이고 통속적인 전근대적 이야기 텍스트는 예상된 결말을 향해 진행되는 경우가 대부분이고, 설사 기대를 전복시키는 사건이 발생하더라도 독자에게 결코 '가치를 판단하기 위한 상황논리적 갈등'을 주지 않는다. 어쩌면 『귀의 성』은 이러한 이유로 당대 독자들에게 낯선 경험을 하게 했던 것이다. 끝내 원혼이 되어 무덤가의 새소리로 남은 길순의 존재가 김동인에게 또한

58) 『만세보』에 1906년 10월 14일부터 1907년 5월 31일까지 연재되었으며(134회 미완), 1907년 광학서포에서 상권이, 1908년 중앙서관에서 하권이 각각 출판되었다.

낯설고도 새로웠다.

> 女主人公 '춘천집'은 웨 被殺을 당하엿느냐 이는 在來의 作者에게 보지 못하든 새로운 結構다. 主人公의 幸福을 축수하려기에 小說의 存在할 價値가 잇지 女主人公의 被殺이라 하는 것은 '人生社會'가 아닌 '소설'에는 잇지 못할 殘酷한 일이엇섯다. 「鬼의 聲」을 닑든 筆者의 어머니가, "이 책은 넘우 참혹스럽다"고 책을 덥치고 탄식한 것도 그 당시에는 당연한 일이엇섯다. 뿐만 아니라 作者는 쯧까지 冷情한 態度로 이 女主人公의 죽음에도 족으만 同情을 加하지 안엇다. 내가 처음으로 이 「鬼의 聲」을 닑은 것이 열두세 살 낫슬 때 - 말하자면 人生 一代에 그 중 눈물 흘리기 쉬운 때엇섯지만 한 방울의 눈물은 업시 女主人公의 慘殺당하는 광경을 닑었다.[59]

김동인의 위와 같은 찬탄은 그의 소년기 즉 1910년대 초반의 작가와 독자들이 공유했을 법한 사회통념적 소설 인식의 성격을 확인시켜 준다는 점에서 주목할 만하다. 그때까지만 해도 이야기책의 독자들은 주인공의 죽음을 정서적으로 받아들일 준비가 되지 않았다는 뜻이다. 김동인 자신은 어린 나이에도 한 방울의 눈물 없이 냉정한 태도를 유지했다고 술회하고 있으나, 이는 길순의 처지에 전혀 동정하지 않았다는 뜻이라기보다는 이인직이 보여 준 새로운 경지에 대한 찬탄의 의미로 해석해야 한다.[60]

---

59) 김동인, 「조선근대소설고」, 김치홍 편, 『김동인 평론 전집』, 삼영사, 1984, 62~63면.
60) 김동인이 확인한 이인직이 보여준 새로운 경지란 무엇인가. 냉혹하리만큼 감정을 절제하고 묘사에 몰두한 태도이며 그것에서 비롯된 낯선 분위기의 창조였을 것이다. 이는 김동인이 주인공의 운명과 그를 둘러싼 갖가지 사건에 몰입하지 않고 텍스트와 일정한 거리를 두어 작가와 직접 대화하는 독서 태도를 가지고 있었다는 뜻이기도 한데, 바로 이러한 독자들의 출현이 이후 작가군의 생성과 질적 변모에 지대한 영향을 주었을 것임은 의심의 여지가 없다. 낯선 경험에 따르는 심리적 저항감보다 그것을 새로움으로 인식하고 수용하려는 태도를 가진 소수의 인텔리 독자군의 형성

길순은 여러 모로 고전적 여주인공이 될 법한 자질과 성품을 갖추고 있는 인물이다. 그러나 다른 이야기의 여주인공과는 달리 죽음을 당하였고, 김동인의 의견대로라면 혹은 당대적 통념에 비추어 보면 죽고 나서도 작가에 의해 냉정하게 버림을 받은 것이나 다름없다.

길순이 어째서 죽음을 당해야만 했는가의 문제는 두 가지 층위로 분석 가능하다. 겉으로 드러나는 인물의 구도와 사건의 전개를 통해 보면 길순은 악인형 인물인 김승지의 처와 그 주변인물들에 의해 살해당한 것인데, 여기에는 일단 질투라는 원초적 감정이 개입되어 있고, 물욕 및 신분 상승의 욕구가 일련의 범죄를 추동하고 있는 것을 알 수 있다. 그런데 작가 이인직은 왜 길순에게 '절처봉생'을 허락하지 않은 것일까. 그것은 길순이라는 인물이 이인직이 생각하고 희망한 사회일원으로서 시대의 변화에 능동적으로 대응할 수 없는 전근대적 인물이기 때문이다.

탈은 길순의 혼인 때문에 났다. 혼인에 대한 길순의 선택은 처음부터 잘못된 것이었다. 잘못된 선택을 한 순간부터 길순의 죽음은 예비되어 있었다고 해도 무방하다. 일종의 낙인찍기인 셈이다. 흠없는 존재로서의 길순의 고난은 대중의 동정심을 불러일으키기에 충분하고 그의 죽음 또한 제의의 격에 알맞은 것으로 격상된다. 그럼에도 불구하고 길순이 희생되어야만 하는 이유는 필요한데, 그것이 바로 전근대적인 판단과 그에 의한 부정적 선택의 문제이다.

길순의 죽음은 잘못된 결혼에 대한 작가의 서사적 응징이다. 물론 이 같은 응징이 당대의 독자에게 무조건 납득되었던 것은 아닐 것이다. 잘못된 결혼을 충동한 것은 그의 부모였으며, 그러므로 독자는 일

은 기존의 작가들에게 자기 변화를 꾀하는 노력을 요구하게 되었고, 자기 변화에 실패하거나 그 자체를 포기한 작가들의 경우는 여전히 다수를 차지하고 있는 봉건적 성향의 독자들을 겨냥하여 퇴행적이고 통속적인 이야기의 세계를 공유하는 것으로 만족하게 되었을 것이다.

차적인 책임이 그들에게 지워지는 것이 타당하다고 여길 수 있기 때문이다. 그러나 길순의 노부모는 어차피 구시대의 인물형에 불과한 것이 아닌가. 이미 결혼하여 봉건적 가정을 이룬 김승지와 그의 처도 마찬가지다.

또한 길순을 제외한 거의 모든 인물은 탐욕스러운 성격을 가진 점에서 공통되며 철저하게 순간의 이익을 위해 주어진 상황을 이용하는 존재들이다. 변화하는 시대의 흐름에 재빠르게 적응하는 인물들은 바로 이들 탐욕적인 인간형으로 나타난다. 이 작품 안에서 선택의 기로에 놓여 있는 인물은, 달리 말해 한 번의 선택에 의해 전근대적 유습에 함몰될 것이냐 아니면 개화 시대의 물결에 동참할 것이냐의 갈림길에 설 만한 인물은 길순 하나뿐이다.

길순은 어버이의 명을 어기지 못하는 착한 딸이었을 수는 있으되 근대 사회의 물결에 동참하여 자기 삶을 살아갈 자격은 없는 봉건적 인간형으로 규정되었던 것이다. 선택의 주체는 자기 자신이며 그 선택에 따르는 책임도 자기 자신에게로 귀속될 수밖에 없는 사회가 근대사회라고 할 때 길순의 죽음은 잘못된 선택에 대한 책임을 지는 것이며 그 극단적 표현이다. 길순의 결혼은 어쩌면 강요된 선택에 의한 것이었지만 그 책임은 길순 하나에게만 지워진다. 한 바탕 요란한 희생제의가 있고 난 후 강동지를 포함한 다수의 간교한 인간들은 순결하지만 우매했던 희생양을 빌미로 겉으로 드러난 것보다도 더 심각할 수도 있는 폭력과 범죄를 은폐할 수 있게 된다.

이와 같은 시각으로 분석할 수 있는 작품은 신소설 텍스트뿐만 아니라 20년대 이후의 이른바 근대소설에서도 적잖이 발견된다. 어쩌면 눈에 잘 띄지도 않는 조그만 실수가 커다란 사단을 일으키고 결국은 주인공의 죽음 혹은 그에 가까운 비극적 결말로 나타나는 소설들에는 '단 한 번의 선택'이 중요하게 작용하는 경우가 비일비재하며, 그 '단 한 번의 선택'에 대한 가치판단이란 작가의 세계관 혹은 인생관에 심각하게 관련되어 있다. 특히 남성 작가들의 소설에 나타나는 여성인물들이 과도하다고 할 만한 처벌을 당하는 수가 많은데, 이러한 작품들 중 다수에서 희생제의의 구조를 발견할 수 있다.[61)]

2-2-2. 처벌과 희생의 이중구조

이해조의 『화의 혈』[62)] 또한 작품 내에서 희생제의의 구조를 발견할 수 있는 좋은 예이다.[63)] 작품은 갑오개혁 부근을 시대적 배경으로 하고 있다. 작가는 언니의 희생을 계기로 그와는 다른 삶을 의도하는 동생의 현재적 입지를 모색하고 있으며, 이는 이해조의 당대 인식과 밀접하게 관련된다. 언니를 핍박하는 남성 인물은 당대 현실사회의 부정성을 입체적으로 드러내려는 작가 의도의 소산이라 할 만하다. 언니와 동생의 삶을 다르게 직조하려는 작가의 노력은 자매의 전정에 공히 가로놓여 있던 미래의 불확정성에 대해 한 편으로는 타협의, 다른 한 편으로는 비타협의 태도를 부여함으로써 구체화된다. 언니의 타협의 논리와 동생의 비타협적 태도는 각각 봉건적 전근대로의 퇴행과 새로운 시대에의 전망을 대표한다는 점에서 세대론적이라고도 말할 수 있다.

모든 경우에서 그러하다고 말할 수는 없지만 기존의 통속적 이야기

---

61) 예컨대 김동인과 염상섭의 작품들에 보이는 여성인물들의 비극적 죽음은 작가의 서사적 학대라 생각할 수 있을 만큼 집요한 면이 있는데, 이러한 작품에서 작가의 여성관 혹은 성차별적 의식을 추출하는 것도 무리는 아니지만, 그 인물이 했던 최초의 선택이 무엇인가를 살핀다면 작품의 이면적 주제 혹은 작가의 당대 인식 태도를 도출하는 데 도움이 될 수 있다고 믿는다.

62) 『매일신보』에 1911년 4월 6일부터 6월 21일까지 연재되었으며, 1912년 보급서관에서 출판되었다.

63) 이후 『화의 혈』 분석과 해석은 졸고, 「이해조의 『화의 혈』과 채만식의 『탁류』에 나타나는 '자매' 모티프의 세대론적 의미」(『현대소설연구』, 2003.6)에서 다룬 내용과 대차 없음을 밝힌다. 이 작품에서 추출되는 세대론적 요소는 『빈상설』 분석에서 서술할 내용과 유사한 점이 많고, 또한 다음 항목에서 계속 논의할 것이므로 간략하게 언급하기로 한다.

구조에 희생 제의적 성격을 가진 사건을 삽입한다는 것은 나름의 의미가 있다. 선인과 악인을 대립 구도에 놓고 대결시켜 이치에 맞게 정리하는 결말구조에서라면 그것을 수긍하는 것으로 독자의 역할이 종료되지만, 누군가의 희생이 뒤따른다면 그 희생의 이유와 의미에 대해 독자는 일종의 판단을 요구받게 되기 때문이다. 게다가 『화의 혈』처럼 그 희생이 세대론적으로 독해될 성질을 갖고 있다면 작품의 성패를 떠나 작법의 측면에서 볼 때 한 걸음 더 나아간 결과로 이해할 수 있다.

비슷한 양상은 이해조의 『빈상설』을 통해서도 나타난다. 『빈상설』이 난옥과 승학의 다른 삶을 구분한 작품이라면 『화의 혈』은 언니 선초와 동생 모란의 서로 다른 삶을 그렸다. 난옥과 선초는 구시대적인 인물로, 승학과 모란은 신세대적인 인물로 나누어 고찰할 수 있다.

두 작품의 가장 뚜렷한 차이는 부모의 성격에 있다. 『화의 혈』의 선초는 아버지 최호방에 의해 잘못된 선택을 강요받지 않은 것이다. 최호방은 선초를 위기 상황에서 구출할 능력이 없는 존재이며 그저 외부의 압력에 굴복할 수밖에 없는 상대적 약자이기도 하다. 물론 최호방의 위기 상황이 선초의 선택에 직접적 동기를 부여하기는 했지만, 그러한 결정에 이르기까지의 갈등 상황을 살펴볼 때 그가 자신의 행동에 왜곡된 논리에 의한 명분을 부여하고 있음을 작품 곳곳에서 발견할 수 있다. 악인형 인물인 이시찰과의 대결에서 어쩌면 선초의 패배는 이미 예정되어 있었다. 선초의 패배 앞·뒤에는 효의 문제와 죽음의 문제가 끼어들어 있다.

선초는 이시찰의 요구에 굴복하는 과정에서 자기를 합리화하기 위해 효의 덕목을 끄집어낸다. 자신 때문에 애매하게 잡혀간 아버지가 죽음의 위협을 당하는 상황이었기 때문이다. 아버지를 살리기 위해 자신의 몸을 허락하는 선초의 행동은 정절보다 효가 우선한다는 판단 때문이었다기보다는 원하는 상대를 주체적으로 선택할 수 없는 상황에서의 최소한의 명분 찾기에 가깝다. 혼인 상대의 주체적 선택은 선초에게 너무나 먼 이상이었을 뿐이다.

> "에그 이 나뷔ᄂᆞᆫ 텬힝으로 나ᄅᆞᆯ 만나 몹슬 검의의 핍박ᄒᆞᆷ을 면ᄒᆞ고 뎌러케 ᄆᆞ음 ᄃᆡ로 훨훨 날아가ᄂᆞᆫ 고면 나ᄂᆞᆫ 언의 누가 구졔를 ᄒᆞ야 우리 아바지를 옥즁에셔 뫼셔 내오고 아모 침칙업시 시원ᄒᆞᆫ 셰샹을 보고 사라볼고 휘ㅣ여 뎌 ᄭᅡᆷ아귀가 웨 져러케 야단스럽게 와셔 우나 ᄭᅡᆷ아귀ᄂᆞᆫ 령물이라 사ᄅᆞᆷ이 죽으랴면 미리 알고 뎌러케 운다ᄂᆞᆫᄃᆡ 아마 ᄂᆡ가 분에 못 이긔여 뎡녕 죽으려나 보다 죽ᄂᆞᆫ 것은 슯지 안이ᄒᆞ지마는 아바지 노혀 나오시ᄂᆞᆫ 것을 보지 못ᄒᆞᄂᆞᆫ 일이 ᄯᅢ에 ᄉᆞ모치지 아니ᄒᆞᆫ가 에그 ᄭᅡᆷ아귀ᄂᆞᆫ 미물이라도 졔 어미에게 효셩이 잇ᄂᆞᆫ 고로 ᄆᆞᆫ고에 효됴(孝鳥)라ᄂᆞᆫ 아람다온 일홈을 엇엇ᄂᆞᆫᄃᆡ ᄉᆞᄅᆞᆷ이 되고 부모에게 불효가 되면 미물ᄆᆞᆫ도 못ᄒᆞ지……"[64]

바람에 밀려 거미줄에 걸린 나비를 구해 주면서 자신의 처지를 나비에 비유해 볼 때 선초에게 가장 절실한 것은 구원자이다. 그러나 그와 그의 아버지를 구원해줄 사람은 없고 오히려 불길한 징조만이 까마귀에 의해 증폭된다. 까마귀의 울음을 듣고 자신의 죽음을 예감하던 선초는 불길한 새인 까마귀를 효조로 바꾸어 부름으로써 아버지와 자신을 살릴 수 있는 방법을 알아차린다. 스스로가 구원자가 되는 것이다. 선초는 이시찰과 결혼하기를 결심하는데, 그것이 아버지를 구원하는 의미에서 그치지 않는 것은 이시찰과의 혼인 상태를 끝까지 지속시킴으로써 정절까지를 지켜낼 수 있다는, 자기 구원의 의미도 함께 가진다고 믿었기 때문이다. 그러나 이 믿음은 일종의 자기기만이다. 선초의 죽음이 의미를 갖는 것은 백년해로를 약속했던 이시찰의 배신에 절망하여 자살한 생물학적 죽음에 있는 것이 아니고, 근대적

64) 이해조, 『화의 혈』, 보급서관, 1912, 40면. 이후 작품 인용은 같은 책의 페이지 수만을 밝힌다.

개인으로서의 주체를 포기한 그 순간의 사회적 죽음 쪽에서이다. 이는 선초의 근대적 각성이 불철저한 것이었다는 증거이며, 작품에서 선초가 '희생양' 인물로 전락할 수밖에 없었던 이유이기도 하다.

희생양인 선초가 자기 대신 구한 것은 아버지의 목숨이다.[65] 이는 극적인 장치로서 선초의 비극에 대한 독자의 동정심을 증폭시키는 역할을 한다. 그러나 선초의 아버지 최호방은 아무 힘도 없는, 지난 시대의 인간형이다. 복수의 역할을 맡아야 하고 자신과 다른 삶을 살아내야 하는 것은 동생 모란인데 선초가 동생에게 주고 간 것은 '또 다른 선초'라는 이름뿐이었다.

문제는 '모란'에게서도 발견된다. 작품 내에서 모란의 성격이 살아날 수 없는 것은 그가 선초의 대역에 불과하기 때문이다. 죽을 당시 선초의 나이는 열일곱이었고 모란은 아직 세상 물정을 모르는 어린아이였다. 선초가 죽는 시점과 모란이 이시찰을 만나는 시점의 시간차는 삼 년 남짓으로 짐작할 수 있는데, 삼 년이란 이시찰이 옥중에 갇혀 있었던 기간이다. 모란이 이시찰을 만날 당시의 나이는 적시되어 있지 않지만 기생으로서 이름을 얻어 서울로 올라올 당시의 나이인 열다섯에서 크게 벗어나지는 않을 것으로 보인다. 즉 선초와 모란의 나이차는 적게는 다섯 살, 많게는 일곱 살 정도이다.

---

65) 『화의 혈』이 『춘향전』 뿐만 아니라 『심청전』의 모티프까지도 차용하고 있음을 많은 논자들이 이미 지적한 바 있다. 심청과 선초의 공통점은 자신을 희생하여 '효'의 덕목을 실천했다는 데 있다. 그런데 선초의 경우 '효'의 덕목이 체화된 형태로 나타나고는 있지만, 결단의 순간에 있어서는 그 동기가 심청보다 복잡한 양상으로 드러난다. 즉 자신의 몸을 던짐으로써 아비의 목숨을 구하겠다는 것뿐만 아니라 '몸을 던짐'의 의미를 희석시켜 이시찰을 통한 정절의 수행까지를 도모하고 있는 것이다. 선택적 판단에는 늘 희생이 뒤따르게 마련인데, 선초는 어떠한 희생도 따르지 않는 완벽한 결단을 의도했다. 이시찰에게 몸을 허락하는 행위가 훼절이 아닐 수도 있다는 선초의 순진한 논리는 결국 자신의 죽음이라는 비극적 결과를 가져오고 만다. 결과적으로는 자신의 죽음과 아비의 죽음을 맞바꾼 셈이다. 이 한 순간의 판단이 보여준 전근대적 성격은 그 주체인 선초를 죽음으로 몰고 갔다. 그러므로 결말 부분에서 모란이 근대적 혼인을 성취하였다는 것은 왜 선초가 죽고 모란이 살아남을 수밖에 없었는가 하는 의문에 대한 작가의 암시적 답변이다.

선초가 죽는 순간 영문도 모르는 부모에게 복수의 결심을 대신 전해주는 것으로부터 모란의 대역으로서의 삶은 시작된다. 모란은 죽은 선초의 화신으로서 선초의 재주와 미모를 그대로 물려받았으며 후일 이시찰을 응징하기까지 대역으로서의 삶을 주로 하여 살아간다. 한 가지 모란의 삶에 의미를 부여할 사건이 있다면 뜻이 맞는 배우자를 만나 결혼을 한 것인데, 바로 그 지점에서 모란은 언니 선초가 끝내 이루지 못했던 근대적 개인의 의미를 성취한 인물이 된다. 그러나 이는 이시찰로 대표되는 권력자의 횡포에서 어느 정도 벗어난 상황에서의 일이기에 단순한 후일담으로밖에 읽히지 않는다. 게다가 모란의 존재는 신소설 『화의 혈』이 가진 비현실적 요소를 극도로 증폭시키는 역할을 하고 있다.

물론 작가는 비현실적 소재를 사실적 수법으로 표현하면서도 미신에 대한 경계를 지속적으로 표현하고 있다.

> 됴션 텬지에 졔 힘 아니드리고 남쇽여 먹기로 ᄉᆡᆼ애를 ᄉᆞᆷ는 것들은 소위 무당 판슈라 무당 판슈가 맛ᄂᆞᆫ ᄉᆞᄅᆞᆷ마다 졍ᄃᆡᄒᆞ고 당ᄒᆞᄂᆞᆫ 일마다 광명ᄒᆞ면 한아도 쇽여먹지 못ᄒᆞ고 ᄌᆞ고숑 모양으로 굴머죽은 지가 이구ᄒᆞ겟지마는 ᄉᆞᄅᆞᆷ들도 보통 어리셕고 일도 ᄆᆡ양 의심ᄂᆞ는 즁 년ᄯᆡ가 마즈려면 텬디도 야릇ᄒᆞᆫ 법이라 션초 쥭던 그 ᄃᆞᆯ부터 비한뎜 안이오고 ᄂᆡ리 감으ᄂᆞᆫᄃᆡ 논ㅅ밤이 밧두렁에 셕량만 ᄃᆞᆨ 그어ᄃᆡ면 홀홀 탈만치 오곡닙이 다 말ᄂᆞ 드러가니 감을이 넘오 심ᄒᆞ면 로략들이 셔독에 병들기가 십상팔구어ᄂᆞᆯ 무식ᄒᆞᆫ 부녀들이 무당에게도 뭇고 판슈에게도 무르니(『화의 혈』, 74면)

> 그런ᄃᆡ 션초와 임씨모ᄌᆞ가 리시찰 눈에 뵈인 일로 말ᄒᆞ면 아모라도 참말 그 귀신이 잇셔 원슈를 갑흐려고 그리ᄒᆞᆫ 것이라 ᄒᆞᆯ 터이지마는 기실은 그러치 안이ᄒᆞᆫ 것이 죽은 귀신이 잇셔 원슈를 갑흘 것 ᄀᆞᆺ흐면 지금 누구니니 누구니니 ᄒᆞᄂᆞᆫ 소위 ᄌᆡ상들이 한아도 와 셕죵신을 못ᄒᆞ고 참혹히 발

> 셔 이 셰상을 하직ᄒᆞᆫ지가 오릿슬 터이지마는 유명이 한 번 달나노은 이샹에 그러케 력력ᄒᆞᆯ 수 업ᄂᆞᆫ 것은 뎡ᄒᆞᆫ 리치라 그러나 도젹이 발이 져리다ᄂᆞᆫ 일톄로 리시찰이 ᄌᆞ긔 ᄉᆡᆼ각에도 지은 죄가 잇스닛가 공연히 겁이 나며 ᄌᆞᆼ졍이 허ᄒᆡ져셔(『화의 혈』, 85면)

최호방 내외나 이시찰의 앞에 현실에서 일어날 수 없는 일들이 자꾸 생겨나는 이유는 그들이 근대적 과학적 사고로 무장하지 못했기 때문이라는 것이 이해조의 생각이다. 미신에 대한 작가의 생각은 변하지 않았다고 볼 수 있는 것이다. 그러나 그것이 작품에서 형상화될 때 크게 다른 양상으로 나타나고 있는 것은 합방 이전의 작품 『구마검』[66]과 비교하여 볼 때 명확히 드러난다. 『구마검』에서의 미신은 타파해야 할 악으로 간주되었지만, 『화의 혈』에서의 미신은 장삼이사들의 삶 속에 현실감을 띠고 존재해 있는 것이다.

이에다가 선초와 이시찰의 내면에 근대와 전근대의 양면이 각각 혼재되어 있다는 전절의 서술을 함께 생각해 볼 필요가 있다. 헌 것과 새로운 것이 공존하던 시대에 양자가 각각의 전형에 의해 재단되기 힘들다는 인식은 나름대로의 의의를 부여받을 만하다. 게다가 그것이 선악의 양축과 맞짝을 이루는 것은 그야말로 도식적이고 작위적인 주제 형상화일 뿐이다.

선초나 이시찰이나 근대성과 전근대성을 한몸에 갖고 있는 인물이라는 점에서는 동일하지만, 선초가 선인형의 대표로서 추상화된 내면을 지닌 인물인 반면 이시찰이 구체적으로 살아 있는 내면을 지녔다는 것은 두 인물의 차이점이다. 그렇다면 『화의 혈』의 의의가 당대적 악인형의 창조에 있었다는 기존 논의의 일정한 부분이 설득력을 얻게 된다. 시대에 대한 범상치 않은 안목을 더욱 투철히 하여 새 시대를

---

66) 이해조, 『구마검』, 『제국신문』, 1908.4.25~7.23.

열어나가는, 일종의 사명을 띤 지식인이 오히려 자신의 식견을 특권화하여 무도한 행각을 일삼았다는 것. 작가는 갑오년 당대의 역사적 가능성을 반추하면서 합방 이후의 좌절이 지식인과 관료의 부정적 행동에 깊이 연관되어 있음을 이야기하고 있는 것이다.[67]

선초 대 이시찰의 대립 구도에서 전자는 다시 선초와 모란으로 분열되어 있다. 즉 작품 후반부의 표면적 갈등은 모란 대 이시찰의 대립으로 드러나고 있는 것이다. 선초는 당대의 악에 의해 철저히 유린된 패배자이고, 모란은 그 악을 응징한 승리자이다.

작품에서 이시찰은 두 번에 걸쳐 응징된다. 이를 '공적인 응징'과 '사적인 응징'으로 구분하여 부를 수 있겠다.

> 리시ᄎᆞᆯ 잡혀온 죄ᄂᆞᆫ 막즁국셰를 즁간 환롱ᄒᆞᆫ 죄라 감옥셔에다 엄밀히 뢰슈ᄒᆞ야 두고 삼 년 동안을 ᄌᆡ판ᄒᆞᄂᆞᆫᄃᆡ 셰샹 ᄉᆞ름이 디옥디옥 ᄒᆡ도 디옥이 별 것이 안이라 이 ᄉᆡᆼ에 잇ᄂᆞᆫ 감옥셔가 곳 디옥이라 그런고로 죄를 범ᄒᆞ고 그 쇽에을 한 번 드러만 가면 살아나올 졔 나온ᄃᆡ도 죽은 목숨과 조곰 다를 것이 업는 법이라 리시ᄎᆞᆯ이 쳐음에는 가장 쇠가 산톄ᄒᆞ고 큰 소리를 털장ᄀᆞᆺ치 뽑아ᄂᆡᆫ다 "량반이 감옥맛을 안이 보면 못쓰ᄂᆞ니라 감옥말고 감옥에셔 더ᄒᆞᆫ ᄃᆡ를 드러왓더ᄅᆡ도 ᄂᆡ 죄 업스면 고만이지 겁을 손톱만치라도 ᄂᆡᆯ ᄂᆡ가 안이다" ᄒᆞ면셔도(『화의 혈』, 80면)

위 인용문에서 우선 주목되는 것은 이시찰의 죄목이 "막중 국세를 중간 환롱한 죄"라는 것이다. 이는 이시찰의 악행에 대한 공적인 응징

67) 그러나 이해조의 현실 인식이 개명한 양반층의 그것에 기초해 있었다는 것은 사태를 하층민의 시각에서 보지 못하였다는, 혹은 중도적 입장에서 상·하의 시각을 균형 있게 조율하지 못하였다는 한계를 노정한다. 이는 그가 『화의 혈』에서 선초보다는 이시찰의 내면을 보다 생동감 있게 그려내고 있다는 사실로도 방증된다. 이해조는 이시찰과 같은 부정적 관료에 대해 비판적 시선을 견지하고 있지만, 그 비판적 시선의 대변자로 갈등구조의 맞짝인 선초를 내세우기에는 민중의 삶에 대한 이해가 부족했다고 볼 수 있는 것이다.

이 작품의 대립·갈등구조에서 얼마간 비껴나가 있음을 말해 준다. 즉 선초나 임씨 모자에게 저지른 이시찰의 악행에 대해서는 공적 응징이 불가함을 뜻한다. 이시찰의 패륜적 행동에 대해서는 또 하나의 텍스트 내적 응징이 불가피함을 시사하는 것이기도 하다.

감옥에서 나온 이시찰은 선초의 동생 모란에 의해 다시 응징된다. 이시찰의 재기의 꿈은 완전히 꺾이고 마는 것이다. 모란의 폭로에 못 이기어 고관들의 연회 자리에서 줄행랑을 치게 되는 이시찰의 처지는 그가 공적인 영역에서 완전히 추방되었음을 뜻한다. 이 과정에서 모란은 말과 행동에서 선초의 의장을 빌리고 있었다. 또한 모란의 응징은 수많은 참관인들의 힘을 빌린 것이라는 점에서 순수한 개인적 복수라고 하기는 어렵다. 그러나 걸인이 된 이시찰이 모란의 집을 기웃거리다가 모욕을 당하고 도주하는 마지막 부분은 작위적이나마 모란과 이시찰의 개인적 대결에서 모란이 완전히 승리하였음을 보여주고 있다.[68)]

분명히 모란은 언니 선초보다도 성격화가 덜 된 상태로 작품의 한 축을 이끌어나가고 있다. 작품 내에서 모란이라는 인물이 가진 큰 비중의 상징성에 전혀 걸맞지 않는다. 모란은 당대적 악인을 응징하는 선인의 대표격이며 동시에 구시대적 습속을 답습하지 않고 '살아남은' 새 시대의 인물형이다. 그러나 위에서의 분석과 같이 모란은 자신의 힘으로 악에 맞서기에도, 새 시대를 걸머지기에도 너무 나약한 '여인'일 뿐이다.

---

68) 모란의 승리는 어떻게 이해되어야 하는 것인가. 그것은 과연 이시찰과 대립하여 있던 선초 혹은 민중의 복수를 대리할 수 있는 것인가. 그렇게 보기에는 석연치 않은 구석이 있다. 모란이 힘을 얻은 상태에서의 복수라는 점, 공권력에 의해 이미 실권한 이시찰이기에 당할 수밖에 없었던 응징이라는 점 등이 민중과 지배권력의 대립이라는 의미를 희석시키고 있기 때문이다. 권력층의 부녀자가 된 모란이 걸인이 된 이시찰을 농락한 것을 두고 일종의 가치 부여를 시도한다는 것은 무리가 따를 수밖에 없는 일이다. 어떤 의미에서 모란의 남편은 모란으로 하여금 언니의 전철을 밟을 위험에서 벗어나게 해 준 구원자라고 할 수도 있기 때문이다.

『화의 혈』에서 새 것과 헌 것의 문제가 표면에 드러나지 않은 것은 그것이 표면적 대립의 구도로 조직되지 않았기 때문이다. '선초는 희생되지만 모란은 살아남는다'는 서사의 한 축은 혼인의 문제를 둘러싸고 전근대적 윤리의 압력에 굴복한 자와 혼인의 근대적 의의를 성취한 자의 차이를 드러내는 방식으로 전개되는 것이다.[69]

이상의 분석에서 알 수 있는 바는 신소설 작품들이 기존 이야기의 선악 대결 구도에 신구의 대결 구도를 끼워넣고 있다는 점이다. 권선징악도 권신징구도 모두 신소설 분석을 통해 쉽게 도출될 수 있는 결론이다. 그러나 선의 축에 새로움이 악의 축에 봉건적이고 전근대적인 구태의연함이 무조건 대응되지는 않는다는 것을 주목할 필요가 있다. 신소설의 구조적 파탄이 근대 사회에 맞지 않는 권선징악의 구도에 신구의 문제를 무조건 대응시킨 결과로만은 보이지 않는다는 것이다.

구세대와 신세대의 의식과 행동 양식이 달라서 생기는 충돌과 구세대의 패배를 다루는 계몽기의 단형서사들과는 다른 양식적 특질이 많은 신소설 작품 속에 내재하고 있었다. 선과 악 신과 구는 각각의 인물군에 한꺼번에 주어지는 유형적 성격이 아니다. 그러므로 신소설은 전대의 이야기나 당대의 단형서사에 비해 그 주제를 전면화하는 데 어려움을 겪을 수밖에 없었다. 달리 말해 세대 간의 차이나 갈등을 다루고자 하는 작가라면 인물 구도에서 선악의 문제를 개입시키지 말아야 주제의식이 선명해진다는 것을 알 수 있다.

신소설 작품들은 선한 인물에 신세대적 의식과 행동양식을 악한 인물에 구세대적인 그것들을 무조건 대입시키지 않았다. 권선징악도 있

69) 그러나 작품의 실상은 독자들로 하여금 곳곳에서 선초와 모란을 쌍생아로 착각하게끔 유도하고 있다. 게다가 그 '굴복'과 '성취'라고 하는 것이 개인의 내면보다는 외부의 압력이나 조력에 의한 것이나 다름없다고 해석될 수 있는 점은 이 작품의 분명한 한계이다.

고 권신징구도 있지만 그것들은 서로 겹쳐지지 않고 따로 존재하기도 한다. 선하지만 구태의연한 봉건적 사상을 버리지 못하는 인물도 있고 악하지만 새로운 시대의 흐름에 재빠르게 편승하는 인물도 있다. 이도 저도 아닌 채 고민과 모색을 거듭하는 인물들도 있다. 이러한 양상은 신소설이 가지는 새로움인 동시에 양식적 파탄을 야기하는 주요한 원인이 된다.

권선징악이 주서사를 이끌어 표면적 주제를 드러낸다면 권신징구는 주서사와 일정 정도 이반된 지점에서 이면의 주제를 생성시킨다. 표면적 주제는 전근대적이어서 비판되고 이면적 주제는 잘 드러나지 않아서 외면될 수 있는 위험한 가능성을 필연적으로 내포한 작법이라 할 만하다. 신소설의 당대적 의의로 해석될 수 있는 새로운 가능성은 표면적 권선징악의 전근대적 주제에 가려져 수면 아래 가라앉아 있는 형국이다.

신소설 작가가 계몽의지에 입각한 창작을 시도했다면 이야기는 신구의 문제로 집약시켜 선명하게 만들 필요가 있었을 것이다. 하지만 신소설 작가들은 그런 방법을 택하지 않은 셈이다. 이유는 여러 가지로 추측될 수 있다. 선악 구도의 기존 작법을 무난하게 따라가다가 결말에 이르기 전에 시대의식을 끼워넣으려 무리수를 둔 것일 수도 있다. 혹은 애초에 선악과 신구를 직접 대응시키려 했으나 사건을 진행시키는 과정에서 전근대적 질서로 조율되지 않는 근대적 상황의 간섭을 받은 것일 수도 있다. 어쨌든 작가들의 계몽 의지와 그 계몽의 내용은 적당한 작법을 찾지 못한 상황에서 텍스트화된 것이라고 판단할 수는 있을 것이다.

선과 악의 대결 구도에서 패배한 악인은 처벌되고 신과 구의 대결 구도에서 패배한 부정적 인물은 희생된다. 전자의 대결과 그 결과는 명분의 문제로 환원되어 더욱 완강하게 고착되고 후자의 대결과 그 과정은 선택의 문제로 남아 독자와 함께 모색된다.

2-3. 계몽의 담론과 세대론

2-3-1. 선/악 대립구도와 신/구 대립구도의 절충

작가의 계몽의지 혹은 이데올로기를 드러내는 방법으로 신/구 대립의 구도를 채택하는 방법은 20세기 전반기의 우리 소설사에서 보편적으로 활용되고 있었다. 논의의 대상을 1910년대와 그 이전의 소설로 한정시킨다면 기존의 이야기 구조에서 일반적으로 보이던 주인공의 파란만장한 인생 역정이 다름 아닌 신문화의 세례를 받기 위한 통과제의였다는 의미를 가지도록 하는 기법으로 이해할 수 있다. 이는 두말 할 필요 없이 텍스트 속 세계의 전망과 관련되는 일이다. 독자가 이야기 속 구세대와 신세대의 대립구도를 이해하고 신세대적 인물의 정체성을 확인하여 자신의 정체성을 신세대 인물의 그것과 동일시할 수 있다면, 당대 민족 현실에서 모색 가능한 전망의 구체적인 모습에 대해 작가와 독자는 동의하는 것이 된다.

1900년대, 1910년대 소설의 신세대는 완성형 인물로 제시되지 않는다. 그들은 그저 많은 가능성을 지닌 존재일 뿐이다. 그들이 가진 가능성은 긍정적인 방향으로 실현될 수도 있고 부정적인 방향으로 수렴되어 소멸될 수도 있다. 그러므로 이들 텍스트가 보여 주는 전망 또한 하나의 가능성일 뿐이라 해석될 수 있으며 사실 한 번도 검증되지 않은 불확실한 전망이라 판단될 수도 있다.

이때 작가의 계몽 의지 자체는 분명하다고 본다면, 작가가 의도한 계몽의 성격과 특질은 작품의 내용과 구조를 통해 분석 추출되어야 하는데, 자신의 이데올로기가 구체적 전망을 얻을 수 있다고 작가가 믿었다고 해도 그 전망이 작품 속에서 구체적으로 묘사될 수 있느냐 하는 것은 또 다른 차원의 문제이다.

이 논문에서 분석하고자 하는 바는 작가의 계몽 의도와 작품의 형식 혹은 구조가 어떤 연관을 가지고 있느냐 하는 문제이므로 작가의 정치적 성향이나 이데올로기적 특질 등은 일단 논외로 한다. 즉 작가가 텍스트 내에서 구현하고자 했던 전망이 어떤 방식으로 구조화되느냐가 관심사이다.

『빈상설』,[70] 『화의 혈』 등에 보이는 이해조의 세대 의식은 특이한 면이 있다. 『빈상설』은 처첩 간의 갈등을 서사의 축으로 삼고 있고, 『화의 혈』은 탐관오리의 탐욕에 희생된 여성을 위한 복수담의 성격을 띠고 있으므로 표면적으로 두 작품은 권선징악의 통속적 서사구조를 여실하게 드러내고 있다. 그러나 이 두 작품은 이면의 주제를 드러내기 위한 방법으로 세대 모티프를 취하고 있다는 것이 필자의 판단이며, 따라서 여기서는 겉으로 드러나 보이지 않는 이해조의 세대 의식을 작품을 통해 분석해 보기로 한다.

『빈상설』의 표면적 서사구조는 북촌 양반 서정길의 아내 이난옥의 수난사로 요약될 수 있다. 남편이 얻은 첩과 그 주위의 악인들에 의해 고난 받던 난옥은 애초부터 남편의 도움을 기대할 수 없는 데다 아버지마저 귀양을 가게 되어 오도 가도 못할 처지에 이른다. 스스로 난국을 타개할 힘이 없는 난옥에게 여타의 통속적 신소설과 마찬가지로 기대하지 않은 조력자가 나타난다. 그런데 그 조력자는 우연히 마주친, 혹은 홀연히 나타난 은인이 아니라 누이가 걱정되어 먼 길을 찾아온 쌍둥이 동생 승학이다.[71]

---

70) 『제국신문』에 1907년 10월 5일부터 1908년 2월 12일까지 연재되었으며 1908년 광학서포에서 출판되었다. 같은 지면에서 『고목화』 연재가 끝난 직후 연재가 시작되었으며 이후 쉼없는 창작 활동을 한 것으로 보아 백화체 한문소설 『잠상태』를 제외하면 작가 개인으로는 본격적인 신소설 창작에 돌입한 이후 두 번째 작품이 된다.

71) 이해조의 『빈상설』에 보이는 남매 모티프는 여러 모로 고전소설 『남강월전』의 일정 부분과 유사하다. "…(전략)… 성도 부윤 경윤의 부인 임씨가 쌍둥이 남매를 낳아 딸은 황국경의 아내가 되고 아들 몽필은 아직 취처하지 않고 있는데, 남매가 의복을 개착하면 누구도 분별하지 못하도록 똑같았다. 경부윤의 후처 석씨가 전 남편에게서 낳은 아들 정몽열을 데리고 사는데, 몽열은 위인이 간악하였다. 그는 화신에게 빌붙어 지내다가 화신이 미녀를 구한다는 말을 듣고, 의매인 경부인이 금실이 좋지 못하

여러 가지 우여곡절을 겪게 되지만 결국은 의기 넘치는 인물인 승학에 의해 누이의 누명이 벗겨지고 악인이 처벌되는 식의 결말은 그의 등장으로부터 충분히 예상될 수 있는 바다. 그것에 그친다면 『빈상설』은 사필귀정의 당위적 결말로 선인과 악인을 심판하는 전근대적 이야기로부터 몇 걸음도 벗어나지 못한 통속적 신소설로 평가될 수밖에 없을 것이다.

그러나 『빈상설』은 수난의 주인공 난옥과 박해자인 평양집을 제외하고는 등장인물 모두가 뚜렷한 저마다의 개성을 지닌 인물로 묘사되어 있다는 점에서 당대의 관점으로 보면 선진적이다. 수구 양반의 자제인 서정길, 온건한 개화 양반 이승지, 의리 있고 강직한 거복, 탐욕적인 인물인 금분, 황은률, 화순집, 무식하지만 시대의 변화에 나름의 대응을 해 보려 노력하는 돌이 등의 주변인물들이 서로 얽히고설킨 모습은 당대 풍속사의 한 페이지로 보아 부족함이 없다. 특히 이해관계에 민감한 하층민들의 모습은 시대정신을 올바로 읽지 못하고 제자리에 주저앉아 있는 구식 양반들의 모습과 대조되어 한층 생기발랄하게 묘사되어 있다.

재미있는 것은 『빈상설』이 기성세대인 이승지와 신세대인 이승학의 가치관 차이에서 오는 갈등을 그려내지 않고 쌍둥이 남매간의 의식 및 행동양식의 차이를 드러내고 있다는 점이다. 나이도 같고 외모도 닮은 난옥, 승학 남매는 개화의 필요성을 인정하고 있으나 적극적으로 행동하지는 못하는 아버지 이승지의 두 모습을 반씩 나누어 가지고 있다.

작품에 거의 등장하지 않고 작중 인물들의 대화 부분에서 잠깐씩

여 개가할 마음이 있으니 취하라고 권유하였다. 화신이 경부인을 탈취할 계획을 꾸밀새, 경부인의 시비 난영이 엿듣고 경부인에게 아뢰니, 경부인이 동생 몽필을 불러 상의하니, 몽필이 누이의 복색을 하고 누워 있다가 납치되어 가 화신의 욕정을 물리치고, 화신의 누이 경옥과 같이 자다가 신원을 밝혀 통정하고 경옥의 주선으로 탈신하였다. …(후략)…"(조희웅, 『고전소설 줄거리 집성 1』, 집문당, 2002, 224면)

언급되던 이승지는 유배에서 풀려 결말 부분에서 모습을 드러낸다. 이승지가 유배를 갔던 이유에 대해서는 서술자가 간략하나마 구체적으로 설명하고 있지만, 유배에서 풀려난 이유에 대해서는 비교적 길게 서술하고 있으나 그 내용은 추상적이어서 그저 하늘의 은혜 정도로 요약되고 있다.

> 부귀빈쳔이 슈ᄅᆡ박휘 돌 듯ᄒᆞ야 음디도 양디 될 ᄯᅢ가 잇다고 이 셰상에 사람의 일은 십 년이 머다 ᄒᆞ고 번복이 되야 아당ᄒᆞᆫ 힝실과 간특ᄒᆞᆫ ᄭᅬ로 유지ᄒᆞᆫ 쟈를 모함ᄒᆞ고 부귀가 흔쳔ᄒᆞ던 소인의 권셰도 일죠에 문젼이 ᄂᆡᆼ락ᄒᆞ야 거마가 ᄭᅳᆫ어질 날이 잇고 졍ᄃᆡᄒᆞᆫ ᄉᆞ업과 공직ᄒᆞᆫ 언론을 쥬장ᄒᆞ다가 여러 입의 참소를 맛나 ᄋᆡᄆᆡᄒᆞᆫ 죄명을 입고 무한ᄒᆞᆫ 형벌과 온갓 고초를 격다가도 만인이 츄앙ᄒᆞ야 ᄭᅩᆺ다온 일홈이 일국에 진동ᄒᆞᆷ은 하날과 ᄡᅡᆼ ᄉᆡᆼ긴 이후에 박귀지 안이ᄒᆞᄂᆞᆫ 소소히 뎡ᄒᆞᆫ 리치라.
>
> 쟝안 각 샤회에 나라 사랑ᄒᆞᄂᆞᆫ ᄯᅳᆺ이 잇다ᄂᆞᆫ 사람이라고ᄂᆞᆫ 하나도 집에 드러 잇지 안이ᄒᆞ고 마챠를 탄다 인력거를 탄다 뎐챠에도 오르고 것기도 ᄒᆞ야 남ᄃᆡ문 골통이 ᄲᅡᆨᄲᅡᆨᄒᆞ게 나아가더니 션풍도골 갓흔 당당명ᄉᆞ 한 량반을 마자 들어오ᄂᆞᆫᄃᆡ 거리거리에 관광쟈가 깃거 하례치 안이ᄒᆞᄂᆞᆫ ᄉᆞᄅᆞᆷ이 업고 각쳐 신문마다 환영ᄒᆞᄂᆞᆫ 축사를 ᄃᆡ셔특셔ᄒᆞ엿더라.
>
> 원ᄅᆡ 리 승지가 일즉이 문명 각국에 만히 유람ᄒᆞ야 세계 형편을 요연히 아ᄂᆞᆫ 고로 부ᄑᆡᄒᆞᆫ 졍부를 공박ᄒᆞ야 유신의 ᄉᆞ업을 셩취코ᄌᆞ ᄒᆞ다가 소인의 ᄉᆡ긔를 인ᄒᆞ야 졔쥬 위리안치로 일곱 ᄒᆡ를 잇더니 텬은을 다시 입어 ᄉᆡᆼ환고토ᄒᆞ얏스니 깃거온 마ᄋᆞᆷ이 한량이 업스련만.[72)]

이승지의 해배는 천은을 입은 결과이며 정의롭고 선한 인물이 승리하여 이름을 떨치게 되는 것은 하늘이 정한 이치라는 의식이 위 인용

72) 이해조, 『빈상설』, 광학서포, 1908, 128~129면. 이후 작품 인용은 같은 책의 페이지 수만을 밝힌다.

문에서 드러난다. 이는 당대의 현실에 비추어 볼 때 이상론에 가깝다. 물론 이 같은 표현을 작가 이해조 자신의 현실인식과 동일시할 수는 없겠으나 지나치게 낙관적인 표현인 것만은 틀림없다.

강직하지만 온건한 성품을 가진 이승지가 개화사상을 가지게 된 것은 문명국을 몸소 체험했기 때문이다. 자신의 체험을 바탕으로 한 개화사상을 '정대한 사업'으로 구체화하기 위해 '공직한 언론'을 주장한 이승지는 오히려 7년간의 유배 생활을 하게 되는데, 이승지의 뜻을 꺾은 것은 '소인배의 참소'였다.

뜻 있는 사람과 소인배의 대결 구도에서 결국 뜻 있는 자가 승리한다는 소박한 결구는 이승지가 이 작품의 중심인물이 아닌 때문에 생기는 처리 방법이라고 볼 수 있다. 이승지의 사업 계획과 좌절의 과정을 소상하게 밝히는 일은 난옥의 수난사에 집중되어 있던 작품의 주된 서사의 흐름을 방해할 소지가 다분하기 때문이다. 어쨌든 이승지가 당대에 자신의 뜻을 펼치기에는 만만치 않은 상황이었음이 분명하다. 이승지의 해배를 그리는 해당 부분에서는 소인배의 시기 정도로 좌절의 이유를 설명하고 있지만, 다른 부분을 함께 살피면 비단 그 때문만이 아닐 것이라는 추측이 가능한 것이다. 그것은 다름 아니라 이승지의 개인사를 다루는 부분이 아닌 자식들과 관련된 부분에서 드러난다.

> (리) 쥭지 안이ᄒᆞᆫ 우리ᄂᆞᆫ 그 고ᄉᆡᆼ을 ᄒᆞ다가도 이렇케 셔울로 왓소만은 쥭은 셔찝은 다시 살아 오ᄂᆞᆫ 슈가 업소구려.
>
> (부) 셔가라면 진져리 나오.
>
> 우리 란옥이ᄂᆞᆫ 령감게셔 짐짓 쥭게 ᄒᆞ셧다 ᄒᆞ야도 과ᄒᆞᆫ 말이라 칙망ᄒᆞ실 말삼 업슴닌다.
>
> (령) 셰상에 ᄌᆞ식을 짐짓 쥭게 ᄒᆞᆯ 사람이 어ᄃᆡ 잇단 말이오.
>
> 인도에 갓갑지 안이ᄒᆞᆫ 말을 그만두오.

(부) 기화 기화 ᄒᆞ며 기화ᄒᆞᆫ 나라에셔ᄂᆞᆫ 쳐시 신랑이 셔로 보아 마암에 마져야 혼인을 흠으로 셔로 남으럴 것도 업고 다시 박ᄃᆡ도 못 ᄒᆞ니 그 법이 히롭지 안이ᄒᆞᆫᄃᆡ 우리 나라에셔ᄂᆞᆫ ᄌᆞ식에 빅 년 ᄃᆡ계를 졍ᄒᆞ면셔 다만 문벌이니 형셰이니 ᄒᆞ야 신랑 신부의 셩미ᄂᆞᆫ 셔로 합ᄒᆞ고 안이 합홈은 도모지 ᄉᆡᆼ각지 안코 구구ᄒᆞᆫ 녯

규모만 직히다가 왕왕 ᄂᆡ소박이나 외소박을 ᄒᆞᄂᆞᆫ 악ᄒᆞᆫ 풍속이 잇다고 뉘 입으로 말삼을 ᄒᆞ셧길ᄂᆡ.

우리 란옥이ᄂᆞᆫ 신랑의 ᄌᆞ격이 엇더ᄒᆞᆫ지 ᄌᆞ셰 아지도 못 ᄒᆞ고 덥허 노코 셔 판셔의 아달이라 ᄒᆞ닛가 두 말삼 안이 ᄒᆞ시고 혼인을 ᄒᆞ야 그 불상ᄒᆞᆫ 것이 박ᄃᆡ를 밧다 못ᄒᆞ야 필경 몹쓸 죽엄ᄭᆞ지 ᄒᆞ엿스니 ᄌᆞ취가 안이고 무엇이란 말삼이오.

(령) 그 일은 미상불 부인에게 칙망 드러ᄊᆞ오만은 ᄯᅩ 나ᄂᆞᆫ 아모리 외국 법ᄃᆡ로 혼인을 ᄒᆞ고 십지만은 지금 우리 나라 졍도에 나만 밋친 놈 되지.

누가 응락을 ᄒᆞ겟소.

ᄒᆞ며 ᄂᆡ외가 묵묵히 마죠 안져 담빅만 풀셕풀셕 ᄲᆞᆯ다가.(『빈상설』, 129~130면)

이승지가 부인과 함께 난옥을 서정길에게 시집보낸 일을 후회하고 있는 부분이다. 난옥이 살아 있는 것을 알지 못하고 있는 부인은 난옥의 죽음이 이승지의 책임이라 힐난한다. 이 부분만을 본다면 개화사상으로 무장하고 있는 사람은 부인이며 이승지는 봉건적 결혼관을 지닌 전근대인이라 생각되기까지 한다. 그러나 이승지가 난옥을 판서의 아들에게 시집보낸 것은 개화사상의 불철저함 때문이라기보다는 당시의 정세를 나름대로 판단하여 수위를 조절한 결과이다. 즉 자신의 이상적 개화사상이 현실화될 기초가 아직 박약하다는 판단을 했던 것이다.

이승지는 개화의 필요성을 자각하고 있었으나 개화사상이 저변까지 확대되지 못한 조선의 실정을 알기에 딸의 혼인 문제에 있어서만큼은

보수적 선택을 내렸다. 문벌이나 형세를 따지지 않고 서로 마음이 가합한 상대를 스스로 골라 결혼하는 것은 아직 "외국 법대로 혼인"하는 것일 따름이다.

> 인편 잇슬 ᄯᆡ마다 편지로 경계ᄒᆞ신 말ᄉᆞᆷ.
>
> 녀ᄌᆞ 유ᄒᆡᆼ이 원부모 형뎨니라.
>
> ᄂᆡ가 이러케 먼 곳에 잇다고 보고 십어 셜워 말지어다.
>
> 타인이 보면 모르고 싀집살이가 고ᄉᆡᆼ이 되여 원망을 ᄒᆞᆫ다 비방ᄒᆞᄂᆞ니라.
>
> 년소ᄒᆞᆫ 남편이 잘못ᄒᆞᄂᆞᆫ 거죠가 잇더ᄅᆡ도 화ᄒᆞᆫ 낫과 부드러온 말로 죵용히 간ᄒᆞᆯ디언뎡 로ᄒᆞᆫ 긔ᄉᆡᆨ으로 불평이 말ᄒᆞ지 말지어다.
>
> 남편은 소텬이라.
>
> 하날과 일반이니 비를 나리다가도 날을 ᄀᆡ게도 ᄒᆞᄂᆞᆫ 능력이 잇ᄂᆞ니 ᄌᆞ연 션악 간 구별이 되야 후회ᄒᆞᄂᆞᆫ 날이 잇나니 범ᄉᆞ를 참고 기ᄃᆡ릴지어다.
>
> ᄒᆞ신 말슴을 명심불망ᄒᆞ고 ᄇᆡᆨ 가지 쳔 가지를 참기로만 죵ᄉᆞ를 ᄒᆡᆺ것마는 ᄂᆡ가 ᄂᆡ 일을 모르고 잘못ᄒᆞᆫ 쳐사가 잇던가 됴흔 날 도라오기ᄂᆞᆫ 고사ᄒᆞ고 인제ᄂᆞᆫ 막 맛침이 되엿스니 더 바라고 기ᄃᆡ릴 것도 업고 어셔 죽어 모로ᄂᆞᆫ 것이 상칙이지.(『빈상설』, 141면)

위기에 빠진 난옥이 아버지의 가르침을 회상하며 죽음을 생각하는 부분이다. 난옥에게 삶의 지침이 되어 준 아버지의 가르침이란 전근대적 윤리에서 조금도 벗어나지 않은 현모양처의 덕목이다. 가능하다면 자신의 힘을 보태 새로운 시대를 열고자 하나 자식에게는 당대까지 완강하게 남아 있는 과거의 규범을 준수시키는 이러한 이중성은 비단 이승지 개인만의 문제가 아니었을 것이다. 양반 사회의 보수성은 서민층의 그것보다 한층 완강했으며 『빈상설』뿐만 아니라 다른 신소설 작품에서도 볼 수 있듯 하층민들의 시대 적응 능력은 양반층을 농락하여 이익을 취할 수 있을 정도로 발빠르고 감각적인 것이었다.

즉 하층민들의 자기 변신이 감각적인 것이었다면 양반 계층은 목적적이고 관념적인 시대 인식에 따라 자신의 행동반경과 양식을 스스로 모색하고 정해야 했으므로 소극적이고 굼뜬 모습으로 나타날 수밖에 없었다고 해석할 수 있다. 그러므로 이승지와 같이 범절에 밝은 양반이 새 시대에 자기 자신을 적응시키려면 기존의 습속을 규정하던 논리를 벗어 버리고 새로운 논리를 받아들여 스스로 납득하는 과정이 필요했다. 또한 스스로는 의식의 각성과 새로운 행동 양식의 수용이 이루어졌다 하더라도 개화의 저변이 취약한 상태에서 딸의 인생을 건 모험은 할 수 없었던 것이다.

그러나 자식의 혼인에 한 번의 실패를 맛본 이승지이어서 아직 여의지 않은 아들의 혼사에서만큼은 신사상에 따른 선택을 의식적으로 단행하려 한다.

> 그러나 옥희ᄂᆞᆫ 참 졀등ᄒᆞᆫ 규슈 자격이든 걸.
>
> 지금 셰상에 소위 ᄉᆞ부의 집 규슈도 힝동 범절이 하나 취ᄒᆞᆯ 것 업슬 ᄲᅮᆫ더러 쥬단 왕ᄅᆡᄒᆞᆫ 혼인도 일슈 ᄇᆡ약을 ᄒᆞᄂᆞᆫᄃᆡ 옥희야 쳐지로 말ᄒᆞ던지 ᄉᆞ셰로 보던지 구챠이 지날 결에 두어 마ᄃᆡ 언약을 직키지 안이ᄒᆞ기로 누가 시비ᄒᆞ겟소만은 이팔 당혼ᄒᆞᆫ 터에 고초를 달게 녁이고 졀ᄀᆡ를 굿게 직히니 우리 승학이 혼인은 다른 ᄃᆡ 구ᄒᆞᆯ 것 업시 엇지 긔특지 안이ᄒᆞ오.
>
> ᄯᅩ 졔 범졀이 외모와 갓하 단졍 온슌ᄒᆞ야 한 곳 남으럴 ᄃᆡ가 업스니 아히 드러오ᄂᆞᆫ ᄃᆡ로 곳 셩례를 식히겟소.
>
> 이젼 풍속 말이지 지금이야 지체니 문벌이니 다 쓸ᄃᆡ 잇소.
>
> 규슈 하나히 졔일이지.(『빈상설』, 152면)

이승지 내외가 옥희를 눈여겨보고 마음에 들어하는 것은 우선 옥희가 언약을 지킬 줄 아는 신의 있는 여성이기 때문이고, 또한 외모와 범절이 단정하고 온순하여 자식의 배필로 나무랄 데가 없는 여성이기 때문이다. 그러나 보다 중요한 것은 지체나 문벌이 쓸데없다는 산 경험에서 비롯된 교훈이다. 게다가 옥희는 부모가 먼저 점찍어 정혼한 규수가 아니라 당사자인 아들이 직접 선택한 배우자감이다.

난옥과 승학은 쌍둥이이다. 난옥이 먼저 결혼했고 승학이 몇 년(7년 이상) 늦었다. 물론 때가 때이니만큼 그 몇 년 동안 세상은 하루가 다르게 변화하고 있었을 것이다. 하지만 더 분명한 것은 승학의 결혼이 성사되는 그 때에도 사회 전반의 풍속과 통념은 자유연애나 결혼을 받아들이기 힘겨운 상태였으리라는 것이다. 이승지처럼 실패를 직접 경험하지 않은 사람이라면 다시 한 번 고민할 수밖에 없는 형편이었다.

이승지의 신중하지만 보수적인 성격은 딸 난옥에게, 반면에 이승지의 진취적이고 개혁적인 성격은 아들 승학에게 고스란히 전해져 있다. 물론 난옥이 스스로 결혼의 상대와 방법을 선택한 것은 아니지만 결혼 생활로부터 좌절을 경험한 이후에도 전근대적 덕목들에 함몰되어 사세 판단을 제대로 하지 못하고 있는 것이다. 반면 쌍둥이 동생인 승학은 지혜와 용기를 갖춘 것에 더하여 스스로 미래를 결정하고 행동하는 진취적인 모습으로 그려진다.

독자는 『빈상설』을 통해 당대의 젊은이들이 맞닥뜨릴 수 있는 선택의 경우와 그에 따른 두 가지 서로 다른 삶의 모습을 제시받는다. 작가의 의식지향은 물론 승학이 한 것과 같은 선택과 그에 따른 진취적인 삶 쪽을 가리키고 있으며, 이는 당대에 생각해볼 수 있는 현실적 전망의 한 표현이다. 난옥의 의식과 행동과 삶이 구세대적인 것이라면 승학의 그것들은 신세대적인 것이며 그러므로 『빈상설』은 의식적이든 무의식적이든 세대론적 독해의 가능성을 지닌 텍스트가 된다. 동시에 『빈상설』은 선의 축에 새로움을, 악의 축에 구태의연함을 놓아 대결구도를 설정하는 단선적 작법에서 벗어나는 작품으로 평가된다.[73]

---

73) 앞 절에서 논한 '희생양'의 모티프를 『빈상설』의 난옥의 경우에도 적용해볼 수 있다. 『귀의 성』의 길순처럼 난옥 또한 잘못된 선택의 희생양으로 간주할 수 있다는 말이

2-3-2. 성장의 서사와 미완으로서의 일대기구조

지금까지 신소설 작품 분석을 통해 전대의 이야기 문학에 내포되어 있던 통속적 작법이 계승된 면면과 그로부터 조금씩 탈각해 가는 과정을 살펴보았다. 이인직이나 이해조의 후기 작품이 전기의 작품에 비해 통속화되는 이유에 대해서도 고찰해 보았는데, 작법의 관점에서 보면 전기작이 오히려 후기작의 극복태로 해석될 수 있다는 점을 강조하였다. 이를 작가 개인의 문제로 본다면 분명 퇴행일 수 있겠지만, 1910년대 중반 이후의 무서명 작품을 포함한 신소설 전반이 신파적이고 통속적인 경향을 보이고 이에 따라 전형적인 양식적 공통점을 나타내고 있는 것을 본다면 문제는 더 이상 간단하지 않다. 계몽 의지의 유무 혹은 강약에 따라 작법의 수준은 달라진다.

서구의 근대적 문학관이 충분히 수용되지 않은 시점에서 신소설의 창작은 개시되었다는 점을 잊지 않아야 한다. 신소설의 작가들이 서양서 혹은 일본 서적들을 얼마나 읽고 이해했는지도 중요하지만, 서양의 문예사조가 본격적으로 소개되기 이전 독자의 성격에도 관심을 가져야 할 것이다.

재래의 소설 텍스트와 신소설 텍스트가 서로 다른 독자층을 형성하고 있었을 것이라는 가설이 일견 타당해 보이기는 한다. 그렇다고 해도 김동인의 『귀의 성』 독서 후 술회를 당대의 일반적 분위기와 동떨어지지 않은 것이라 생각한다면 1910년 이전의 신소설 텍스트 또한 독자들의 눈에는 지극히 새로운 것이었다 할 수 있으며 그만큼 신소설의 다수 독자는 전근대적 기호를 가지고 있었음을 부인할 수 없다.

다. 물론 난옥은 구사일생으로 살아남아 가족 상봉의 기쁨을 누렸고, 또한 각성한 남편 서정길이 상해 유학을 떠난 것으로 처리하여 이후 부부의 삶을 긍정적으로 바라볼 여지를 남기기는 했지만, 결국 세대론적 관점에서 보면 난옥과 같은 보수적 인간형의 패배와 승학과 같은 진취적 인간형의 승리를 그렸다는 점만은 틀림없다.

김동인처럼 새로움에 착목하여 찬탄하는 독자도 있었을 터이지만 그의 어머니처럼 생경함과 거부감을 느끼는 독자가 더 많았다고 보아야 한다.

문제는 신소설 작가들의 자기 갱신 노력이 구투의 작법에 계몽의 의지를 접목시키려는 의도에서 비롯되었다는 점이며, 그 초심을 일관되게 지속할 수 없는 상황에 이르렀을 때 여지없이 과거의 작법으로 되돌아가 버렸다는 점이다. 신소설의 유통이 신문 연재나 단행본의 형태로 이루어진 사정을 일단 고려해 볼 수 있다. 하지만 단적으로 말하자면 그들이 되돌아갈 수 있었던 것은 귀환이 가능한 공간이 있었기 때문이다.

1910년대 후반기로부터 1930년대까지의 연간은 재래 이야기책의 독자들과 신소설 작가들이 일정한 문학세계를 공유할 수 있었던 시기이다. 더 이상 근대적 교육을 받은 신세대의 기호에 발맞출 수 없었던 신소설 작가들에게 계몽의 노력이란 부질없는 것이 되어 버렸다. 또한 개화를 논리적으로 이해하고 그 필요성을 주장하던 그들보다 훨씬 더 감각적으로 개화의 물결을 체험하고 있던 신세대들은 이광수 등 근대 소설가들의 작품에 이미 열광하고 있었다.

신소설이 보여준 가능성과 새로움은 그러므로 전대의 이야기 문학이나 후기 신소설에서 보이는 스테레오타입으로부터 작법의 측면에서 점진적으로 벗어나는 몇 개의 지점을 확인하는 작업을 통해 찾을 수 있다. 그리고 그 지점들을 확인시켜 주는 모티프나 기법은 당대 신소설 작가들이 소설을 예술로서의 문학 양식으로 이해하여 발전시키려는 의도로부터 발생하는 것이 아니라 오히려 반예술적인 세계, 시대 담론으로서의 개화사상을 기존의 구조에 끼워넣으려는 시도로부터 비롯된 것이다.

기존의 구조 혹은 작법과 비교하여 일정한 변화를 가져온 것이 무조건 긍정적으로 이해될 수는 없다. 왜냐하면 새로운 소설이 표현하고자하는 내용과 주제는 전근대적 질서와 완벽하게 조응하는 전근대적 이야기의 틀에 녹아들 수 없는 성질의 것이기 때문이다. 물론 기법이나 형식에 대한 관심을 가지기에 앞서 시급히 제시해야했던 민족적 국가적 과제들이 있었고 또한 철저한 이해보다는 빠른 확산이 중요했던 당대의 사정을 이해해야 한다. 앞 절에서 언급한 박은식, 신채호, 이해조 등의 입론은 소설의 양식적 특질이나 형식 혹은 기법과는 전혀 무관하며, 그들이 기존의 이야기로부터 달라져야 한다고 믿었던 점도 내용 혹은 주제에 집중되어 고찰되고 있었음을 잊지 말아야 한다.

결국은 당대 작가들에게는 전망의 문제가 중요했다. 계몽의식이 소설을 지배할 때 그것이 몽매한 백성에게 세련된 서구 문물을 소개하고 변화의 당위성을 주장하기 위해서든, 기울어가는 국운을 걱정하여 구국을 궁극적 목적으로 하는 국력의 신장을 꾀하는 것이든 그것이 현재를 부정적으로 인식하고 미래를 이상적인 방향으로 바꾸어 나가려는 의도에서 비롯된 것이라는 점은 마찬가지다.

소설 텍스트 안에서 작가가 구상한 미래의 모습을 직조하려 할 때 일련의 문제가 표면화되는 것은 어쩌면 당연한 일이다. 소설 속에 부정적 현재를 묘사하고 반영하는 것은 작가의 솜씨 문제로 간주될 수 있고, 연구자는 그 수준을 따지는 것으로 충분하다. 그러나 더 중요한 문제는 작가가 의도하여 묘사하려는 전망이 미래의 것이며 그러므로 현실화된 적이 없다는 점에 있다. 신소설과 근대 초기 소설의 작가가 드러내려 한 계몽적 이데올로기에 의한 전망은 낭만적으로 과장되거나 현실적으로 유예될 수밖에 없다.

과장된 전망이든 유예된 전망이든 작가들은 작품 텍스트를 통해 그것을 독자에게 제시하고자 노력했다. 문학의 공리성이 극도로 강조된 시대의 독특한 양상이다. 물론 이러한 전망 제시의 시도는 근본적 난관에 봉착해 있었고 소설 텍스트 바깥의 현실사회적 문제가 해결되지 않는 한 풀기 어려운 과제로 남을 수밖에 없었다.[74] 대결 구도에서 승패를 갈라 승자의 입장에서 전망을 기획하는 재래의 이야기 구조는 신소설이 창작되던 당시에 이르면 이미 적당한 작법으로 원용될 수 없었던 것이다.

예컨대 아래와 같은 작가적 개입은 대결의 승부가 정해지거나 영웅적 인물의 성장이 완성되는 일대기적 서사를 완결시키지 못한 것에 대한 변명으로 읽힌다. 스스로의 창작에 임하는 태도의 문제이든 독자의 기대를 고려한 태도이든 간에 완결되지 않은 듯한 지점에서 스스로 작품을 끝낼 수밖에 없는 이유를 작가 나름대로 설명하고 있는 사례이다.

> 저쟉쟈왈 리일남의학업성취ᄒᆞᆯ것과 장ᄎᆞ셩혼ᄒᆞᆯ것과 김즁일로회심양씨의 ᄉᆞ업에ᄃᆡᄒᆞ야엇더케되엿다ᄂᆞᆫ ᄉᆞ실은이ᄎᆡᆨ에업ᄂᆞᆫ싸ᄃᆞᆰ은 최건소셜이오 또 ? 년 ?월(의문부호 - 필자)[75] 이저작쟈의졍필ᄒᆞᆯ동시에이상ᄉᆞ실만잇섯소
>
> 이에ᄃᆡᄒᆞ야 한말ᄉᆞᆷ드릴것은ᄐᆡ양빗흘밧ᄂᆞᆫ달도 둥굴진젼에 구경ᄒᆞᄂᆞᆫ쟈의 바라ᄂᆞᆫ맘이간졀ᄒᆞ고 우로지ᄐᆡᆨ을밧ᄂᆞᆫ식물의ᄭᅩᆺ도 다픠기젼에 관람쟈의여흥을돕ᄂᆞᆫ것이엇다 련구ᄒᆞ시고 추상ᄒᆞ시면 ᄃᆡ영광 호결과가잇슬뜻ᄒᆞ왼다(『금의쟁성』, 423~424면)

아직 차오르지 않은 달과 피기 전의 꽃을 예로 들면서 독자의 연구와 추상을 은근히 요구하는 작가의 말 앞에 "최근 소설"이라는 용어

74) 이러한 양상은 비단 근대 계몽기에만 국한된 것이 아니다. 그 내용과 수준을 달리하는 숱한 계몽의 과제가 연달아 제기되었고 그때마다 작가들의 고민은 비슷한 양상으로 이어졌을 것이다.

75) 행중에 일정한 여백이 있으나 삭제된 것으로 보이지는 않는다. 편집 과정에서 어떠한 이유로 누락시킨 것인지, 작가가 스스로 표기하지 않은 것인지는 알 수 없으나 저작자의 이름도 밝혀져 있지 않고 실제 창작 연대를 확정지을 만한 근거를 찾을 수 없다. 1913년 출판된 작품이므로 그 이전에 창작되었다는 것만은 분명하며 이 후기격의 서술만을 근거로 단정하기는 어렵지만 결말 부분까지의 서술과 인용문의 서술에 시간차가 있다고 판단된다.

쓰인 것을 주목할 필요가 있다. 이는 '최근소설' 즉 당대의 소설이 전대의 이야기와는 다른 구조를 가지고 있다는 뜻으로 읽을 수도 있고, 『금의쟁성』에 씌어진 이야기가 최근(당대)의 배경과 사건을 다루고 있다는 뜻으로도 읽을 수 있다.

그런가 하면 다음 인용문은 신소설 작가가 독자의 반응을 직접 접하고 있었다는 것과 창작 과정에서 독자의 불만 등을 최소한 염두에 두고 있었다는 것을 보다 분명히 드러내 준다. 또한 『금의쟁성』 결말 부분의 작가적 개입 서술 부분과 『탄금대』의 후기는 각 작품의 창작 및 발표 연대인 1912, 1913년 어간의 소설 개념과 양식에 대한 대중적 관념을 엿볼 수 있는 자료로서도 가치 있다.

> 혹자(或者)의 말을 들은 즉, 본 기자의 저술한 바 소설이 취미는 없지 아니하나 매양 허탄(虛誕) 무거(無據)하고 **후분(後分)을 다 말하지 아니하는** 두 가지 결점이 있다 하나, 이는 결코 생각지 못한 언론이라 하노니, 어찌하여 그러냐 하면 소설의 성질이 눈에 보이고 귀에 들리는 실적만 들어 기록하면 취미도 없을 뿐 아니라 한 기사(記事)에 지나지 못할 터인즉 소설이라 명칭한 것이 없고, 또는 기자의 저술한 소설 삼십여 종이 확실한 소역사가 없는 자는 별로 없으니, 볼지어다. 저 수호지(水滸誌), 삼국지(三國誌), 서상기(西廂記) 등의 유명한 중국소설(中國小說)이며, 불여귀(不如歸), 곡간앵 혈루(血淚) 등의 기절한 내지(內地) 소설이 모두 후분(後分)을 역력히 말한 바이 있는가. 이는 주역계사합이 불수의 뜻과 일반이라 꽃을 보매 이울기에 이르지 말라는 말이 아니 있는가. 비록 결사(結事)를 후분까지 지루히 기록치 아니한대도 **애독제군의 추상(推想)으로 그 다음 일은 족히 요해(了解)할 줄로 믿는 바**이로라.(강조 - 필자)[76)77)78)]

76) 이해조, 『탄금대』 후기, 전광용 편, 『한국신소설전집 5권』, 을유문화사, 1968.
77) 이해조의 『탄금대』는 『매일신보』에 1912년 3월 15일부터 5월 1일까지 연재되었다. 1912년 신구서림에서 출판되었다고 알려져 있으나(전광용 편, 위 책 참조.) 원본을 구하지는 못했다. 인용은 을유문화사 간 『한국신소설전집』의 표기를 따랐다. 『탄금

이해조의 이와 같은 언급은 물론 단순히 해석될 수 없다. '소설의 허탄무거함'과 '후분을 이야기하지 않음'이라는 두 가지 문제는 하나의 텍스트에 동시에 나타나지 않을 수 있다. 어쩌면 하나의 작품은 둘 중 하나씩의 문제만을 가질 확률이 높다. 예컨대 허탄무거함을 경계하여 리얼리티에 집중하다가 보면 후분을 모두 이야기할 수 없는 상황에 놓일 수 있고, 완결된 서사를 만들려 애쓰는 과정에서는 반대로 우연성의 남발이나 전망의 낭만적 과장에 의한 허탄무거함이 드러날 수 있기 때문이다.

위와 같은 고민은 비단 이해조 한 사람의 것만은 아니었을 것이다. 재래의 이야기 구조에 복잡다기한 당대의 풍경과 시대 담론을 실어 보려 애쓴 작가라면 누구도 쉽게 피해 갈 수 없는 딜레마의 상황이었을 가능성이 높다. 물론 전 절에서 분석한 바와 같이 희생제의의 구조, 세대론적 상황 등을 이용하여 중층적 서사구조를 만드는 식의 작법 또한 고민에서 탈출하기 위해 작가들이 찾아낸 나름대로의 묘수였을지 모른다.

그렇다면 이인직의 『혈의 루』가 "상편 종"으로 연재를 끝낸 것 또한 바로 허탄무거함에서 벗어나려는 노력과 관계있다 할 것이다. "아래 권은 그 녀학싱이 고국에 도라온 후를 기다리오"(『혈의 루』, 94면)라는 작가의 언급은 작가가 아직 작품이 끝나지 않았다는 의식을 하고 있었다는 증거이다.[79] 『혈의 루』의 주인공은 옥련이며 이 어린 여

대』 후기는 『탄금대』 한 작품의 성격과 직접적인 관련이 있다기보다는 저간의 신소설 창작과 그에 대한 독자의 반응에 답하는 성격을 지닌 것이어서 『탄금대』의 내용이나 형식의 분석은 생략하기로 한다. 오히려 『탄금대』는 결말 부분에서 악인들을 모두 징벌하고 주인공 만득의 행복한 가정생활을 제시함으로써 당대 독자에 의해 지적된 "후분을 다 말하지 아니하는" 결점에서 벗어나 있는 것이다.

78) 또한 『탄금대』는 고전소설 『김학공전』 혹은 『신계후전』의 번안이라는 설이 있으므로 이해조 개인의 순수 창작이라 단언하기 어렵고, 반면 고전소설의 번안작으로 볼 수 있는 만큼 명확한 결구를 제시하고 있다 할 것이다.(조희웅, 『고전소설작품연구총람』, 집문당, 2000 참조.)

79) 물론 이인직 스스로 『혈의 루』와 『모란봉』을 각각 독립된 작품으로 보아도 무방하

학생은 신여성의 역할을 어깨에 짊어진 조선의 미래의 얼굴이다. 만약 『혈의 루』가 후분을 남기지 않고 작품을 끝맺으려면 어머니의 생존을 들은 옥련이 아버지 김관일과 함께 고국으로 즉시 돌아와 가족 상봉을 이루는 방법이 있었다. 그러나 이인직은 그 방법을 택하지 않고 옥련을 그냥 미국에 남겨 두었다. 이는 이인직의 소설 구상이 옥련의 일대기에 맞추어져 있었으며, 작가는 '옥련의 성장' 뿐이 아닌 '옥련의 성공'까지를 염두에 두고 있었음을 뜻한다.

이와 관련하여 『옥상화』(김송규 저작 겸 발행, 광한서림, 1928)라는 무서명 신소설 작품을 거론할 수 있다. 『옥상화』는 『혈의 루』 상편을 처음부터 끝까지 그대로 전재하여 옮겨 놓은 책이다. 그런데 맨 마지막에 김관일, 구완서, 옥련의 졸업과 귀국, 옥련과 구완서의 신식 결혼 등 후일담을 13행 가량 짧게 덧붙여 놓았다. 그런데 이 13행이 『옥상화』를 『혈의 루』와 완전히 다른 작품으로 만들어 놓았다. 『혈의 루』가 가지고 있는 일정한 근대적 면모가 덧붙여진 13행으로 인해 거의 완전히 소멸되었다. 제목 옆에 '비극신소설'이라 표기해 놓은 것도 어울리지 않을 뿐더러 『옥상화』는 『혈의 루』를 복제한 도의적 책임 등을 문제시하지 않더라도 그 텍스트적 가치마저 『절처봉생』 등의 무서명 신소설과 같은 전근대적이고 통속적인 수준으로 떨어지고 마는 것이다.

앞 절에서 간략히 언급한 이인직의 『혈의 루』는 두 명의 여성 인물을 포함하고 있고 두 명의 성장하는 인물을 다루고 있다. 두 명의 여성 인물이란 옥련과 그의 어머니 최 씨이며, 성장 서사의 주요 인물은 옥련과 그의 아버지 김관일이다. 여성 인물에 관한 서사는 통속의 구조로 나타난다. 최 씨와 옥련의 고난은 다분히 당대 독서 대중의 동정심을 겨냥한 것으로 읽힌다. 그러나 『혈의 루』를 통속적 이야기로만

다는 말을 하기는 했지만 그것은 이후의 일이며 이러한 두 언급의 시간차는 소설 양식에 대한 관념의 변화가 일어날 만큼 충분히 크다.

볼 수 없는 이유는 다른 하나의 서사축인 '성장으로서의 일대기' 그 일부 때문이다.

『혈의 루』 상편이 미완으로 남는 것은 바로 이 성장의 서사가 완결되지 않았기 때문이다. 또 하나 남는 문제는 김관일의 성장과 옥련의 성장을 같은 무게로 간주할 수 있는가 하는 점이다. 김관일과 옥련은 공히 미국 유학의 기회를 얻었고 신학문의 세례를 받은 인텔리가 되었지만 독자의 입장에서 그들에게 거는 기대는 유다른 것이라 할 수 있다. 즉 김관일의 역할과 옥련의 역할은 그들의 세대에 의해 구분되기 때문이다. 『혈의 루』의 남은 이야기는 옥련과 구완서 등 신학문을 공부한 젊은이들의 이야기일 수밖에 없다.

우리 소설사를 살펴볼 때 가족사를 다룬 소설에서 각 세대의 성격이 다르게 묘사되는 것은 어쩌면 당연하다 느껴질 만큼 자연스러운 현상이다. 『혈의 루』에서 김관일 가의 세 식구가 뿔뿔이 흩어지고 다시 만나기까지 옥련은 그의 어머니와 전혀 다른 삶을 살게 되는데, 이것이 바로 작가의 세대 의식이 표현되는 지점이다. 어머니가 고국에 남아 잃은 딸을 그리워만 하며 똑같은 나날을 흘려보내고 있을 때 옥련은 온갖 위기를 극복해 가며 점점 강해지고 의식적으로도 성숙한 근대인으로 다시 태어난다.

그렇다면 김관일이라는 존재는 어떻게 해석하여야 할까. 그 또한 최 씨와 같은 세대로 묶여 버린다면 전근대적 세계관 속에 갇히게 될 것이고 구세대로 매도되어 역사의 뒤안길로 잊힐 수밖에 없는 존재이다. 그러나 작가는 김관일에게도 교육의 기회를 허락하고 도미를 감행하도록 하였다. 이는 당대의 조선 사회가 가지고 있던 봉건성을 작가가 인식하고 있었다는 전제 하에 어떤 혁명적 사건 하나로 미래가 달라지기는 어려울 것이라는 현실 인식이 반영된 결과이다. 옥련, 구완서와 같은 젊은 인물들이 조선의 미래를 담당하여야 한다면 그 수가 적어서는 힘들 것이며, 근대적 신인간이 늘어나려면 그들을 후원

할 만한 세력 또한 필요할 것이다. 즉 김관일은 미래의 동력이 될 신세대를 이해하고 후원할 수 있는 인물로서 그 역할을 담당하고 있다.

작품의 발단이 청일전쟁 당시로 설정되어 있다는 것은 다시 한 번 주목되어야 한다. 청일전쟁이 발발한 때는 1894년이며 『혈의 루』는 1906년에 연재가 시작되었다. 『혈의 루』의 발단 부분에서 옥련의 나이는 7세이며 상권이 끝나는 부분에서는 16~7세로 설정되어 있다.[80] 옥련이 일곱 살 어린 나이에 전쟁과 가족 이산을 경험하고 홀로 성장한 시기가 10년이라는 것은 작품의 말미가 연재 당시의 현재와 거의 근접함을 뜻한다. 즉 1900년대 중반에 작품을 집필하고 있는 작가가 당시 17세 정도의 젊은 여성에게 일정한 당대적 역할을 요구하고 있는 셈이며 그것은 어쩌면 대단히 무리한 요구라는 것을 작가도 알고 있었을 것이다.

> 구씨의 목적은 공부를 심써ᄒᆞ야 귀국ᄒᆞᆫ 뒤에 우리ᄂᆞ라를 독일국갓치 연방도을 삼으되 일본과 ᄆᆞ쥬를 ᄒᆞᆫᄃᆡ 합ᄒᆞ야 문명ᄒᆞᆫ ᄀᆞᆼ국을 맨들고ᄌᆞ ᄒᆞᄂᆞᆫ 비ᄉᆞᄆᆡᆨ갓한 마음이오 옥년이ᄂᆞᆫ 공부를 심써 ᄒᆞ야 귀국한 뒤에 우리나라 부인의 지식을 널려셔 남자의게 압제 밧지 말고 ᄂᆞᆷᄌᆞ와 동등 권리를 찻계 ᄒᆞ며 또 부인도 나라에 유익한 ᄇᆡᆨ성이 되고 ᄉᆞ회상에 명예 잇ᄂᆞᆫ ᄉᆞᄅᆞᆷ이 되도록 교육할 마ᄋᆞᆷ이라
>
> 세상에 제 목적을 제가 ᄌᆞ긔ᄒᆞᄂᆞᆫ 것 갓치 질거운 일은 다시 업ᄂᆞᆫ지라 구와셔와 옥년이가 ᄂᆞ이어려셔 외국에 간 사ᄅᆞᆷ들이라 죠션 사ᄅᆞᆷ이 이럿케 야만 되고 이럿케 용녈 한쥬을 모로고 구씨던지 옥년이던지 조션에 도라오ᄂᆞᆫ 날은 죠션도 유지한 사ᄅᆞᆷ이 만히 잇셔 학문잇고 지식 잇ᄂᆞᆫ 사ᄅᆞᆷ의 말을 듯고 이를 찬셩ᄒᆞ야 구씨도 목적ᄃᆡ로 되고 옥년이도 제목적ᄃᆡ로 죠

80) 그런 의미에서 『모란봉』 시작 부분의 옥련이 17세로 설정된 것은 달리 생각해 볼 문제이다. 『모란봉』의 창작연대를 확증할 수는 없지만 『혈의 루』로부터 약 6년 후에 발표된 것을 생각하면 『모란봉』의 옥련은 발표 당시의 연대로부터 10년 쯤 전 과거의 인간형이 되는 셈이다.

선 부인이 일졔히 ᄂᆡ교휵을 바다셔 낫낫시 ᄂᆞ와 갓한 학문 잇ᄂᆞᆫ 사ᄅᆞᆷ들이 만히 ᄉᆡᆼ기려니 ᄉᆡᆼ각ᄒᆞ고 일변으로 깃분 마음을 이기지 못ᄒᆞᄂᆞᆫ 거슨 제 ᄂᆞ라 형편 모르고 외국에 유학한 소년 학ᄉᆡᆼ 의긔에셔 ᄂᆞ오ᄂᆞᆫ마음이라(『혈의루』, 85～86면)

1900년대의 성인 남성의 입장에서 자신이 당대를 스스로 책임질 수 없으리라 판단하는, 그래서 자라나고 있는 신세대에게 기대를 거는 것은 충분히 납득할 만한 모습이다. 작중 인물 김관일은 작가 이인직 자신 세대의 표상이며 스스로 할 수 있는 일은 제한되어 있더라도 근대적 정신으로 무장한 신세대들을 이해하고 그들에게 힘을 보태는 조력자로 형상화되어 있다.

작자 미상의 신소설 『금의쟁성』[81] 또한 이러한 점에서 주목할 만한 작품이다. 작품의 경개는 다음과 같이 요약된다.

경성 북부 재동에 살던 이참봉은 갑오경장 이후의 시대 변천이 마음에 맞지 않아 포천 땅에서 묘막살이를 하며 지낸다. 가족과 더불어 참봉이 풍월로 세월을 보내던 중 곳곳에 도적이 일어나 인명이 살상되고 재물이 약탈되는 일이 비일비재하게 되었는데, 그의 일가도 어느 날 밤 도적의 피습을 당하여 서로의 생사를 알지 못하는 가족 이산의 화를 겪는다. 이참봉과 그의 처가 삼남매 중 각각 자식 하나씩을 데리고 흩어지고, 장남인 일남은 도적에게 붙들렸다가 다행히 목숨만은 건졌으나 이후 수많은 고초를 당하게 된다. 폐허가 된 집에서 두 내외는 다시 만나지만 일남의 생사는 알 길이 없다. 수많은 **우여곡절**(강조 - 필자)을 거친 이참봉 가족은 결국 감격스럽게 상봉한다.(정리 - 필자)

81) 남궁준 편집 겸 발행, 『금의징셩(金의錚聲)』, 유일서관, 1913.

『혈의 루』의 옥련의 역할을 맡은 인물은 이참봉의 장남 일남이다. 주인공 역의 어린 아이가 여성에서 남성으로 바뀐 것을 빼면 『금의쟁성』은 『혈의 루』와 매우 유사한 구조로 사건이 전개된다. 적화를 입어 가족이 뿔뿔이 헤어지는 발단 자체가 우선 닮았다. 게다가 가족 이산 후 일남이 미처 돌아오기도 전에 서둘러 이사를 한다든가, 미래의 생활을 경륜하기 위해 이참봉이 먼 길을 떠난다든가 하여 생이별의 구실을 만들고 손쉬운 상봉의 길을 차단하는(『혈의 루』 이후 상투적으로 변주되는) 수법을 쓰고 있다. 만날 듯 엇갈리고 다시 멀어졌다 가까워지는 동안 양심적이기는 하나 구태의연한 구식 양반이었던 이참봉은 개화의 필요성을 자각하고, 일남은 많은 조력자들을 만나면서 미래의 동량으로 성장해 간다.

그렇다면 정리 부분에서 강조해 놓은 '우여곡절'이 어떤 성격의 것이었는지 살펴볼 필요가 있겠다. 이는 물론 세 길로 갈라진 가족 전체가 각각 겪은 우여곡절일 테지만, 일남의 고난이 가장 부각되는 것은 분명한 사실이다. 우선 『금의쟁성』이라는 제목과 관련된 '금전대'라는 소품을 이용해 일남을 돕는 인물들과 이참봉을 인연의 끈으로 엮어넣는 수법이 주목된다. '금이 무딘 소리를 내지 말고 쟁쟁한 소리를 내야 한다'는 것은 민족 자본이 나라의 부흥을 위해, 청년 세대의 육성을 위해 올바르게 쓰여야 한다는 것을 뜻한다.

아버지 이참봉은 일남의 곁에 있지 않았으니 논외로 하고, 갈 곳 없는 처지의 일남을 돕는 수많은 기성세대 후원자들의 목적은 다른 데에 있는 것이 아니다. 그것은 새 시대의 필요를 자각했으나 자신의 세대에서 성취할 수 있는 것이 많지 않다는 당대적 현실 인식의 발로인 것이다. 일남의 아버지 이참봉 또한 이 기간 동안 동일한 자각을 경험했다. 즉 새 시대를 주도하는 것이 아니라 새 시대를 열고 짊어질 젊은이들을 돕는 것에 그들의 역할이 있다.

『혈의 루』, 『금의쟁성』 류의 작품 또한 크게 보아 주인공의 고난을 다루고 행복한 결말을 의도한다는 점에서 통속적 신소설의 범주에 속한다. 그러나 이들 작품은 갈등의 선이 개인적인 것 혹은 가정사의 범위에 머무르지 않고 두 세대 이상을 포괄하는 가족사의 측면에서 전개된다는 점이 주목된다. 세대 간의 갈등은 문면에 드러나지 않지만 세대 간의 성격과 역할을 분명히 구분하고 있다는 점에서 이 작품들은 계몽적 단형서사의 맥락을 잇는 단순한 권신징구 형의 소설과도 구별된다.

이쯤에서 『혈의 루』의 속편을 둘러싼 논의들을 재검토할 필요가 있다. '옥련의 성공과 조선에서의 활약상'을 이인직이 의도한 것이라면 결과적으로 『모란봉』은 그 의도가 무의미하거나 불가능했음을 드러내 주는 자료일 뿐이다. 이인직의 야심만만한 기도는 결국 실패했던 것이다. 그럼에도 불구하고 작가가 발표 지면을 옮겨 가면서까지 『혈의 루 하(下)』[82]를 연재했던 까닭은 무엇인가. '『혈의 루』 상편과 『모란봉』의 합(合)으로서의 미완결된 『혈의 루』 전편(全篇)'과 '독립된 작품으로서의 『혈의 루』 상편'과 '『혈의 루』 상편과 『혈의 루 하(下)』의 합(合)으로서의 『혈의 루』'는 각각 어떤 의미를 띤 존재들로 해석되어야 하는가.

먼저 이인직이 애초에 구상한 『혈의 루』는 『혈의 루』 상편에 『모란봉』을 합한 '옥련의 일대기'였을 것이다. 이는 작가가 『제국신문』에 『혈의 루 하』를 연재하고 나서도 다시 몇 년 후 『모란봉』 창작에 돌입한 것을 보아 짐작할 수 있는 사실이다. 작가의 능력 여부보다는 작가의 이상과 현실 사이에 개재해 있던 괴리가 『혈의 루』 전편을 완결짓지 못한 원인으로 지적될 수 있다. 문제는 이인직이 『혈의 루』와 『모란봉』을 각각의 독립된 작품으로 보아 무방하다는 언급을 했다는 사

82) 『혈의 루 하(下)』는 1907년 5월 17일부터 6월 1일까지 총 11회에 걸쳐 『제국신문』에 연재되었다.

실[83)]에서 발생하는데, 이때 작가가 말하는 『혈의 루』라는 작품은 어떠한 모습이었는지 지금으로서는 확인할 길이 없다.[84)]

결론부터 말하자면 『혈의 루』의 후속작이 『제국신문』 연재본 『혈의 루 하(下)』이냐 『매일신보』 연재본 『모란봉』이냐 하는 차별 검토는 별 의미가 없다. 왜냐하면 이인직이 생각한 『모란봉』의 전작(前作)은 약간의 수정 개작이 이루어졌다는 것을 감안하더라도 『만세보』 연재본 『혈의 루』와 『제국신문』 연재본 『혈의 루 하(下)』의 합본으로 여겨지기 때문이다.

『혈의 루 하(下)』를 『제국신문』에 연재할 당시의 이인직의 의도가 현재 확인할 수 있는 텍스트를 통해 완전히 성취되었는지를 단정하여 말할 수는 없다. 달리 말해 『혈의 루 하(下)』가 미국에서의 모녀 상봉을 보여 주는 것으로 작가의 속셈을 만족시켰던 텍스트라고 확언할 수 없다는 말이다. 그럼에도 불구하고 『혈의 루 하(下)』의 존재가치는 만만치 않다. 이인직이 『모란봉』을 창작하면서 『혈의 루』와 독립된 작품으로 보아 무방하다는 말을 할 수 있었던 것은 『만세보』 연재본에 『제국신문』 연재본을 더한 『혈의 루』가 있었기에 가능한 일이었다. 즉 『혈의 루』와 관련된 세 가지의 텍스트를 나누거나 합해 볼 때 유일하게 완결된 소설은 '『혈의 루』+『혈의 루 하(下)』'밖에 없다.

이인직은 『혈의 루』의 마지막에 "상편 종"이라는 표지를 하였으나 스스로 그 표지를 부정한 것이다. 이인직의 생각에 『혈의 루』는 그 상편만으로도 끝나지 않았고 그래서 『혈의 루 하(下)』를 다시 연재하기 시작했다. 그에 따라 『혈의 루』는 비로소 후속작 『모란봉』의 존재

83) 『모란봉』 연재 서언, 『매일신보』, 1913.2.5. 참조.

84) "혹 상편을 열현코자 하시난 인씨난 중부 철물교 동양서원에 청구하시압"이라는 연재 서언의 내용을 보아 하편 『모란봉』에 대응되는 상편으로서의 『혈의 루』는 동양서원본 『모란봉』(혹은 『혈의 루』)이라고 할 수 있다. 그러나 현재 동양서원본 『모란봉』은 원본을 구할 수 없는 형편이다. 김영민은 1940년 2월 『문장』지에 발표된 『혈의 루』가 동양서원본을 원전으로 한 것이리라고 판단하고 있다.(김영민, 『한국근대소설사』, 솔출판사, 1997, 198~199면 참조.)

와 관계없이 하나의 독립된 텍스트가 된다.

200자 원고용지로 환산하여 총 300여 장의 분량을 가지고 있는 『혈의 루』에서 『제국신문』본의 분량은 50페이지를 넘는다. 그 분량만으로도 무시할 수 없는 비중을 가지고 있으나 내용을 살펴보더라도 『혈의 루 하(下)』는 단순한 후일담 혹은 사족으로만 판단하여 처리할 수는 없는, 나름의 의의를 발견할 수 있다.

먼저 옥련의 귀국 이후를 기다리라는 작가의 말이 무색할 만큼 옥련을 미국에 그대로 남겨 둔 채 오히려 모친 최씨를 도미시켜 상봉의 장을 마련한다는 점이 주목된다. '가족의 상봉'이 작가의 의도에 따른 것인지 독자의 요구에 응한 것인지는 알 수 없지만 이산에서 시작한 서사가 상봉으로 마무리되는 것은 당대의 관념에 비추어 볼 때 '소설 작품의 완결'과 직접적으로 관련되는 문제라 할 것이다.

가족을 상봉시키기는 하되 그 장소를 조선이 아닌 미국으로 설정한 이유는 다른 데에 있지 않다. 이 작품의 주인공은 옥련이며 옥련의 성장은 아직 현재진행형이기 때문이다. 완전한 근대인으로서의 면모를 갖출 때까지 조선으로 귀환해서는 안 되는, 당대 계몽적 서사물의 주인공으로서의 운명이 옥련에게 지워진 셈이다.

그러므로 최씨 부인의 도미(渡美)는 딸과의 만남 이외에 다른 의미를 가질 수 없는 반면, 옥련의 미국 잔류는 더 큰 당대적 의미를 획득하게 된다. 그것은 최씨 부인의 귀국 및 결혼 권유를 구완서가 단호히 거절하고 옥련이 말없이 동의하는 장면에서 절정을 이룬다.

> "여보게 옥련, 지금은 우리가 동무이지, 귀국하면 내외가 될 터이지. 우리가 자유로 결혼하자 언약을 맺은 사람이라. 언약을 맺어도 자유, 언약을 파하여도 자유, 어느 때로 행례할 기약을 정하는 것도 자유로 할 일이라. 나도 부모 구존한 사람이요, 그대도 부모 구존한 터이라. 부모가 미성년한 자식에게 명령할 일은 공부 잘하여라, 나라를 위하여라 하는 것이 부모 된

이들의 도리요 직분이라.

지금 우리가 고국에 돌아가면 공부에 방해도 적지 아니할 터이오. 혈기 미성한 사람들이 일찍 시집 가고 장가 드는 것은 제 신상에 그렇게 해로운 것은 없는지라. 그러나 우리가 제 일신의 이해를 교계하는 것은 오히려 둘째로다.

여보게 옥련. 우리가 공부를 하여도 나라를 위하여 하고 살아도 나라를 위하여 살고 죽어도 나라를 위하여 죽는 것이 옳은 일이라. 여보게 옥련, 자네 마음 어떠한가. 어서 시집이나 가서 세간살이나 재미있게 하면 그것이 소원인가. 자네 소원이 만일 그러할진대 우리 기왕 언약이 아무리 중하더라도 나는 그 언약보다도 더 중요한 국가를 위한다는 생각이 있으니 자네는 바삐 귀국하여 어진 남편을 구하여 하루바삐 시집 가서 자네 부모의 소원대로 하게."[85]

옥련과 구완서가 혼인을 약속한 사이이면서도 부모의 뜻에 따라 귀국하지 않는 이유가 위 인용문에 장황하게 설명되어 있다. 그들이 미성년인 점, 귀국은 그들의 공부에 방해가 된다는 점, 조혼은 제 신상에 해롭다는 점 등이다. 그보다 더 중요한 것은 그들의 공부가 나라를 위한 것이기 때문이다. 부모의 소원대로 혼인을 하고 행복한 가정을 이루는 것은 개인 차원의 일이지만 신학문을 공부하는 것은 나라를 위한 일이다. 부모의 도리 또한 자식을 공부시키고 나라를 위하라는 명령을 하는 데에 있으며 국가를 위하는 일은 어떠한 언약보다도 소중한 일이다.

그 후 김씨는 미국 화셩돈 정치대학을 만치고 구완셔는 법률과를 졸업ᄒᆞ고 옥년이는 경제과를 마치고 귀국ᄒᆞ니 김씨 ᄂᆡ외는 옥년이를 셔로 붓

85) 이인직, 『혈의 루』, 『한국소설문학대계1』, 동아출판사, 1995, 75~76면. 이하 『혈의 루 하(下)』 작품 인용은 이 책의 페이지 수만을 밝힌다.

> 들고 깁븜을 이기지 못ᄒᆞ야 통곡이 되고 통곡을 지나 깁븜이 되어 젼에 모란봉에셔 지내든 ᄉᆡᆼ각을 다시 ᄒᆞ니 ᄯᅢ는 느진 봄에 피는 ᄭᅩᆺ 경치가 화려하여 가히 한 번 볼 만한 ᄯᅢ이엿다 무졍한 바ᄅᆞᆷ은 ᄭᅩᆺ가지를 후리치니 락화는 유졉이요 유졉은 락화ᄀᆞᆺ치 펄펄 날니다가 모란봉에 은빗ᄀᆞᆺ치 ᄉᆡ라 노흔 사이에 옥년과 구완셔는 신식결혼을 맛치고 안락한 가정을 이루엇ᄯᅥ라[86)]

이인직이 『혈의 루 하(下)』를 『혈의 루』 상편에 굳이 덧붙이면서 다시 이야기를 일단락하는 이유는 위에 인용, 설명한 『옥상화』의 결말과 『혈의 루 하(下)』의 내용을 비교할 때 극명하게 드러난다. 사실 당대의 구식 독자와의 타협을 이룰 수 있는 결말 구조는 『옥상화』의 그것이었을 것이다. 『혈의 루』가 1906, 1907년 어간의 작품이고 『옥상화』의 출판년도는 1920년대 중반이라고 할 때,[87)] 이인직은 『혈의 루』 창작 시기는 물론 20년 이상 지난 후에도 여전히 보수적인 모습으로 남아 있는 독자의 기대를 배반하고 작가의 의도를 관철시키려 했던 것으로 해석할 수 있다. 혹은 이인직이 상정한 독자는 1906, 1907년 당시의 구식 독자가 아니었을 것이라는 추측도 가능하다.

이인직은 작중 인물들이 모두 모여 화합하고 행복해지는 결말을 처음부터 의도하지 않았다. 오히려 당대의 인물형들을 구분지어 조직하고 잠재적 갈등 구조로 드러내려 했던 것이다. 최씨 부인과 그의 부친은 아직까지 "조선 풍속이 골수에 꼭 박힌 사람"(『한국소설문학대계1』, 75면)이다. 그러므로 구완서의 말이나 행동이 탐탁하지는 않지만 혼인 약속이 어그러질까 두려워 그들은 젊은이들의 말을 믿고 따를 수밖에

86) 김송규 저작 겸 발행, 『옥상화』, 광한서림, 1928, 60~61면.

87) 현재 비극 신소설 『옥상화』의 판본은 1928년 광한서림본이 있다. 이 책의 기록에 따르면 1928년 본은 재판이며 초판은 1925년 에 출판되었다는 점이 확인된다. 이인직 저작의 『혈의 루』가 아닌 김송규 저작 겸 발행의 『옥상화』가 1920년대 중·후반 지속적으로 유통되었다는 사실을 알 수 있다.

없다.

옥련의 부친 김관일은 구완서의 사람됨을 익히 알고 있는 터에 자신도 문명국의 풍속을 접한 개화인으로서 젊은이들의 의견에 동조하는 태도를 보인다. 개화의 의장이 몸에 익은 젊은이들의 행동양식에 대한 기성세대의 두 가지 반응을 여기서 읽을 수 있다. 그들을 이해하고 동조하는 인물이 있는가 하면 내심 불쾌한 마음을 부정할 수 없는 이들도 분명 존재했다. 당대의 기성세대는 이와 같이 상대적으로 개혁적인 개화론자와 보수층이 혼재하는 양상을 띠었으며 전자의 인물들이 역사를 주도할 것이라고 이인직은 믿었다.

그러나 옥련과 구완서가 아직도 미성년이라는 것은 여전히 문제로 남는다. 아무리 이인직이 창조한 소설세계 속의 인물이라 할지라도 강제로 나이를 먹게 할 수는 없는 노릇이다. 『혈의 루 하(下)』가 개화지식인과 보수적 인물을 한 곳에 모이게 하고 '결혼'이라는 문제를 매개로 하여 권신징구의 주제를 더하여 놓은 것은 작가 이인직의 불가피한 선택이었다. 옥련의 귀국 후 활약상을 펼쳐 보이기에는 현실의 벽이 너무 높았고 감격적인 가족 상봉으로 작품을 마무리하기에는 작가의 이상이 너무 높았다. 양자의 사이에서 고민하던 이인직은 결국 전망의 이월이라는 방법을 택할 수밖에 없었다. 당장 실현될 가능성은 없으나 미래에는 성취해야 할 '개화세상'이라는 과제가 미정형의 인물이요 미성년인 옥련과 구완서에게 맡겨진 것이다.

해혹되지 않은 마지막 문제가 있다. 이인직은 왜 신 구 세대의 가치관 충돌이 일어난 상견례 자리에서 구완서에게만 발언권을 주었던 것일까. 해당 장면에서뿐만 아니라 옥련은 오히려 가족을 만난 후부터 홀로 살아가던 지난날의 당찬 모습을 조금씩 잃고 있다. 아버지와 어머니를 차례로 만나면서 옥련은 감상적인 소녀의 모습으로 점차 변하고 있는 것이다.

무엇이 옥련을 약해지게 한 것일까. 그것은 혈육의 정이다.

“우리 어머니는 어디쯤이나 가셨누. 아버지도 여기에 계시고 나도 여기 있는데 어머니 혼자 우리나라로 가시는구나. 내 몸 둘이 되었으면 하나는 아버지 뫼시고 있고 하나는 어머니 뫼시고 있고지고. 우리 어머니가 평양성 중에서 십 년 동안을 근심중으로 지내시고 또 혼자 평양으로 가시는구나. 나를 생각하시느라고 병환이나 아니 날까.”

옥련이가 그렇게 어머니를 생각하고 있는데 그 어머니 마음은 어떠할꼬 옥련의 어머니는 남편도 이별하고 그 딸 옥련이도 이별하였으니 그 이별은 겹이별이라. 그 근심이 오직 대단할 것 아니언마는 옥련의 모친 마음이 그렇지 아니하고 도리어 기쁜 마음뿐이라.(『한국소설문학대계1』, 79면)

어린 옥련의 생각에 아버지와 미국에 남는 삶과 어머니와 함께 귀국하는 삶은 모두 나름대로의 가치가 있다. 어머니를 따라 귀국하는 것은 비단 효도라는 딱딱한 용어의 윤리적 덕목으로 설명하지 않더라도 충분한 동정과 동의를 얻을 수 있는 행동이다. 그러나 옥련은 결국 미국에 아버지와 함께 남았다. 최씨와 옥련의 눈물은 어떤 논리적 설득과 자기암시로도 막을 수 없는 감정의 유로다.

반면 10년 만에 만난 아내를 도로 돌려보내면서 “대한민국 만세”를 부르는 김관일의 모습은 나라를 위해 공부를 하겠다고 미국으로 떠나던 그 때만큼 무책임하게 보이며 희화적이기까지 하다. 그러나 이렇게 비현실적이게까지 굴절된 인물들의 초상이 바로 이인직의 신념을 대변하는 것이다.

구완서와 함께 옥련이 미래의 동량으로 성장하려면 피눈물을 머금고라도 아버지의 곁에 남아야 한다. 옥련의 미래는 자기 개인의 것이 아니라 국가의 것으로 귀속되기 때문이다. 개인적인 정에 이끌려 유학생활을 포기한다는 것은 미래의 국가적 사업을 그르치는 행위이다. 그것은 이인직이 상정한 『혈의 루』의 젊은 독자들이 지녀야 할 새로운 가치관이다. “개화된 시대가 아닌 개화를 요구하는 시대”[88]의 젊은이들이기 때문이다.

전대 소설의 서사구조에 근대적 시대 담론을 수용하려 한 이인직과 이해조의 시도는 그 자체로 의미 있다. 작품에 드러난 파탄의 구조로부터 그들의 갱신을 위한 노력을 읽어내는 작업은 지속되어야 한다. 오래된 양식의 틀과 새로운 시대정신이 공존하였으나 조화되지 못하였던 신소설 텍스트의 세계는 성장이 성공으로, 만남이 결혼으로 천편일률적으로 귀결되던 재래의 이야기 텍스트와 작지만 분명한 차이를 보인다.

분석 과정에서 세대론적 작가정신과 희생제의의 구조에 의한 통속적 서사구조의 굴절 양상을 살폈다. 신소설의 서사구조는 기존의 전근대적인 통속의 구조가 굴절된 바로 그 지점에서 양식적 파탄을 경험하였지만, 또한 이 지점으로부터 이후 세대의 소설에 일정한 긍정적 영향을 끼치는 결과를 가져왔다. 서구의 소설 양식론이 본격적으로 수입되고 소개되기 이전 창작된 신소설은 서구의 문예이론을 익숙하게 접한 근대 작가들에게 번역된 외국문헌이 아닌 몇 안 되는 교과서였다. 근대 문인들의 눈에 신소설이 재래의 이야기나 다름없다거나 오히려 그만 못한 양식으로 비쳐졌을지는 모르나 이론의 수입과 이해는 급격히 이루어질 수 있어도 작법의 수용과 체득 과정은 점진적일 수밖에 없었다는 점을 후대 소설들 스스로 보여 주고 있다.

---

88) 송하춘, 『1920년대 한국소설연구』, 고려대 민족문화연구소, 1985, 12면 참조. 위 책에서 이야기하는 "개화를 요구하는 시대"는 이광수의 『무정』이 보여주는 세계를 설명하기 위한 것이었다. 필자의 판단에는 『혈의 루』의 시대도 마찬가지로 "개화를 요구하는 시대"이다.

제3장 근대적 소설 양식론과 근대적 작법의 형성

3-1. 권징주의 지양과 근대적 소설 양식론의 전개

3-1-1. 근대적 소설 양식론의 전개 양상

근대 초창기의 문학론은 다름 아닌 '문학'의 자기 정체성 찾기였음을 주목할 필요가 있다. '문학은 어떠해야만 하는가'의 질문에 답하기 위해 당대 문인들은 '문학이란 무엇인가'의 문제를 먼저 생각할 수밖에 없었다. 학문적 전통의 문학론에 깊숙이 침윤되어 있던[89] 그들이 문학 특히 소설에 관심을 가질 수밖에 없었던 것은 두 말 할 필요 없이 공리적 요구에 의해서였다. 세계질서의 재편과 그에 의한 민족적 위기의 타개책을 고민해야 했던, 그들은 문인이기에 앞서 당대의 지

89) 문학의 공리적 성격과 심미적 성격 사이에서 우리의 근대 민족문학사 만큼이나 고민에 고민을 거듭한 예는 그리 쉽게 찾아지지 않을 것이다. 비단 근대 초창기뿐만이 아니라 1920, 1930년대 나아가 전후 1960년대까지 지속된 문학의 사상성과 예술성 논쟁은 문학관의 차이에 의해 문단이 양분되다시피 하는 결과를 낳았다. 그런데 이는 교술문학 장르의 비중이 크게 높았던 우리의 문학 전통과 갈라놓고 생각할 수 없는 문제이다. 전통적 문학관과 서구적 근대문학관의 충돌과 상호 지양의 과정에서 문학의 공리성과 심미성 사이의 논쟁은 이미 잉태되어 있었고, 정세의 변화와 그에 의해 요구되는 일정한 문학 역할론이 지속적으로 이 논쟁을 변주시켜 온 것이라고 볼 수 있다.

식인이요, 지사였던 것이다.

박은식, 신채호 등의 학자는 물론 많은 문필가들의 급박한 현실 인식은 구국을 위한 계몽의 필요성 자각으로 이어졌고, 그들은 그 계몽의 선봉에 '문학'이 서 줄 수 있을 것이라 믿었다. 그들이 잘못된 믿음을 가지고 있었든, 시간의 문제였든, 그들이 지니고 있었던 것과 다른 개념의 문학이 성행했기 때문이든 간에 문학이 가진 계몽의 힘은 조국과 민족을 위기에서 구해내지 못한 것이 사실이다.

당대 문사적 지식인의 문학관이 구국의 당위와 절망적 현실 사이에서 고민하고 있었던 증거를 이해조의 『자유종』에서 찾아볼 수 있다.[90] 1910년에 출판되었지만 1908년에 씌어진 것으로 추정되는 위 작품에서 문학 혹은 소설이 가지는 계몽의 도구로서의 가능성과 한계를 읽어내는 것은 어렵지 않다. 문학이 아니라 어떤 매체를 통한 것이라 해도 '계몽'의 방법으로는 민족적 위기를 극복할 수 없었다고 보아야 한다.

합방이 임박해 오면서 위와 같은 깨달음을 얻은 사람이 비단 이해조 한 사람만은 아닐 것이다. 그들의 의도가 교육을 통한 구국이었다면 당대의 상황에서 문학의 힘이 제한적일 수밖에 없음을 인정해야 했고, 작품의 주제 또한 교육구국이 아닌 애국계몽의 정도로 물러나야 할 형편이었다. 그리고 그마저도 합방 이후에는 애국이 아닌 애족으로 한정될 수밖에 없었다.

계몽의 궁극적 목표가 애국이냐 애족이냐 하는 문제는 그리 단순하지 않다. 계몽을 교육의 유의어로 볼 때 그 대상은 어차피 조선 민족으로 동일할 수 있겠지만, 민족 혹은 민중의 힘을 합쳐 국가를 보전하겠다는 목표의식과 도탄에 빠진 민족을 봉건적 질서로부터 구출해 내야 한다는 목표의식은 계몽 주체의 입장에서 볼 때 적지 않은 태도의

90) 졸고, 「이해조의 「자유종」에 나타나는 교육구국론의 의미와 한계」, 『한국문학이론과 비평』, 2001.6. 참조.

차이를 수반하지 않을 수 없다. 요컨대 국가 전체의 운명을 고민하고 자신의 목표를 위해 민중의 도움을 얻으려는 태도와 선각자의 입장에서서 가련한 민중의 삶을 개선시켜 주려는 시혜적 태도는 그것의 긍·부정성을 따지기에 앞서 확연히 구분되는 것이다.

계몽의 궁극적 목표가 구국이냐, 애국이냐, 애족이냐에 따라서 계몽의 도구인 문학도 그 성격과 양식을 달리할 수 있다. 신채호의 계몽과 이해조의 계몽과 이광수의 계몽이 다르듯이, 이해조 개인의 1900년대와 1910년대 1920년대의 입장이 다르듯이, 각 작가가 생각한 문학의 성격 또한 구분되고, 그에 따라 서로 다른 양식이, 텍스트가 생산되는 것이다.

이 과정에서 소설이 다른 문학 장르와 비교하여 보다 비중 있게 다루어진 이유는 여러 각도에서 분석해 보아야 한다. 주지하다시피 소설은 근대에 이르러 꽃핀 문학 장르이다. 특히 우리나라의 경우를 볼 때 만약 기존의 여러 문학 장르들의 통념적 지위를 서열화한다면 시와 비교할 수 없을 만큼 소설의 가치는 미미한 것으로 여겨졌고, 극단적으로는 소설이 해악적 존재라는 평가까지 존재했던 것이다. 그러나 소설 양식에 대한 가치의 전환은 외래 문학론의 영향 아래서 빠르게 이루어졌고, 이는 서양 근대문학에서의 소설이 가지는 지위, 그리고 그에 대한 근대 초창기 지식인들의 가치판단과 무관하지 않다.

사실 우리 근대 이전의 문학사에서는 '소설' 양식에 대한 진지한 고민이 이루어졌던 적도 없었으며, '소설'이라는 용어가 널리 쓰였던 것도 아니라는 점을 기억해야 한다.[91] 이는 '문학'에 대해서도 마찬가지

---

91) "'小說'이라는 용어가 특정한 문학 양식을 지칭하는 개념으로 사용되기 시작한 것은 근대전환기 이후부터이다. 물론 근대전환기 이전에도 근대적 소설과 유사한 성격을 지닌 작품들은 존재했다. 그러나 그것들은 '小說'이라고 불리지 않았으며 그 이름 또한 다양했다. '傳'이나 '錄', '記', '志', '談', '說' 등의 이름이 붙어서 창작되고 읽혔던 작품들이 그것들이다. 이와 같은 전근대적 양식들은 근대 이후에 '小說'이 양식적 개념으로 사용되면서부터 취사와 수용의 과정을 거쳤다. 이 과정에서 근대적 소설 양식과 유사성을 보이는 것들은 아무런 저항 없이 '傳'이나 '記'에서 '小說'이 되어 버

인데, 그렇다면 소설이라는 용어 혹은 문학이라는 용어에 대하여 기존의 전통적 관점에 입각한 탐구가 근대 초기는 물론 그 이전에도 존재했으리라고 믿기 어렵다.

어쩌면 소설이 근대 사회에 알맞은 양식으로서 발전하는 것은 독자의 요구와 밀접한 관련을 가지는 것이 자연스럽다. 그러나 우리의 경우 소설은 창작 담당층의 필요에 의해 기획되었고 양식화되었다고 보는 편이 알맞을 것이다. 당시의 소설 창작 담당층이란 물론 개화지식인 혹은 지사적 문인이었으며 선각자적 사명과 동시에 자부심을 느끼고 있던 사람들이었다. 그들이 의도했든 안 했든 간에 소설의 사회통념적 지위가 전근대적 서사문학에 비해 눈에 띌 만큼 격상된 것이 사실이다.

그것이 의식적인 것이었든 무의식적인 것이었든 문학이 '학(學)'의 개념으로 받아들여졌던 점, 시와 소설을 학문적 입장에서 대상으로 삼는 것만이 아닌 시나 소설 그 자체도 '학(學)'이며 그것을 창작하는 것도 '학(學)'이어야 하는 이유, 이와 같은 흐름이 별 거부감 없이 당대 지식인들에게 받아들여졌던 점 모두를 따져 볼 필요가 있다.

이와 관련하여 시 소설 등의 문학이 예술이라는 이름으로 개념화되어 문인들과 독자 대중에게 각인되는 과정도 함께 살펴보아야 한다.[92]

렸다."(문한별, 「한국 근대 소설 양식의 형성과정 연구」, 고려대 박사학위논문, 2007, 1면) 문한별은 위 논문에서 '근대전환기'까지도 '소설'의 양식적 정립이 이루어지지 않은 상태였으며, 개념의 혼란이 지속되었다고 주장하고 있다. 그렇다면 이러한 혼란이 기존 서사 양식의 혼재에서 출발한 것임은 온당한 지적으로 볼 수 있다. 위 논문은 이에서 출발하여 실제 소설 작품에 분석적으로 접근, 우리 소설의 양식이 정립되어 가는 과정을 실증적으로 탐구하고 있는데, 만약 조금 더 조심스런 접근이 필요한 부분이 있다면 그것은 당대의 문인들이 가지고 있던 소설의 '이상적 형태'와 '실제로 표현된 텍스트' 사이의 거리일 것이다.

92) 우리의 경우보다 서구 근대문학의 수입이 시기적으로 빨랐던 일본의 경우 소설을 예술로 간주하여 처음으로 논한 사람으로 『소설신수』를 저술한 쓰보우치 쇼요를 들고 있는데, - 그가 사용한 용어는 물론 '미술'이지만 - 일본에서 소설을 예술로 인식한 것은 서양의 경우와 비교해도 늦지 않거나 오히려 빠른 것이라는 주장이 있다. 그렇다면 소설을 제외한 다른 문학 장르는 이미 예술로 인정되어 있었는데, 소설이 뒤늦

서구적 개념의 문학은 분명 일본을 통해 우리에게 수입되었고, '문학'이라는 용어의 개념 정립에도 일본의 번역이 영향을 주었을 것이다. 이광수는 「문학이란 하오」 등의 글을 통해 자신이 생각하는 문학의 개념이 서양의 Literature를 본받은 것임을 강조하고 있는데,[93] 글자 그대로의 '문학(文學, 글공부)', 동양 전통 개념으로서의 광의의 문학, '문'을 대상으로 하는 학문으로서의 문학 등의 문제를 해결하지 않은 상태에서 별 고민 없이 Literature를 문학으로 번역한 것이라면 그것이 영어에서 일본어 다시 국어로의 중역(重譯) 때문이라 할지라도 적당하지 않다.

결과론적인 이야기지만 애초에 Literature를 '문예' 정도로 번역하였다면, 아울러 시나 소설을 학문적 측면에서 논하는 행위는 '문예학'으로 설정하였다면 '문학'을 둘러싼 용어의 혼란은 상당 부분 줄어들 수 있었을 것이다. 시나 소설을 학문적 의미에서 탐구하는 것은 물론 그것을 창작하는 행위에 대하여서도 '학(學)'이라는 이름을 붙인 데 대해 아무런 거부감이나 고민이 없었다는 것은 당대 지식인 사회의 분위기와 직접적 관련이 있다는 판단이다. 시, 소설을 창작할 수 있는, 실제로 창작했던 장본인들은 학자이거나 학생이거나 고등교육을 받은 식자층이었고, 대단한 자부심을 가지고 있는 소위 '엘리트'였다.

이들은 신학문을 접하고 그 세례를 받는 첫 번째 세대였다. 시대의 흐름이 조선이라는 나라와 그 민족에게 신학문의 방법과 내용을 수용

게 추가된 것인지, 아니면 다른 여타의 문학 장르와 함께 학문적 의미를 탈각하고 예술로의 개념 전이를 시도한 것인지, 시간적 차이가 있다면 그 시기는 어떻게 의미화되는지 서양의 경우나 일본의 경우를 막론하고 좀 더 살펴볼 필요가 있다.(가메이 히데오, 신인섭 역, 『「소설」론 - 『소설신수』와 근대』, 건국대학교출판부, 2006 참조.)

93) 이광수는 「문학이란 하오」(『조선일보』, 1916.11.10~23)에서는 물론 그 이전 이보경이라는 필명으로 쓴 「문학의 가치」(『대한흥학보』, 1910.3)에서도 동양문학과 Literature를 구분하고 앞으로의 조선 문학은 후자를 따라야 한다고 주장한다. 그러나 「문학의 가치」에서의 이광수는 아직 문학의 공리적 효용성에 관심을 둘 뿐 예술로서의 문학에 대한 구체적인 이해의 근거는 보여주지 못하고 있다.

할 것을 요구하고 있다고 판단하였으며 모국의 전근대적 사고에 젖은 민족에게 자신들이 배운 것을 전파하여야 한다는 명분을 가지고 있었다. 문학도 그들이 배운 여러 가지 중 하나였고, 그래서 그들은 문학을 자연스럽게 학문으로 받아들인 것이다.

다시 한 번 분명히 할 일은 문학에 대한 그들의 이러한 인식이 식자층의 우월주의에서 비롯된 것이라는 추정 등은 문학사적 탐구나 논의에 별 도움을 주지 못한다는 점이다. 근대 초창기의 문학 정체성 문제가 중요한 이유는 '문학' 혹은 '소설'의 개념이 전근대적인 것, 혹은 막연하기만 한 것으로부터 뚜렷하게 범주화된 인식의 대상으로 전이되는 과정을 밝힐 필요가 있기 때문이다. 문학이 학문적 영역에 계속해서 머무를 수는 없는 일이었다. 전통적 문학관을 근대 초창기의 문학관과 굳이 비교하여 따지지 않더라도 소설이라는 존재, 소설을 창작한다는 행위 등이 '학'의 이름으로 대변된다는 것은 아무래도 자연스럽지 않은 일이다.

필연적으로 소설 나아가 문학을 학문적 의미로부터, 지식인의 탐구 대상으로 여겨지는 것에서부터 벗어나 예술적 의미로, 예술가의 창작 행위 쪽으로 전이시키려는 노력이 언제든 뒤따를 수밖에 없었다. 그에 따라 지식인들이 '예술'을 바라보는 태도에도 변화가 생겨난다. 단적으로 말해 당대의 통념이 구문학 혹은 전대의 소설에 염증과 타매를 보내고 있는 것이 사실이라 할 때 그들에게 전통 예술의 가치는 어느 정도로 인식되었겠는가 하는 것이다. 이는 그들이 스스로를 예술가로 칭하는 행위가 어떤 감정을 수반해야 가능한 일이었는가 하는 문제와 무관하지 않다.

> 광무·융희년간에 새로 나온 신소설의 일우에나마 작자의 이름이 기록되었다는 것은 전혀 개화의 결과 시민의 사회적 지위의 향상과 언문 존중의 혜택이라 할 수 있다. 그러나 아직도 소설책의 작자를 다른 서적의 저

> 자와 동등에 놓지 아니했고 은연중 천시하는 풍이 잔재하여 작자들도 내가 아무런 소설의 작자라 하는 것을 그리 명예로운 일로 생각지 아니했다.[94]

이처럼 구학문과 신학문의 관계와 마찬가지로 구예술과 신예술의 관계도 같은 층위로 바라볼 수 있는가는 여전히 남아 있는 문제이다. 예술보다는 학문이 오래된 것보다는 새로운 것이 긍정적으로 받아들여지던 당대에 소설은 서구적이고 새로운 것이기에 개화지식인들에 의해 적극적으로 수용되었지만, 예술이기에 그들의 입장에서 명예로운 소임은 아니었다.

문학론이 문학의 자기 정체성 찾기에 골몰해 있을 때 소설 텍스트를 직접 생산하는 작가들은 또 다른 난제에 부딪혀 있었다. 문학이론이 문학의 정체성을 어떻게 규정하느냐에 따라 작법에 끼치는 영향은 지대하다고 할 수 있지만, 작가의 문학을 바라보는 태도나 갱신의 의지만으로 변화한 문학 정체성에 따른 새로운 작법이 수월하게 고안되는 것은 아니기 때문이다. 소설을 공리적 도구로 보느냐 그 자체가 목적인 예술로 보느냐의 차이는 문학 담론을 구조화하는 작가의 태도와 밀접하게 관련되지만, 이미 손에 익은 이야기의 틀을 갑자기 변경하는 것은 불가능했다.

예를 들어 이인직이나 이해조 등 신소설의 대표 주자로 거론되는 작가들의 경우 그들이 세상에 내놓은 작품들은 현대의 관점에서 바라볼 때 전대소설을 갱신한 부분보다는 전대소설을 수용하였거나 계승한 부분을 보다 많이 포함하고 있는 텍스트인 것이다. 이런 점에서 보면 이광수의 『무정』 또한 전대 소설 및 신소설을 지양하고 극복하는 작품인 동시에 많은 부분에서 이전 양식을 수용하고 계승한 작품이다.

---

94) 임규찬 · 한진일 편, 『임화 신문학사』, 한길사, 1993, 168면.

그들 선각자적 작가들이 의도한 것은 물론 새로운 문학 새로운 소설이었을 터인데 그들이 산출한 소설 텍스트가 후대의 독자 및 연구자에게 오히려 재래 작법의 계승으로 읽힐 수 있다는 점을 다음의 몇 가지 기준에 따라 설명할 수 있다.

먼저 고려해야 할 사실은 작가 역량의 성숙 여부이다. 이인직이나 이해조 이광수 등 근대초기 작가들이 서구적 문학관과 문학이론 혹은 작법에 대해 얼마나한 이해를 하고 있었는지의 문제보다 더 중요한 것은 그들이 외국의 어문으로 이해한 이론적 지식이 우리 말과 글로써 직접 번역될 수 있는 것이었는가의 문제이고, 나아가 그들의 문학이론이 작품 창작에 바로 반영될 수 있었겠는가 하는 문제이다.

다음으로 고려해야 할 점은 독자의 수준 및 요구 조건과 관련된 부분이다.

> 우리는 신소설의 독차층이라는 것이 대부분 구소설의 독자들이었다는 사실을 발견케 한다. 극히 소수의 독자가 구소설의 독자가 아니고 신문화의 훈도를 받은 사람들이었다. 이러한 독자층의 구성 내용은 곧 신소설의 양식과 내용에 일치하는 것이다. 신소설이 대부분 소위 가정소설에 속하는 것임을 기억할 필요가 있다.[95]

계몽 의지를 지닌 지식인으로서의 작가들이 소설을 공리적 도구로 택하였다는 사실과는 무관하게 상당수의 독자들은 그들 소설 작품의 성격을 전대의 그것과 다름없는 이야기책으로 규정하고 있었으며, 그렇지 않은 신세대의 독자라고 해도 또한 그들 중의 상당수는 텍스트를 통해 전개되는 서사를 따라가면서 무의식적으로 자신이 희망하는 결말을 '자연스러운' 것으로 생각했을 것이다.

---

95) 임규찬 · 한진일 편, 위 책, 168~169면.

마지막으로 작가의 소설관 즉 소설 창작에 임하는 태도의 문제를 고려해야 할 것이다. 특히 신소설 작가들의 경우 초기작의 성과에 비추어 후기작의 퇴행적 면모가 여지없이 드러나는 이유에 대해 생각하지 않을 수 없다. 그들의 후기작이 통속적으로 퇴행하는 이유는 자신들이 생각한 공리적 도구로서의 소설이 결과적으로 매우 제한된 힘만을 가지고 있다는 것을 느꼈기 때문일 수도 있고, 작품 외적 현실사회의 정황이 그들의 계몽 의지를 약화시켰기 때문일 수도 있지만, 결국 그들이 의도하고 초기 작품을 통해 드러낸 새로움이란 다름 아닌 스스로의 계몽 의지에 의해 추동된 것이었음을 부정하기 어렵다.

이광수가 '李寶鏡'이라는 필명으로 쓴 「문학의 가치」는 전통적 문학 개념으로서의 동양문학과 서구적 개념의 문학(Literature)을 비교하고 신문학의 가치를 논한 선구적 논문이다. 구문학에 대해 비판적인 생각을 드러내고 신문학에 대한 강한 열망을 드러내고 있는 이 글은 그러나 구문학 혹은 동양의 문학전통에 대한 비판에 보다 치중한 결과 신문학 자체에 대한 논자의 이해 수준을 대변하지는 못하는 것으로 생각된다. 6년 후 이광수는 다시 「문학이란 하오」를 발표하여 좀 더 체계적인 문학개설을 선보였는데, 일단 여기서 주목할 것은 Literature라는 개념을 1910년도의 지식인 또는 문인들이 어떤 식으로든 인지하고 자신의 글 속에 반영하였다는 점이다.

> 「文學」이라ᄂᆞᆫ 字의 由來ᄂᆞᆫ 甚히 遼遠ᄒᆞ야 確實히 其出處와 時代ᄂᆞᆫ 攷키 難ᄒᆞ나, 何如턴 其意義ᄂᆞᆫ 本來 「一般學問」이러니 人智가 漸進ᄒᆞ야 學問이 漸漸 複雜히 됨애 「文學」도 次次 獨立이 되야 其 意義가 明瞭히 되야 詩歌, 小說 等 情의 分子를 包含ᄒᆞᆫ 文章을 文學이라 稱ᄒᆞ게 至하여시며(以上은 東洋)
>
> 英話에 (Literature)「文學」이라ᄂᆞᆫ 字도 ᄯᅩᄒᆞᆫ 前者와 略同ᄒᆞᆫ 歷史를 有ᄒᆞᆫ

者-라[96]

이광수는 이 글에서 문학의 개념이 동서양 공히 일반학문에서부터 '情의 요소를 포함한 문장'으로 변천하여 왔다고 말하고 있다. 이 글의 특징은 동양과 서양의 상황을 비교하면서 일종의 열등감을 드러내고 있는 점인데, 동양은 서양에 비해 '여유'가 없어 情의 존재와 가치를 깨닫지 못했다고 주장하는 부분에서 드러난다. 이광수는 당대 개념의 문학이란 "情의 分子를 包含한 文章"이라 주장하고 있으며 그 예로 시가, 소설 등을 들고 있다. 그런데 같은 글의 다음 인용 부분은 위 인용 부분과 비슷하지만 미세하게 다른 의미로 읽힌다는 점에서 주목된다.

> 文學의 範圍는 甚히 넓으며 또 其 境界線도 甚히 朦朧ᄒᆞ야 到底히 一言으로 弊之ᄒᆞᆯ 슈는 無ᄒᆞ나 大概 情的 分子를 包含한 文章이라 하면 大誤는 無ᄒᆞ리라 故로 古來로 幾多 學者의 定義가 紛紛호ᄃᆡ 一定ᄒᆞᆫ 者는 無ᄒᆞ고 詩, 歌, 小說 等도 文學의 一部分이니 此等에는 特別히 文藝라는 名稱이 有ᄒᆞ니라.[97]

위 인용 부분에 따르면 시, 소설 등의 양식의 상위개념은 문예이며 문학은 문예를 포함하는 광의의 개념이 된다. 그렇다면 문예 장르에는 시가, 소설 이외의 어떤 양식이 더 있는가, 문학의 범위에서 문예를 빼면 무엇이 남는가가 문제시된다.

6년이라는 시간차가 있긴 하지만 「문학이란 하오」[98]는 이와 같은 궁금증을 어느 정도 해소시켜 줄 수 있는 글이다. 이광수는 위 글에서 논문, 소설, 시, 극을 '문학의 종류'라는 항목에서 차례로 다루고 있다.

96) 이보경, 「문학의 가치」, 『대한흥학보』, 1910.3, 14~15면.
97) 이보경, 위 글, 위 잡지, 16면.
98) 『조선일보』에 1916년 11월 10일부터 23일까지 연재되었다.

특이한 것은 이광수가 '문학의 종류'에서 첫 번째로 논문을 설명하고 있다는 점이며 나아가 논문이 "현대문학계의 일반(一半)을 점하니라"99)라고 서술하고 있다는 점이다. 이를 통해 추측하건대 소설, 시와 함께 문예를 이루는 하위 장르는 극양식이며 비평, 평론 등의 논문이 문예를 제외한 문학의 하위 범주가 됨을 알 수 있다.

「문학이란 하오」는 이것 외에 「문학의 가치」에서보다 문학에 대한 명확한 개념 규정을 시도하고 있다.

> 1) 금일, 소위 문학이라 함은 서양인이 사용하는 문학이라는 어의를 취함이니 서양의 Literatur 혹은 Literature라는 어를 문학이라는 어로 번역하였다 함이 적당하다. 고로, 문학이라는 어는 재래의 문학으로의 문학이 아니요, 서양어에 문학이라는 어의를 표하는 자로의 문학이라 할지라.(「문학이란 하오」, 『한국의 문학비평』, 80면)

> 2) 문학은 실로 학이 아니니, 대개 학이라 하면 모사(某事), 혹은 모물(某物)을 대상으로 하여 기(其) 사물(事物)의 구조 성질 기원 발전을 연구하는 것이로되, 문학은 모(某) 사물을 연구함이 아니라 감각함이니, 고로 문학자라 하면 모 사물에 관한 지식을 교(教)하는 자가 아니요, 인으로 하여금 미감(美感)과 쾌감(快感)을 발(發)케 할 만한 서적(書籍)을 작(作)하는 인이니, 과학이 인의 지를 족하게 하는 학문이라 하면 문학은 인의 정(情)을 족하게 하는 서적이니라.(위 글, 위 책, 81면)

「문학의 가치」에서 문학의 개념이 일반 학문에서 시, 소설 등 '정의 분자를 포함한 문장'으로 좁혀진 것은 동 서양의 공통점이라 주장하던 이광수는 「문학이란 하오」의 인용문 1) 부분에서 당대의 문학 개

99) 이광수, 「문학이란 하오」, 권영민 편, 『한국의 문학비평 1』, 민음사, 1995. 89면. 이하 「문학이란 하오」의 인용은 이 책의 페이지 수만을 밝힌다.

념을 서구적인 그것으로 한정시키고 있다. 즉 「문학의 가치」에서는 문학의 옛 개념과 당대의 개념을 구분해서 설명했던 것이 「문학이란 하오」에 이르러서는 동양적 개념과 서구적 개념을 구분해서 설명하는 것으로 변했다. 「문학이란 하오」의 이광수는 동양적 개념을 재래의 것으로 서구적 개념을 새로운 것으로 인식하는 것이다. 또한 인용문 2)를 보면 문학은 학(學)이 아니라고 선언적으로 기술함으로써 문예를 문학의 하위개념으로 보던 태도를 지양하고 문예와 대등한 개념으로서의 문학을 암시하고 있다.[100)]

어쨌든 1910년대에 이르면 문학에 관련한 제 담론들이 '문예'로서의 의미를 직·간접적으로 내포하고 있으며 따라서 문학을 양식적 개념으로 파악하고 있음을 이광수의 것들만이 아닌 여러 자료를 통해 확인할 수 있다.

> 詩歌 及 小說이라 하면 우리는 얼는 文學을 聯想하고 또, 文學이라 하면 얼는 詩歌 小說을 聯想하기 쉬우니 그러면 詩歌 小說의 형체를 具有한 것은 文學이라 할가[101)]

> 文學은 道德과 宗教와 繩墨과 秩序에 默從치 아니함이 其 原理니라.
> 以上에 말함과 가치 文學의 本領은 純文學이라 하는 詩歌 小說 敍事文 抒情文 等과 雜文學이라 하는 敍述文 評論文 等을 勿論하고[102)]

> 우리가 文學 文學 ᄒᆞ나 果然 엇더ᄒᆞᆫ 學問이 文學인가? 小說이 文學인

---

100) 그러나 여전히 문제로 남는 것은 비평 혹은 평론으로서의 '논문'의 정체성이다. 어쩌면 1910년의 이광수가 문학을 폭넓게 이해하고 문예를 그 하위개념으로 인지한 것이 논리적으로는 더 타당할 수도 있겠다는 판단이다. 논문이 문학의 일반을 이룬다고 할 만큼 이광수에게 비중 있게 인식되었다면 문학과 그 하위 개념으로서의 문예, 문예학을 체계적으로 정리할 수 있지 않았겠는가 하는 생각이 들기 때문이다.

101) 최두선, 「문학의 의의에 관하야」, 『학지광』, 1914.12, 26면.

102) 안확, 「조선의 문학」, 『학지광』, 1915.7, 64면.

가? 詩가 文學인가? 或은 歌詞가 文學인가? 우리가 小說詩가 文學됨은 能히 了解ᄒᆞ나, 엇지홈으로써, 이것들이 文學됨은 아지 못ᄒᆞᄂᆞᆫ 바이로다.[103)]

1910년대 초 · 중반의 문헌들에서 발견할 수 있는 것은 당시의 지식인들이 문학이라는 대상에 대해 그 이해의 수준을 따지기에 앞서 문학의 양식적 접근을 시도하고 있거나 최소한 문학양식의 개념을 인지하고 있다는 점이다. 위 인용문의 내용은 1910년대의, 위 논자들을 포함한 문인 혹은 문학도, 문학 독자들에게서 어느 정도 광범위하게 이러한 인식의 방법이 공유되고 있었다고 볼 수 있는 근거이다. 문학의 개념에 대해 지속적으로 논의하고 나름대로 그것을 정립하려는 노력은 곧바로 뒤를 이어 구문학과 신문학의 비교 검토로 나아가게 되는데, 이때 구문학이란 전통적이고 동양적인 것으로 신문학은 서구적인 것으로 별다른 고민 없이 받아들여지는 예가 허다하게 발견된다.

문제는 이들이 바라고 요구한 신문학이 아직 뚜렷하게 텍스트화되어 나타나지 않았다는 점에 있었다. 이들이 논의한 '새로운 신문학'[104)]으로서의 조선 작품은 아직 이들 앞에 나타나지 않은 미확인의 존재였던 것이다. 따라서 1910년대의 문학 논자들이 주장한 새로움은 작품으로서 검증될 수 없었고, 앞으로 창작되어야 할 이상 속의, 미정형의 텍스트로 존재했다. 또한 각 논자별로 서구문학 혹은 일본문학 텍스트의 어떤 부분에 착목하였느냐에 따라 그들이 희망한 이상적 텍스트의 새로움은 각각 다른 성격을 띠고 있었다.

그러나 무엇보다도 '문학이란 무엇인가'라는 논의가 지속적으로 전

---

103) 백대진, 「문학에 대한 신연구」, 『신문계』, 1916.3, 11~12면.

104) 이전에 언급했듯이 구문학과 신문학을 비교하는 근대 초창기의 글들은 세심하게 구분하여 논의되어야 한다. 특히 신문학의 새로움에 관해서는 무엇에 대비되는, 어떤 새로움인가를 꼭 따져 봐야 한다. 1900년대의 박은식, 신채호 등이 요구한 새로움과 1910년대에 문학 개념 정립을 시도하던 논자들이 요구한 '새로운 새로움'은 전혀 다른 의미체계를 가진다.

개되었다는 것은 그것 자체만으로도 큰 의미를 지닌다. '문학'을 하나의 양식으로 볼 때와 계몽의 도구 정도로 인식할 때의 시각 차이는 대단히 클 수밖에 없다.

문학을 양식의 개념으로 이해한다는 것은 논의 혹은 서술의 과정에서 '문예'의 의미를 어느 순간부터 이미 내포하고 있었던 것이라고 바꾸어 말할 수 있으며, 이 때 그 상위 개념은 학문이 아닌 예술이 된다. 소설로 국한하여 정리한다면 예술의 한 양식으로서의 문학이 있고 그 하위 개념으로서의 소설이 시, 희곡 등과 함께 동일한 층위에 정렬되는 것이다.

'소설이란 무엇인가'에 대한 논의가 직접적으로 전면화되어 문제제기된 예는 1910년대 초·중반까지의 문헌을 살펴볼 때 사실상 드물다고 하겠지만, 위 논의들을 분석하는 과정에서 자연스럽게 추출되는 항목들이 있을 것이며, 이는 당대 작가 및 비평가들의 전반적인 소설 개념 인식이 어떠한 전개 양상으로 드러나는지 추적하는 작업으로 이어져야 할 것이다. 그러면 소설이라는 양식에 대한 성찰과 보고가 이루어진 성과는 곧 창작방법으로 드러나는 바,[105] 이를 어떤 의미로 해석할 것인가의 문제가 뒤따르게 된다.

창작방법이 누군가에 의해 제기되고 뒤이어 토론되는 과정이 있었다는 것은 이미 문학을 상위개념으로서의 예술 중 하나의 양식의 개념으로 이해하고 또한 그 하위 개념으로서 소설을 인식하고 있었다는 증거이다. 그렇다면 '소설이란 무엇인가' 류의 논문은 '문학이란 무엇인가' 류의 논문처럼 그것의 개념을 알아 가는 과정에서 제출된 것이 아니라, 뚜렷한 주관이 성립된 이후 정리된 형식으로 제출된 것이다.

즉 '소설'이라는 용어가 기존에 쓰이고 있었더라도 문학 양식으로서의 '소설'론은 여타의 하위 문학 장르와 비교를 통해 구체화되었다. 그

105) 효종이라는 필명으로 현철이 정리한 「소설개요」(『개벽』, 1920.6), 「소설개요(續)」(『개벽』, 1920.7)이 바로 그 적확한 예이다.

러므로 1910년대 이후의 문학론이 의미하는 소설은 신소설과 차별되는 근대 기획의 하나로 설정된 것이다. 여기서의 새로움은 전근대적 교훈주의 등에서 탈피한 양식적 '근대'소설의 존재를 목표로 삼을 때 발생하며, 그러므로 소재나 주제, 모티프 따위의 현재성 등에 기초적으로 기반해 있던 '전에 없던 이야기'로서의 신소설이 보여준 새로움과는 다르다.

3-1-2. 신/구 대립구도의 계승과 전망의 유예를 통한 상승구조

앞의 2장 1절에서 서술하였듯 신소설의 작법은 전통 서사의 틀을 이어받고 있었으며 그것에 전에 없던 담론체계와 모티프를 가미함으로써 일정하게 새로운 면모를 드러냈다. 다시 한 번 확인하여 두어야 할 점은 이러한 신소설 작품 및 그것에서 드러나는 작법은 서구의 문예이론이 공론화되거나 정착되기 이전에 이미 일정한 얼개로 형성되었다는 사실이다. 이렇게 형성된 신소설의 작법은 1910년대 이후 본격적으로 소개되기 시작한 서구의 문예이론과 때로는 갈등하고 때로는 그에 영향 받으면서 변화할 기미를 보이지만, 신세대 비평가나 작가들에게 부정되기는 했을지언정 쉽사리 극복되지는 않았다.

이해조의 『화의 혈』 서언과 후기, 『탄금대』 후기 등은 자신의 작법에 대해 스스로 고민하고 속내를 드러낸 자료라기보다는 문단을 잠식하기 시작한 서구 근대적 소설이론과 그에 반응하여 변화의 조짐을 보이는 독자들을 의식한 근거 자료로 읽힌다.

> 무릇 쇼셜은 뎨ᄌᆡ가 여러 가지라 한가지 젼례ᄅᆞᆯ 들어말ᄒᆞᆯ슈업스니 혹 졍치ᄅᆞᆯ 언론ᄒᆞᆫ자도잇고 혹 졍탐을긔록ᄒᆞᆫ자도잇고 혹 샤회ᄅᆞᆯ비평ᄒᆞᆫ자도잇고 혹 가졍을경계ᄒᆞᆫ자도잇스며 기타 륜리 과학교제등 인셩의 쳔ᄉᆞ만ᄉᆞ즁 관계 안이되ᄂᆞᆫ자이업ᄂᆞ니 샹쾌ᄒᆞ고 악착ᄒᆞ고 슯흐고 즐겁고 위ᄐᆡᄒᆞ고 우

슌것이모도다 됴흔ᄌᆡ료가되야 긔자의붓ᄭᅳᆺ을ᄯᅡ라 ᄌᆞ미가진진ᄒᆞᆫ쇼셜이되나 그러나 그 ᄌᆡ료가 ᄆᆡ양 옛ᄉᆞᄅᆞᆷ의 지나간자최어나 가탁의 형질업ᄂᆞᆫ것이 열이면 팔구ᄂᆞᆫ되되 근일에 져슐ᄒᆞᆫ 박정화 화세계 월하가인등 슈삼죵 쇼셜은 모다 현금의잇ᄂᆞᆫ사ᄅᆞᆷ의 실지샤젹이라 독자졔군의 신긔히 넉이ᄂᆞᆫ 고평을 임의 만히엇엇거니와 이졔 또 그와ᄀᆞᆺ튼 현금사ᄅᆞᆷ의 실젹으로 화의혈(花의血)이라ᄒᆞᄂᆞᆫ 쇼셜을ᄉᆡ로 져슐ᄒᆞᆯᄉᆡ허언랑셜은 한구졀도 긔록지안이ᄒᆞ고 뎡녕히잇ᄂᆞᆫ 일동 일졍을 일호차착업시 편즙ᄒᆞ노니 긔자의 ᄌᆡ됴가 민쳡지못ᄒᆞᆷ으로 문쟝의광ᄎᆡᄂᆞᆫ 황홀치 못ᄒᆞᆯ지언졍 ᄉᆞ실은 젹확ᄒᆞ야 눈으로 그사ᄅᆞᆷ을보고 귀로 그ᄉᆞ졍을듯ᄂᆞᆫ듯ᄒᆞ야 션악간 쪽히밝은거울이 될만ᄒᆞᆯ가ᄒᆞ노라 (『화의 혈』 서언, 1면)

긔쟈 왈 소셜이라 ᄒᆞ는 것은 ᄆᆡ양 빙공착영(憑空捉影)으로 인졍에 맛도록 편즙ᄒᆞ야 풍쇽을 교졍ᄒᆞ고 샤회를 경셩ᄒᆞ는 것이 뎨일 목뎍인 즁 그와 방불ᄒᆞᆫ 사ᄅᆞᆷ과 방불ᄒᆞᆫ 사실이 잇고 보면 ᄋᆡ독ᄒᆞ시는 렬위 부인 신ᄉᆞ의 진진ᄒᆞᆫ ᄌᆞ미가 일층 더 ᄉᆡᆼ길 것이오 그 사ᄅᆞᆷ이 회ᄀᆡᄒᆞ고 그 ᄉᆞ실을 경계ᄒᆞ는 됴흔 영향도 업지 안이ᄒᆞᆯ지라 고로 본긔쟈는 이 쇼셜을 긔록ᄒᆞᆷᄋᆡ 스ᄉᆞ로 그 ᄌᆞ미와 그 영향이 잇슴을 바ᄅᆞ고 또 바ᄅᆞ노라(『화의 혈』 후기, 100면)

위에 인용한 이해조의 『화의 혈』 서언과 후기는 이해조가 획득한 신소설 작법의 의의와 한계를 고스란히 드러내 준다. 먼저 서언에서 "현금의잇ᄂᆞᆫ사ᄅᆞᆷ의 실지샤젹"을 "눈으로 그사ᄅᆞᆷ을보고 귀로 그ᄉᆞ졍을 듯ᄂᆞᆫ듯"하게 묘사하여 보리라는 이해조의 표현은 재래의 소설과 신소설을 "재료"(소재)의 차이로써 구분하고 재래의 소설보다 새로워지려는 의욕을 내비친 것이라 할 수 있다. 그런데 문제는 이를 통해 "션악간 쪽히밝은거울"을 의도하고 있다는 데서 생긴다. 이해조가 생각하는 새로움은 형식 및 양식을 기준으로 한 개념이 아니었음이 여기서 드러난다. 소재 및 인물, 배경의 당대성을 의식하고 있었던 것은 이해조가 소설이 시대를 반영하는 양식이라는 기본적 인식을 지니고 있었다는 점을 밝혀 주지만, 글의 앞부분 소설의 체제를 논하면서 역시 소재주의적 발상을 드러내고 있는 것을 보아도 이해조가 새로운 형식을 고안하여 신소설을 양식화하는 데는 관심이 없었거나 노력하지 않았다는 점을 알려 준다.

『화의 혈』의 후기 부분에서 기존 연구자들이 공통적으로 착목한 용어는 "빙공착영"이다. 그런데 이 빙공착영이라는 용어를 두고 소설의 허구성을 인식한 것이라는 결론을 내는 데는 동의할 수 있지만, 이 용어를 전후한 다른 서술들과 관련지어 기초적 리얼리즘 혹은 리얼리티에 대한 이해를 보여 준다는 결론에까지 나아가는 것은 과장된 해석이다. 이해조는 허구로서의 소설을 인정하고 받아들였지만 바로 그 허구적 성격이 근대적 소설 텍스트 안에서 리얼리티 창조의 기반이 된다는 것까지는 생각지 못했다. 다만 이해조에게 허구의 개념이 "허언랑설" 등 부정적 뜻으로보다는 적극적으로 이용해야 할 방법 혹은 도구로서 긍정적으로 인식되었다는 사실만은 그 의의를 인정해야 한다.

무엇보다 위 인용문들을 통해 드러나는 이해조의 한계점은 "긔자", "편즙" 등의 어휘를 통해 드러난다 할 것이다. 이해조는 스스로를 작가 혹은 소설가로 규정하지 않고 현실사회의 사실들을 '편집'하는 '기자'로 규정하였던 것이다.[106)]

> 기자(記者)가 소설을 저술함이 이미 십여재(十餘載) 광음이라. 날로 붓을 들어 수천만 언을 기록함이 실로 지리 신산함을 왕왕 견디기 어려운

106) 이해조가 사용한 기자(記者)라는 용어가 당시 작가의 직업을 의미하는 것은 아니라 해도 사정은 달라지지 않는다. 기자는 즉 기록하는 자이며 창조적 예술인으로서의 근대적 작가와 구별될 수밖에 없는 개념이다. 그렇다면 이해조의 작품은 구성·창작된 텍스트라기보다는 편집·기록된 텍스트로서의 정체성을 가지게 되는 것이다. 근대적 양식 개념으로서의 소설이 허구라는 구성의 원리를 갖는다면 이해조의 신소설이 내포한 '빙공착영'으로서의 허구는 사실을 편집하는 과정에서 삽입되는 '삽화'와도 같은 개념이다.

때가 많으나, 한갓 결심하기를 아무쪼록 힘과 정신을 일층 더하여 악한 자를 징계하고 착한 자를 찬양하며, 혹 직설(直說)도 하며 혹 풍자도 하여 사람의 칠정(七情)에 각촉될 만한 공전절후(空前絶後)의 신소설(新小說)을 저술코자 하나, 매양 붓을 들고 종이에 임하매 생각이 삭막하고 문견이 고루(孤陋)하여 마음과 글이 같지 못하므로 애독 제씨(諸氏)의 진진한 취미를 돕지 모하였도다. 혹자(或者)의 말을 들은 즉, 본 기자의 저술한 바 소설이 취미는 없지 아니하나 매양 허탄(虛誕) 무거(無據)하고 후분(後分)을 다 말하지 아니하는 두 가지 결점이 있다 하나, 이는 결코 생각지 못한 언론이라 하노니, 어찌하여 그러냐 하면 소설의 성질이 눈에 보이고 귀에 들리는 실적만 들어 기록하면 취미도 없을 뿐 아니라 한 기사(記事)에 지나지 못할 터인즉 소설이라 명칭한 것이 없고, 또는 기자의 저술한 소설 삼십여 종이 확실한 소역사가 없는 자는 별로 없으니, 볼지어다. 저 수호지(水滸誌), 삼국지(三國誌), 서상기(西廂記) 등의 유명한 중국소설(中國小說)이며, 불여귀(不如歸), 곡간앵 혈루(血淚) 등의 기절한 내지(內地) 소설이 모두 후분(後分)을 역력히 말한 바이 있는가. 이는 주역계사합이 불수의 뜻과 일반이라 꽃을 보매 이울기에 이르지 말라는 말이 아니 있는가. 비록 결사(結事)를 후분까지 지루히 기록치 아니한대도 애독제군의 추상(推想)으로 그 다음 일은 족히 요해(了解)할 줄로 믿는 바이로라. 수삭 동안을 일반 제씨에게 비상한 대환영을 받던 탄금대(彈琴臺)는 이미 기사를 마치고, 차후부터는 소학령이라 하는 탐험소설(探險小說)을 기재코자 하노니 이는 기자가 여러 해 동안을 보고 듣던 현재의 사적(事蹟)이라, 필법의 용록함을 용서하고 사실의 기괴(奇怪)함을 착미(着味)하시오.(『탄금대』 후기 전문)

신소설의 작가인 자신을 '기자'로 규정하는 이해조의 인식 태도는 『탄금대』 후기에서도 이어진다. 이해조의 생각에 자신이 쓴 삼십여 편의 소설은 "저술"한 책이며, 그 저술의 목적은 여전히 텍스트의 형식과 관련되어 드러나지 않는다. 현재의 사적을 기록함으로써 독자에게 흥미와 교훈을 주어야 한다는 소설관도 다시 한 번 반복되고 있다. 단 소설이 기사와는 다른 것이라는 혹은 달라야 한다는 주장이 더해져 있으며, 소설이 기사와 구분되는 근거로는 사실과 실적이 서사의 근간을 이루기는 하되 그것 자체일 수는 없다는 점을 주장하고 있다.

전장에서 간략히 언급하였지만 독자에 의해 지적된 이해조 소설의 두 가지 결점은 첫째 '허탄무거함', 둘째 '후분을 다 말하지 않음'으로 요약된다. 전자를 근대적 양식으로서의 소설을 내면화시킨 독자들의 비판으로 판단할 수 있다면, 후자는 반대로 전근대적 이야기 방식에 익숙한 독자들이 토로했을 법한 비판의 내용이다.

이처럼 신소설을 읽는 독자들의 성격은 문학에 대한 이해의 수준과 관점에 따라 양 갈래로 혹은 다양한 층위로 구분되어 있었다고 추측할 수 있다. 이해조가 소설을 쓰면서 어떤 성격의 독자층을 염두에 두었는지 분명히 알 수 없으나 비단 이해조가 아니더라도 모든 계층의 독자를 만족시키는 작가와 작품은 존재하기 힘든 사정이었음이 분명하다.

그렇다면 1910년 「소설의 가치」를 통해 서구적 문예이론의 기본 지식을 과시하고 1916년 「문학이란 하오」에서 보다 구체화시킨 이광수의 소설세계는 전대의 신소설과 비교하여 어떠한 형식적 질서를 보여주고 있는지 검토해 보겠다.

이광수의 『무정』이 보여주는 이전 소설과의 공통점은 영웅 서사에 비견될 만한 행동소설의 구조를 가진다는 점이며, 양자의 차이점은 영웅적 인물이 소거되었다는 점에서 발견된다.[107] 그런데 이 때 영웅적 인물이 소거되었다는 말은 영웅적 인물로 상정될 만한 인물이 존

---

107) 송하춘, 『1920년대 한국소설연구』, 고려대학교 민족문화연구소, 1985 참조.

재하므로 제시될 수 있는 판단이요 해석이다. 『무정』이라는 소설의 구조 속에서 영웅적 인물의 위치에 놓이기는 하되 영웅으로서의 자질과 성격은 지니지 못하는 인물이 바로 영채 그리고 형식이다.

그런데 여기서 먼저 짚고 넘어가야 할 사실은 영웅형 인물의 계보에 놓이나 영웅으로서의 자질은 약화되거나 소멸된 인물의 예가 『무정』에서 처음 드러나는 것은 아니라는 점이다. 『혈의 루』의 경우만을 예로 들더라도 '옥련'을 영웅형 인물의 계보에 놓을 수 있을 것이며 또한 영웅적 자질과 성격이 거세된 면모를 보이는 인물로 해석할 수 있을 것이다. 즉 고난과 극복의 반복을 통해 의식과 역량의 성장을 이루고 결말 부분에서 권징주의의 주제를 체현하는 인물은 로망의 시대로부터 근대에 가까워지는 동안 계속해서 새로운 작품 속에 재창조되었으며 그 영웅적 힘의 박탈은 조금씩 천천히 이루어졌다고 보는 편이 온당할 것이다.

『무정』에서 '형식'이라는 인물이 가장 두드러져 보이는 이유는 그가 여성인물인 선형과 영채의 사이에서 '선택하기 위한 갈등'을 겪는 존재이기 때문이다.108) 외모, 성격 등의 자질로 판단할 때 선형과 영채는 전대 소설의 선인형 주인공으로 적당하리만큼 독자들을 향해 긍정적으로 제시되어 있다. 이러한 긍정적 성격의 두 여성 인물 사이에서 겪는 갈등이라는 상황 설정 자체가 1917년 이전의 신소설에서는 쉽게 찾아 볼 수 없는 흥미로운 구도다. 이광수는 『무정』에서 주인공뿐만

108) 『무정』의 형식과 비슷한 선택의 상황에 놓여 있었던 인물로 『흙』의 허숭을 겹쳐 생각하면 어떤가. 정선과 유순 각각의 자질과 성격을 시대 상황 속에서 해석하고 허숭의 선택을 의미화한다면 허숭은 형식이 가지 않은 길을 밟아 간 사람이며, 따라서 『흙』은 『무정』의 네거티브 필름으로 비유될 수 있는 작품이다. 김동인의 『약한자의 슬픔』에 등장하는 엘리자벳트에게 남작과 이환이란 어떤 의미를 가진 존재인가, 한설야의 『황혼』에 등장하는 여순에게 경재와 준식은 각각 어떤 의미를 띠는 존재인가를 따져 보는 일은 작품의 주제와 작가의 당대 인식 태도를 묻는 일과 직결될뿐더러 『무정』 이후 지속적으로 변주된 하나의 작법의 흐름을 계보화시키는 작업이기도 하다.

이 아니라 독자로서도 쉽게 판단하고 선택할 수 없는 갈등의 상황을 만들어낸 것이다.

누가 보아도 당연하다 싶은 선택의 순간에서 긍정적 판단과 선택을 한 인물에게는 축복을, 부정적 판단과 선택을 한 인물에게는 재앙을 주는 텍스트에서 독자의 흥미와 기대는 사필귀정의 결말에 미리 다가가 있기 마련이다. 그러나 『무정』은 당대의 독자들에게 어느 지점으로 귀결될지 알 수 없는, 무엇이 더 온당한 결정인지 쉽게 판단할 수 없는 선택의 상황을 간접 경험할 수 있게 하였다.

『무정』과 같은 작품이 보여준 갈등의 상황이 둘 중 하나의 선택으로 이어지고 그 선택의 결과가 작가의 세계관 및 주제와 관련되는 것이라면[109] 독자의 입장에서는 작가가 제시하려는 주제를 미리 짐작하기 어려운 상황에 놓이게 된다. 즉 독자가 미리 알고 함께 가는 서사가 아니라 다음 상황을 궁금해 하면서 따라가는 서사가 되는 것이다. 이를 통해 이광수가 자신의 작품에서 이전 소설의 권징주의를 일정하게 지양 극복하고 있다는 판단을 할 수 있다.

범박하게 말하자면 이형식의 선택은 순진한 것이 아니었다. 영채 대신 선형을 결혼의 상대로 선택한 형식의 내면에는 철저히 논리적인 손익계산이 숨어 있었던 것이다. 이해관계를 따짐에 있어 형식의 행동을 부추긴 이면에는 선형과 영채의 성격과 자질 외에 그들의 부친으로 대표되는 신·구의 대립구도가 놓여 있다. 즉 이형식이 선택한 것은 배우자로서의 선형 한 사람이 아니라 그와의 결혼 이후 약속될 것으로 믿어지는 미래이다. 또한 그것을 약속해 줄 수 있는 존재는 김선형이 아니라 그의 아버지 김장로이다.

---

109) 『무정』의 인물 구도와 각각의 관계에 대한 해석은 송하춘, 『1920년대 한국소설연구』(고려대학교 민족문화연구소, 1985)에서 상세하게 다루어졌다. 본 논문은 위 책의 해석에 기본적으로 동의하며 위 책의 내용과 겹칠 수 있는 부분은 분석 과정에서 요약 서술한 후 할애한다.

이 지점에서 김선형이라는 인물은 인형과 같은 존재로 전락하게 된다. 단적으로 표현하자면 김선형은 - 특히 소설의 초반에는 - 이광수가 『무정』을 통해 드러내려는 주제를 위해 기능적인 역할만을 강요당하는 존재이다.

그렇다면 박영채의 경우는 어떤가. 사실 『무정』이라는 작품에서 신소설을 포함한 전대소설의 원리를 고스란히 보여 주는 요소는 박영채를 둘러싼 화소와 삽화에 집중되어 있다.[110] 박영채는 신소설의 여주인공처럼 고난을 받고 그들처럼 구원받는다. 그 구원이 우연한 계기로 이루어진다는 점까지 영채의 서사는 전대소설과 닮아 있다. 만약 이광수가 『무정』의 첫머리에서 이형식 대신 박영채를 등장시켰다면 다른 모든 화소들을 빠짐없이 동원하여 작품을 끝냈더라도 영락없는 통속적 신소설의 모습을 띠고 말았을 것이다. 그만큼 박영채는 전대소설과 『무정』의 수용 계승 관계를 직접적으로 증거하는 인물이며, 그러한 박영채를 중심으로 한 통속적 서사가 이형식이라는 남성인물의 존재로 인해 후경화된다는 점에 『무정』의 당대적 새로움이 있다.

1917년 당시의 독자들의 입장에서 어딘가 익숙한 듯하면서도 영락없이 새로운 『무정』의 세계는 형식을 중심으로 한 근대적 선택의 문제를 모색하는 세대론적 주서사의 흐름과 영채를 중심으로 한 희생제의 구조의 통속적 부서사의 합으로 조직되었다. 『무정』은 그러므로 신소설이 가진 세대론적 서사의 전망 제시의 의도와 희생제의 구조에 의해 작동하는 서사의 통속성을 수렴하고 종합한 텍스트로 자리매김될 수 있다.

'절처봉생'격의 영채의 수난사는 첫 가정교습을 마치고 하숙으로 돌아온 형식과 그를 찾아온 영채가 만나는 자리에서 영채의 목소리를

110) 물론 형식도 영채의 상황을 방불케 하는 고난과 시련의 세월을 살았던 것으로 요약 제시되지만, 그 내용은 분량 혹은 비중 면에서 영채의 그것을 넘지 못한다고 할 것이다.

통해 재현된다. 어려서 서로 헤어진 후 7년 만에 만나 영채는 그간의 고생담을 형식에게 들려주는 것이다. 영채가 들려주는 이야기는 신소설 한 편의 전반부를 그대로 축소해 놓은 것이나 다름없다. 그런데 이를 듣는 형식의 반응이 자못 흥미롭다.

1) 형식은 영채의 기구한 운명을 듣고 자기의 어렸을 때에 고생하던 것에 대조하여 한참 망연하였었다. 영채는 그 악한에게 붙들려 장차 어찌 되려는가. 그 악한은 영채의 어여쁜 태도를 탐하여 못된 욕심을 채우려 하는가. (…생략 - 인용자…) 그 곱게 다스린 눈썹과 이마와 몸에서 나는 향수 냄새가 아무리 하여도 아직도 순결한 처녀같이 보이지 아니한다. 형식은 영채에게 대하여 갑자기 싫은 마음이 생긴다.[111]

2) 형식은 영채의 말을 듣고 얼마큼 안심이 되었다. 영채의 얼굴을 다시금 보매, 새삼스럽게 정다운 마음과 사랑스러운 생각이 난다. 지금까지 영채의 절행을 의심하던 것이 죄송스럽다 하였다. (…생략 - 인용자…) 옳다, 은혜 많은 내 선생님의 뜻을 이어 영채와 부부가 되어 일생을 즐겁게 지내리라 하였다. 그러고는 자기와 영채가 부부 된 뒤에 할 일이 눈앞에 보인다. (…생략 - 인용자…) 그러한 후에 나는 일변 교사로, 일변 저술로 돈을 벌어 깨끗한 집을 짓고, 재미있는 가정을 이루리라. 내가 저녁때에 일을 마치고 집에 돌아오면 영채는 나를 기다리고 기다리다가 내가 오는 것을 보고 뛰어나오며 내게 안기리라. 그때에 우리는 서양 풍속으로 서로 쓸어안고 입을 맞추리라. 그러다가 이윽고 아들이 나렷다. 영채와 같이 눈이 큼직하고 얼굴이 둥그스름하고, 나와 같이 체격이 튼튼한 아들이 나렷다. 그 다음에 딸이 나렷다. 그 다음에는 또 아들이 나렷다. 아아, 즐거운 가정이 되렷다.(『무정』, 43~44면)

111) 이광수, 『무정 外(한국소설문학대계 2)』, 동아출판사, 1995, 38면. 이후 『무정』의 작품 인용은 같은 책의 페이지 수만을 밝힌다.

인용문 1)은 이야기를 듣던 도중 영채가 정조를 잃을 위기상황에 놓였던 것을 알고 난 후의 형식의 반응이며, 그런가 하면 인용문 2)는 그 위기로부터 탈출하여 온전히 순결을 지켰음을 알아차리고 난 후의 형식의 반응이다. 형식이 영채를 응시하고 가치를 판단하는 눈은 작품의 전체를 일관하여 그의 순결 여부에 집중되어 있다. 영채를 버리려고 할 때는 제 마음대로 그가 순결하지 않으리라 추측하고 과거의 은혜와 정이 상기되면 위기 탈출을 돕는 구원자가 되리라 결심하는 것을 형식은 무수히 반복하는 것이다.

아무튼 재미있는 것은 영채가 들려준 수난사와 그것을 듣고 난 후 형식의 즐거운 상상을 더하면 한 편의 통속적 신소설의 스토리가 완성된다는 것이다. 물론 영채의 수난사는 이날 형식이 들은 부분의 전후로 더 폭넓게 전개되는 것이지만, 그 모두를 더하여 놓더라도 형식과 이미 상봉한 이상 행복한 가정생활이 보장되는 결말을 더하기만 하면 해피엔딩의 통속적 텍스트는 완성되는 셈이다.

그러나 결국 형식은 영채를 선택하지 않았다. 어쩌면 『무정』이라는 장편소설의 분량을 대부분 잠식하고 있는 것은 어째서 형식이 영채를 버려야 하는지에 대해 변명하는 혹은 합리화하는 내적 독백이다. 그리고 그것이 바로 작가 이광수의 당대 인식 및 작품의 주제와 연관됨은 물론이요, 작품의 제목인 『무정』이 어떤 의미를 갖고 있는지를 풀 수 있는 열쇠이기도 하다.

영채뿐만이 아니라 『무정』에 등장하는 여러 인물들은 전대 신소설의 인물들과 많이 닮았다. 영채의 아버지 박진사에게서 『빈상설』의 이승지를 떠올리는 것은 결코 무리가 아니다. 박진사는 형식을 이승지의 아들 승학처럼 가르쳤고 영채를 이승지의 딸 난옥처럼 가르쳤다. 영채가 박진사에게서 배운 것은 '「소학」과 「열녀전」과 「시경」'이었다.

또한 박진사에게서 구식 교육을 받은 영채의 의식과 행동은 『화의혈』의 선초를 방불케 한다. 아버지를 구명하기 위해 자신을 팔 결심을 하기까지 영채의 의식을 지배한 자기 합리화 논리는 전근대적 효의 덕목에서 더 이상 가감할 것이 없다. 또한 그 한 번의 잘못된 선택이 평생을 그르치고 결국은 희생양적 존재로 전락하고 마는 것도 익숙히 보아온 이전 신소설 텍스트의 문법이다.

물론 영채는 작가에 의해 병욱이라는 또 다른 구원자를 만나 '새 사람'으로 거듭난다. 그러나 형식에 의해 버려지는 순간 박진사의 딸 영채는 이미 죽은 것이나 다름없다. 즉 작가와 독자가 동참하여 치른 희생제의는 이미 완료되어 버리는 것이다. 여기서 또한 주목할 것은 '월화'와 '계향'이라는 선·후배 기생들이다. 영채는 기생이 된 후 선배인 월화를 역할 모델로 삼는다. 월화는 기생답지 않게 진취적 성격을 가졌으며 애국계몽을 주제로 한 강연회에 참석하는 등 자신을 선각자로 자처할 줄도 알았다. 그런데 영채가 월화를 흠모하고 곁에 있으면서 그에게서 배운 것은 결국 '정조관념'일 뿐이었다.

> 영채는 곧 평양으로 내려갈 결심을 하였다. 몸을 던져 세상을 버릴진대 사랑하던 '월화 형님'의 몸을 던지던 대동강을 찾아가려 하였다. 평양에 가 우선 북망산에 아버지와 월화의 무덤을 찾아 그 동안 지내 오던 정회나 실컷 말하리라 하였다. 부친은 내가 기생 되었다는 말을 듣고 죽었으니 무덤에나마 가서 내가 기생으로 몸을 판 것은 부친과 두 형제를 구원하려 함임과, 기생이 된 지 육칠 년에 부친의 혈육을 받은 이 몸을 다행히 더럽히지 아니하였음과, 부친께서 이 몸을 허하신 이형식을 위하여 지금껏 아내의 절행을 지켜 온 것을 말하고, 죽은 후에 만일 영혼이 있거든 생전에 섬기지 못하던 한을 사후에나 풀리라 하였다. 만일 부친이 극락에 가셨거든 극락으로 찾아가고, 만일 지옥에 가셨거든 지옥으로 찾아가리라 하였다.
>
> 월화의 부탁을 나는 지켰다. 나는 세상에 섞이지 아니하고 내가 생각하는 사람을 위하여 육칠 년간 고절(苦節)을 지켰다. 나는 월화가 하다가 남겨 둔 생활을 하였다. 나는 이제 네게로 돌아간다 하리라.(『무정』, 112~

113면)

영채는 자신이 "월화가 하다가 남겨 둔 생활을 하였다"지만 『화의 혈』의 선초가 남긴 삶을 살다가 결국은 승리를 쟁취한 동생 모란처럼 되지는 못하였다. 그것은 월화의 삶을 무의미하게 반복한 것이거나 어쩌면 월화가 획득한 현실 인식에도 미치지 못한 퇴행적 면모로 해석될 수밖에 없다.

이와 관련하여 작가가 영채의 뒤를 좇아 평양으로 향한 형식에게 계향이라는 어린 기생을 만나게 한 것도 의미심장하게 읽힌다. 형식은 계향을 만나고 난 후 영채 때문에 생긴 근심을 완전히 벗고 기쁨조차 느끼는, 독자로서는 쉽게 이해하지 못할 심리상태에 빠진다. 자세히 살펴보면 형식이 계향에게서 느끼는 기쁨의 원천은 다름 아닌 '젊음', '살아 있음'임을 알 수 있다.

> 형식은 그 무덤 밑에 있는 불쌍한 은인의 썩다가 남은 뼈를 생각하고 슬퍼하기보다 그 썩어지는 살을 먹고 자란 무덤 위의 꽃을 보고 즐거워하리라 하였다. 그는 영채를 생각하였다. 영채의 시체가 대동강으로 둥둥 떠나가는 모양을 생각하였다. 그러나 형식은 슬픈 생각이 없었고, 곁에 섰는 계향을 보매 한량없는 기쁨을 깨달을 뿐이다.(『무정』, 199~200면)

죽은 은인은 과거의 존재요, 젊은이는 미래를 살아야 한다. 죽은 영채가 "썩어지는 살"이라면, 살아 있는 계향은 "무덤 위의 꽃"이다. 그토록 쉽게 영채를 단념할 수 있었던 형식의 내면에는 영채를 과거의 인물로 소급시켜 전근대라는 무덤 속에 매장하려는 의도가 숨어 있다. 비록 그것이 무정한 일이기는 하나 미래를 살아갈 신세대에게서 전망을 찾을 수밖에 없다는 논리이다.

그렇다면 『무정』의 영채는 월화라는 또다른 선초를 극복한 '모란과 같은 존재'가 되지 못하고, 계향이라는 또다른 모란에 의해 구시대로 밀려난 '선초와 같은 존재'가 된다.

『무정』의 세대론은 구시대적 인물로서의 영채를 평양으로 쫓아내면서 거의 완성되었다. 그러나 작가는 죽으러 간 영채를 다시 살려 재생의 길을 열어 주었다. 조선의 젊은이들을 대표하는 형식과 선형, 영채, 병욱, 우선 등은 막 알에서 깬 애벌레와 같은 존재이다. 날개를 달고 날아오르기 위해 그들은 미국으로, 동경으로 유학을 떠났다. 분명한 것은 그들이 아직 돌아오지 않았다는 사실이며, 그들이 돌아온 조선이 밝고 희망찬 곳으로 변하리라는 것은 미래에 가능한 일이거나 작가의 이상 속에서 가능한 일이라는 것이다.

형식은 영채에 대해 무정했다. 영채에게 무정해야만 미국으로 갈 수 있었기 때문이다. 영채에로 향하는 욕망의 이끌림을 끝내 숨기고 미국행을 택한 것은 행복한 가정생활이라는 고전적 가치를 포기하고 근대라는 새로운 물결에 도전하기 위해서였다. 결국 그것은 형식에게만 주어진 사명이 아니라 당대의 젊은이 모두에게 주어진 사명이었다고 작가는 결말 부분을 통해 암시하고 있다.

『혈의 루』의 결말 부분을 다시 한 번 상기할 필요가 있다. 옥련이 모국으로 돌아오지 못한 이유는 무엇인가. 옥련은 어째서 무정하게 어머니를 홀로 돌려보내고 아버지의 곁에 남는 것을 선택하였는가. 이와 같은 질문을 던지다 보면 『혈의 루』의 옥련이나 『무정』의 형식이나 비슷한 상황에 놓인 존재라는 것이 드러난다. 옥련과 형식이 무정하게 작별을 고한 상대는 즉 지나간 세대와 시대이며, 그들이 선택한 것은 앞으로 다가올 새 세대와 시대의 약속이다.

『혈의 루』의 옥련이 감당해야 했던 가엾은 처지는 어째서 10년 이상이 지난 후에 『무정』의 형식에게 다시 한 번 재현되었을까. 만약 『무정』의 시대가 개화된 시대가 아닌 개화를 요구하는 시대였다면 10여 년 전 『혈의 루』의 시대 또한 개화를 요구하는 시대이다. 『혈의 루』의 옥련 세대가 공부를 마치고 미국에서 돌아와 새로운 사업을 전개하고 있어야 할 『무정』의 조선은 10년 전이나 다름없이 개화를 기다리는 시대 속에 남아 있는 것이다.

옥련이 눈물을 머금고 무정한 행동을 보일 수밖에 없었던 상황은 형식과 그의 세대들에게 고스란히 유전되었다. 옥련처럼 형식도 무정할 수밖에 없는 상황이다. 달리 말하면 형식이 희망한 유정한 시대는 그로부터 10년 후에도 오지 않을 가능성이 농후하다. 10년 후의 또 다른 옥련과 형식이 당대적 가치를 위해 무정한 선택을 하는 상황이 재현되지 않으리라는 보장이 없다.

근대는 그만큼 낭만적으로 과장되었고 인물의 욕망은 근대의 가치를 위해 은폐될 수밖에 없었다. 이광수는 『무정』의 시대를 무정한 시대라고 말하였지만, 사실은 무정한 시대가 아니라 무정이 요구되는 시대였던 것이다.

3-2. 교훈주의 극복과 근대적 소설 작법의 형성

3-2-1. 요소적 작법론의 정립

전대의 이야기 문학으로부터 신소설로 이어지고 이광수의 작품을 통해 수렴된 작법의 체계에 누구보다도 크게 반발한 사람은 김동인이다. 그러나 역설적으로 김동인만큼 기존의 작법에 크게 영향 받은 사람도 찾아보기 어려울 것이다. 이인직의 시대와 이광수의 시대를 자신이 등장하기 이전 근대 소설사의 전부라고 자신 있게 이야기한 김동인의 소설세계는 자신이 인정한 유이한 선배였던 이인직, 이광수의 영향을 받지 않을 수 없었다.

이광수가 이인직으로 대표되는 신소설, 그리고 전대 소설의 구조와 형식을 수렴하고 그것에 새로운 갈등의 구도를 더하는 것으로 소설 - 특히 장편소설 - 창작을 지속하였다면, 김동인의 갱신 의도와 노력은 비판과 부정으로 점철되었다는 점에서 대비된다. 그런데 이 비판과 부정이 - 시종을 일관한 것은 아니라 할지라도 - 건전한 극복 노력으로 드러났다기보다는 이광수의 선행 작품을 비틀어 내놓는, 일종의 위악적 태도를 수반하고 있다고 보인다는 점을 지나치기 어렵다. 또한 이 같은 태도, 혹은 새로 얻은 작법의 수준에 대한 가치판단을 일단 뒤로 미룬다면 김동인이 최초로 시도한 장편소설의 작법은 이광수의 그것을 - 부정적으로라도 - 계승한 결과라는 판단에 이를 수 있다.

김동인이 스스로 주재한 동인지 『창조』의 창간호에 『약한 자의 슬픔』을 발표한 것은 1919년 2월이었다.[112] 『무정』의 『매일신보』 연재가 끝난 뒤 2년이 채 되지 않은 시기이다. 김동인은 『창조』 창간호의 후기에 "아직까지 세계상에 있는 모든 투의 이야기"와 다른 묘사법과 작법으로 『약한 자의 슬픔』을 썼다고 기개에 찬 발언을 한다. 그러나 몇 년이 지나지 않아 스스로 『약한 자의 슬픔』이 실패작임을 인정하고 만다. 실패의 이유는 다음과 같이 설명되고 있다.

> 나는 이전 엇던 作品에서, 事件과 人物과 背景의 構案이 全部 긋난 뒤에 그 作의 女主人公의 自殺로서 結末을 맷기로 하고, 붓을 잡은 일이 잇다. 엇던 雜誌에 2回에 난호아 發表를 한 것인데, 第1回에 벌서 女主人公의 自殺과 밋 그 方法이며, 場所까지 暗示하여 노앗다. 그러나 第2回재, 正確히 그 事件을 그려 나아가는데 따라서, 처음에 '自殺은 너무 잔혹지 안나'하는 생각이 낫다. 붓이 進陟되자 그 생각은 차차 더하여, 마츰내 나는 그 主人公을 죽이지 못하엿다.[113]

112) 『약한 자의 슬픔』은 『창조』의 창간호와 제2호에 나뉘어 실렸다.
113) 김동인, 「소설작법」, 김치홍 편, 『김동인 평론전집』, 삼영사, 1984, 41면. 이후 「소설작법」의 텍스트 인용은 같은 책의 페이지 수만을 밝힌다.

"엇던 作品"이 『약한 자의 슬픔』일 것임은 이후 서술 내용을 보아 쉽게 짐작될 수 있는 사항이다. 『약한 자의 슬픔』이 실패한 것은 처음에 구상한 대로의 결말 처리가 되지 않은 때문이며, 결말 처리가 예상을 벗어난 것은 작가 자신이 여주인공을 "죽이지 못하엿"기 때문이다. 흥미로운 사실은 이 같은 자기비판이 같은 글에서 수행된 『무정』 비판의 내용과 닮았다는 점이다.

> 春園은 『無情』을 처음 腹案할 때에, 그 大團圓을 正確히 構案하야 두지 아녓든 듯십다. 그는 엇더케 『무정』을 매즐지 망개인 形蹟이 잇다. (…생략 - 인용자…) 春園은 그 作品 속의 人物을 너무 액겻다. 적어도 두세 사람은 죽여버리지 안으면 團圓이 안 될 것을(「소설작법」, 38면)

김동인이 진단한 이광수의 실책이 자신의 작품에도 적용되는 것임을 토로하는 셈이다. 어린 시절 이인직의 『귀의 성』을 읽고 여주인공의 죽음을 동정하기는커녕 작가의 용기에 감탄하던 김동인이기에 이 고백은 더욱 통렬한 자기비판으로 읽힌다.

이쯤에서 김동인이 생각한 작법의 실마리를 얻어 그의 의도가 성공한 부분과 실패한 부분을 추출하고 그가 꿈꾼 이상적 소설 텍스트의 모습을 구성해 볼 수 있을 것이다. 그런데 전절, 전 항목에서 분석한 작가들의 경우 자신의 소설론이나 작법이 전면적으로 드러난 비평적 텍스트를 찾기 어려운 반면에 김동인의 경우는 「소설작법」이라는 예각화된 시각과 범주의 평론이 남아 있으므로 이를 다루어 보고자 한다.

그런데 이에 앞서 현철의 「소설개요」[114]를 먼저 살펴볼 필요가 있

114) 효종(曉鐘) 현철(玄哲)의 소설 및 희곡론은 「소설개요」(『개벽』, 1920.6), 「소설개요(續)」(『개벽』, 1920.7), 「현당독폐」(『개벽』, 1920.8~1921.3) 순으로 『개벽』지를 통해 지속된다. 「소설개요」와 「소설개요(續)」은 소설창작 일반론을, 「현당독폐」는 소

다. 「소설개요」는 우리 소설 비평사에서 요소적 작법론[115)][116)]이 체계적으로 정리된 첫 번째 글이기 때문이다. 또한 「소설개요」는 '요소적 작법론'이라는 개념과 상관없이 '소설'이라는 갈래에 한정하여 포괄적 논의를 선보인 첫 번째 글로도 의미 있다. 그럼에도 불구하고 현철이라는 문인이나 「소설개요」가 후대의 연구자들에 의해 적극적인 분석・연구의 대상이 되지 못한 것은 첫째 현철의 문학 활동이 1920년대 초반에 집중되다가 갑자기 사라져 버린 때문이며, 둘째 그의 글들이 내보이는 관심사가 희곡과 소설이라는 양 갈래로 나뉘어 있기 때문이며, 마지막으로 「소설개요」가 현철 자신의 독창적인 견해라고 판단하기 어려운 면이 있기 때문이다.[117)]

설연구법, 희곡론, 문학의 일반적 특성 등을 다루고 있다. 그러므로 본 논문에서는 「소설개요」와 「소설개요(續)」을 주요 분석 대상으로 삼는다.

115) 주제・구성・문체로 나누어지는 소설의 3요소, 인물・사건・배경으로 나누어지는 소설구성의 3요소에 입각하여 소설을 이론적으로 해명하는 개론적 설명틀에 대해 김재영은 '요소적 접근법'이라 잠정적으로 명명하였다.(김재영, 「한국 근대소설 논의의 추이와 이태준」, 문학과사상연구회, 『이태준 문학의 재인식』, 소명출판, 2004, 121면 참조.) 현철의 「소설개요」와 그 속편은 소설의 작법을 다루고 있는데, 독법이 아닌 작법의 측면에서도 소설의 요소 및 소설구성의 요소라는 틀을 원용하고 있는 바, '요소적 접근법'의 일부인 '요소적 작법론'이라 이름붙일 수 있을 것이다.

116) "범박하게 말하면 우리 문학사 내에서 이러한 소설에 대한 요소적 접근법은 형식 강조의 소설론이나 이른바 '순수문학론'과 밀접하게 연관된 채 진행된 것으로 보인다. 이론이라는 측면에서 볼 때, 식민지 시기 소설 논의의 주류는 프로문학 진영의 '리얼리즘론'이 차지하고 있었다고 해도 좋을 것이다. '리얼리즘론'은 자체가 소설을 중심으로 형성된 것이었기에, '반영', '전형', '총체성' 등의 주요 개념들을 통해 상당한 정도로 체계적인 소설론을 보여 주고 있다. 이에 반해 비리얼리즘 소설론이라고 할 만한 것들은 프로문학의 이념지향을 비판하고, 형식・표현・기교를 통한 예술성의 획득을 강조했지만, 원론적 수준에서의 소설론을 형성하지는 못했다고 할 수 있다. 그런데 그러한 주장의 밑바탕에서 이론적 체계가 되어 주었던 것이 바로 요소적 접근법이었다고 할 수 있다." 김재영, 위 책, 122면.

117) 이에 덧붙여 김재영은 「소설개요」가 "이광수・김동인이 염두에 두고 있었던 문제적 상황, 소설을 예술이라는 관점에서 의미화해야 한다는 조선적 상황 자체를 이미 넘어서 있"기 때문에 주목받지 못했던 것이라 판단하고 있다.(김재영, 위 책, 127~128면 참조.) 즉 이광수나 김동인이 소설을 예술로 인식하지 않고 있는 조선적 상황을 비판적 시각에서 바라보고 개념의 수정을 위해 당대적 기초 위에서 노력하고 있었다면, 「소설개요」 집필 당시의 현철은 그에 대한 고민 없이 서구적 문학 이해의 체계 속에 이미 동화되어 있었다는 뜻이다.

> 이에講述하는 小說槪要는 筆者가 東京藝術座演劇學校에서 受業한筆記를根底하야 曾往에 演藝講習所의 速成教科書로 가장簡單히編述한바이라 其後不得已한事故를 因하야 該講習所는 繼續되지못하고 中止中이나挽近以來로 各新聞雜誌에 小說或戲曲의創作과飜譯이 間間揭載됨을見하매 그 大多數는 小說과脚本의 如何한것을 理解치못하고 妄作誤譯이甚히만흔지라 今에小說槪要로부터 小說研究法脚本槪要及脚本研究法을順次記載코자 하노니 余의此擧가半島青年으로 文藝를嗜好하는 諸彦의 一助가되면 述者의光榮일가하노라[118]

「소설개요」의 서문이다. 이 글이 자신의 독창적 견해가 아니라는 것을 현철 스스로 밝히고 있다. 소설과 희곡의 창작과 번역이 점증하는 상황에서 그 본질을 이해하지 못하는 경우가 많음을 문제시하고 따라서 당대 일본에서의 논의수준에 근접하는 개론적 성격의 글을 소개하겠다는 필자의 의도가 드러난다.

본문은 '소설은엇더케지을가'로부터 시작하여 '소설과희곡의상이한점', '소설의5대성분' 등으로 항목별 설명을 시도하고 있다. 이 글이 제시하는 소설의 5대 성분은 '사건(사건의 마련)·인간·배경·문장·내용(목적)'이다. 각 성분을 순차적으로 설명하면서 '소설조직의 2종', '마련을 쓰는 방법이 4종이 잇다', '성격묘사의 2방법', '대화는 엇더케쓰면 조흘가', '소설가가 도의적사상을 표현하는 방법' 등의 구체적인 설명을 시도하고 있다는 점에서 「소설개요」 및 「소설개요(續)」은 '소설개론'적 성격보다는 '소설창작론'적 성격을 더 짙게 드러낸다.

물론 각 항목이 시도하는 설명은 추상적이거나 양시론(兩是論)적인 부분이 많아서 필자의 견해를 직접 노출시키지 않고 있는데, 이는 현철이 직업적 작가가 아닌 탓도 있겠지만, 가능한 모든 방법을 좁은 지

118) 효종(曉鐘), 「소설개요」, 『개벽』, 1920.6, 131면.

면 안에 소개하려는 의도가 반영된 결과일 것이다.

김동인의 「소설작법」이 현철의 「소설개요」와 다른 점은 우선 논의의 대상에서 발견할 수 있다. 현철이 희곡과 소설의 비교를 통해 소설을 설명하고 있는 데에 비해 김동인은 소설 갈래에 한정시켜 논의의 초점을 맞추고 있다. 또한 현철이 이야기 양식으로서의 소설 전반을 사례로 들고 있는 것에 비해 김동인은 철저하게 '근대소설'로 사례의 범주를 제한했다.

양자의 차이점은 기술의 항목 즉 소설 설명의 기준과 근거가 되는 요소의 범위에서도 나타난다. 현철이 근래의 문학 교과서에까지 지속되고 있는 소설의 3요소 및 소설구성의 3요소를 모두 거론하고 있는 반면 김동인은 '주제'에 해당하는 요소적 항목을 다루지 않고 있는 것이다.

마지막으로 설명의 근거로 삼고 있는 실제 작품의 인용에서도 양자의 차이는 드러난다. 현철의 소설 개요는 짧은 지면에 여러 가지 요소적 항목들을 열거 설명하기 위해서인지는 모르나 실제 작품의 예를 드는 빈도가 현저히 낮은 데 비해 김동인은 그의 글에서 서양 및 조선의 근대 작품들을 풍부하게 예로 들거나 인용하고 있다.119)

김동인의 「소설작법」의 체제는 '(1) 서문 비슷한 것, (2) 소설의 기원 및 그 역사, (3) 구상, (4) 문체' 순으로 구성되어 있다.

'(1) 서문 비슷한 것'에서는 「소설작법」을 쓰게 된 동기를 밝히고 있다. 작가마다 고유의 창작방법을 가질 수는 있으나 "통과하지 안을 수 없는 과뎡"이 있다 하고, "비료"가 되려는 심정으로 글을 쓰려 한다고 말한다.

119) 물론 이 같은 차이는 발표시기와 적지 않은 관련이 있다. 신소설 작가의 작품과 이광수, 김동인 등의 초기작만이 발표되어 있던 1920년과 동인지를 중심으로 문단이 이미 형성된 1925년의 차이는 5년이라는 시간 거리보다 훨씬 클 수밖에 없다.

'(2) 소설의 기원 및 그 역사'에서는 원시시대의 사냥꾼 예화[120]를 시작으로 (주로 서양의) 서사문학 발달사를 약술하고 있다. 이 장에서 특기할 만한 점은 김동인이 당대의 국제적 소설계를 단편소설의 전성시대로 인식·강조하고 있다는 사실이다. 그는 단편소설이 19세기 초 에드가 앨런 포를 원조로 하여 시작된 것이라 하고 있다. 이 부분에서는 그의 소설사 기술이 편벽된 것이냐 온당한 것이냐를 따지기에 앞서, 그가 선호하고 있는 소설의 양식이 단편 쪽이라는 점과 이러한 작가적 지향의 기준은 단편과 장편의 장르적, 양식적 차이를 확실히 구분하는 데에서 비롯되었다는 점을 염두에 둘 필요가 있다.[121]

「소설작법」에서 김동인이 시도한 실질적인 창작론 기술 부분은 '(3) 구상', '(4) 문체' 부분이다.

'(3) 구상'은 다시 '사건', '성격', '분위기'의 세 부분으로 나뉜다. "엇던 사건과 인물과 배경 - 이 세 가지로서 소설이 성립"된다고 하였으니, '성격'은 인물에, '분위기'는 배경에 각각 대응된다고 할 수 있다.[122][123]

---

120) 1934년 7월 『조선중앙일보』에 발표된 「근대소설의 승리」에도 동일한 내용의 예화가 나온다. 비단 이 예화뿐만 아니라 「근대소설의 승리」라는 논문의 내용은 소설작법의 (2)장에서 모호하고 거칠게 전개된 김동인 식의 소설 발달사 서술이 보다 깊이 있고 명료하게 제시된 것이라고 보아도 무방하다.(김치홍 편저, 『김동인 평론 전집』, 삼영사, 1984, 50~51면 참조.)

121) 1934년 3월 『매일신보』에 발표된 「소설학도의 서재에서-소설에 관한 管見二三」의 5장 '장편소설과 단편소설'에서 김동인은 "장편소설과 단편소설의 그 구별은 형식에 잇다"고 하여 길이를 기준으로 한 구별을 부정한다. 김동인이 이야기한 장·단편의 형식이란 전자가 "비교적 산만한 인생의 기록"이며 후자는 "단일한 효과를 나타내이는 압축된 인생 기록"인 바 충분히 온당한 해석이라 하기는 어렵지만, 분명한 것은 그가 장·단편에 서로 구별되는 형식이 존재한다고 생각하고 있었다는 점이다. 또한 그는 장편과 단편이 독자에게 감수되는 양상에 대해서도 간략히 쓰고 있는데, "독료한 뒤에 독자의 마음에 단일적으로 예각적으로 보다 더 순수하게 감수되는 것은 단편소설이오, 독료 후에 침중하게 광의적으로 산만하게 감수되는 것은 장편소설"이라 한 구절에서 김동인의 단편 선호 경향을 엿볼 수 있다. 김동인에게는 단편소설이 곧 순수한 예술이었던 것이다.(위 책, 58~59면 참조.)

122) 김동인은 이 글에서 난삽하다고 보일 정도로 개념과 용어를 혼용하고 있어 연구자의 세심한 분류가 필요하다고 여겨진다. '사건', '니약이의 가음', '(통일된 니약이

의) 구실', '구안', '플롯트' 등의 용어가 명확한 개념 구분 없이 한 단락 안에 섞여 있는 것이 그 예다. 문맥상 서로 밀접한 관련이 있음에 틀림없으나 김동인 자신이 동의어로 쓰고 있다고는 할 수 없는 용어들을 곳곳에서 볼 수 있다.

123) 그러나 각 절의 내용이 '사건', '성격', '분위기'의 제목에 꼭 부합한다고는 볼 수 없다. '구상'이라는 장 제목의 큰 틀 안에서 세 요소의 구안 상 중요성을 생각나는 대로 자유롭게 기술했다고 보는 편이 적당할 것이다.

이 절에서 김동인은 사건과 인물과 배경이 적절히 조화되어야 "완전한 소설"이 될 수 있다고 말한다. 잘 짜여진 사건만으로, 혹은 성격화된 인물만으로는 좋은 소설을 쓸 수 없다는 것이다. 이를 설명하기 위하여 김동인은 조선과 서양의 여러 작품들을 예로 들고 있는데, 구상을 주로 하고 성격을 종으로 한 소설의 성공작으로 도스토예프스키의 『죄와 벌』, 톨스토이의 『부활』을, 성격을 주로 삼고 구상을 종으로 한 작품의 예로 알취바셰프의 「싸닌」과 단눈치오의 「죽음의 승리」를 들었다.

이광수의 『무정』, 염상섭의 『해바라기』, 나도향의 『별을 안거든 우지나 말 걸』, 몇몇 신소설 작품 등의 조선 소설들은 실패하였거나 미완인 상태라는 것이 김동인의 지적이다. 유일하게 김동인이 상찬하고 있는 조선 소설은 이인직의 『귀의 성』이다. 김동인은 『귀의 성』을 "엇던 분위기를 붓드러가지고 거긔 적합한 인물과 사실을 만들어내인 소설"(「소설작법」, 41면)이라 말한다. 특이한 것은 김동인이 『귀의 성』을 이야기할 때 한결같이 결말 부분을 인용한다는 점이다. "조선에 쳐음으로 사실(寫實)소설을 내여노흔 이인직"(「소설작법」, 41면)이라는 전단적 평가와 함께 『귀의 성』의 작품 성패를 가르는 부분에서도 결말 부분을 인용하는 것을 잊지 않는다.

이 부분에 앞서서 '사건'을 설명하는 항목에서도 김동인은 『귀의 성』의 결말을 언급한 바 있었다. 김동인은 이광수의 『무정』이 사건 소설의 약점을 드러내었다고 지적하면서 "대단원을 정확히 구안하여 두지 아넛든 듯십다. 그(이광수 - 인용자)는 엇더케 『무정』을 매즐지 망개인 형적이 잇다"고 설명한다. 그에 비해 이인직의 『귀의 성』은 모든 사건, 모든 인물, 모든 국면이 작품의 맨 마지막 구(句)와 조화된 작품이라는 것이다.

사건소설인 『무정』 뿐만 아니라 염상섭의 소설 『해바라기』 또한 김동인에게는 결말을 명확히 구안하지 않아 실패한, "미완"의 작품일 뿐이다. 이를 통해 알 수 있는 사실은 김동인이 작품의 성패를 가르는 기준으로 결말 구조를 중시하고 있었다는 점이다. 사건 소설이든 성격 소설이든 서사를 진행시켜 나아간 결말 부분에서 작가가 망설이게 되면 작품은 실패할 수밖에 없다.

이렇게 본다면 플롯은 살아 있으나 인물의 성격 묘사가 부진하다든가, 인물의 성격은 살아 있으나 플롯에 파탄이 있다든가 하는 작품 분석을 기대했던 독자들은 당황하게 될 것이다. 철저한 구안의 과정이 요긴하다는 김동인의 설명은 「소설작법」에서 사건과 인물의 조화된 정도 혹은 상호작용의 사례 설명을 피해 간 이유로 해서 설득력이 반감된다고 할 수 있다.

동인은 이 절의 마지막에 '단순화', '통일', '연락' 이라는 명확히 구분되지 않는 용어들을 동원하여 플롯의 중요성을 다시 한 번 강조하고 있다. 이 부분에서 그 도저하고 오만한 김동인의 '인형조종술'이나 '소설회화론' 등의 흔적을 다시 한 번 찾아볼 수 있는데, 결국 이러한 주장들이 귀착되는 지점은 소설은 인생 그 자체가 아니라 "인생을 단순화한 것"이라는 생각을 극도의 절제된 언어로 표현한 그의 단편 작품들일 것이다. 즉 소설회화론이란 지나치게 상세한 묘사 때문에 작품의 플롯을 불명확하게 하는 오류를 범하지 말아야 한다는 말과 크게 다르지 않다. 인형조종술은 작품 내의 인물을 작가가 마음대로 조종할 수 있다거나 조종해야 한다는 주장이라기보다 명확한 구안 없이 소설을 집필할 때 오히려 인물에게 휘둘려 의도하지 않은 결말에 이를 수 있음을 경계한 것으로 볼 수 있다.

주지하다시피 김동인의 톨스토이에 대한 경외심은 인형을 조종하듯 인물을 다루며 뚜렷한 플롯의 선을 따라 결말에 이른다는, '자기 세계'를 확립한 작가라는 데서 연유한다. 「소설작법」의 다음 부분은 톨스토이를 향한 김동인의 찬탄을 잘 집약시켜 놓은 표현이다.

> (……) 사건, 인물, 배경, 세 가지에서 어느 점을 기점으로 삼던, 그것은 관계업스나, 그 세 가지가 화합하여 한 완전한 소설 초안으로 되기 전에 붓을 드럿다가는, 완성되는 작품은 불명료하거나, 불철저하거나, 불완전한 것이 안 될 수가 없다. "한 句식 한 句식 복안하여 마즈막의 한 句까지 암송한 뒤에야 체음으로 붓을 잡는다"는 만년의 톨스토이의 집필법은 반듯이 본 바들 만한 가치가 있다.(「소설작법」, 41면)

한국 근대소설 최초의 전문적 비평가이기도 한 김동인이지만 그에 앞서 오만하고 자존심 강한 작가였던 그에게 지독히도 엄격한 소설 창작의 태도는 버릴 수 없는 가치였다. "대체 나만치 단편소설에 엄한 규율을 두고 그 규율로 자긔를 결박하고 있는 사람도 쉽지 안을 것"[124]이라는 언급을 통해서도 넉넉히 그의 자존심을 읽을 수 있다. 그런데 「소설작법」을 발표하고 나서 16년이 지난 즈음의 김동인의 다음과 같은 언급은 이전의 것에 비해 괄목할 만한 차이를 보여 주고 있다.

> "대체 소설은 그 첫머리를 쓸 때는 내가 내 뜻으로 쓰기 시작하지만 첫머리만 시작해 노흐면 그 뒤는 소설 중의 인물이 홱 뛰쳐나와서 작자인 내 지휘에 복종치 안코 제 자유로 행동하여 작자인 나는 다만 그들(소설 중의 인물)의 언행을 全熱誠과 전속력으로 따라다니며 필기하는 데 지나

124) 김동인, 「나의 변명」, 위 책, 279면.

지 못한다. 즉 그 때는 벌써 그들은 내 작중인물이 아니고 제각기 제 생명을 가진 사람들이 된다."

(……)

소설을 쓰렬 때는 그 소설의 진행을 미리 생각하지 안는다. 미리 생각을 하엿다가는 그 생각에 지배되어 소설의 진행이 자유롭지 못하고 자연스럽지 안아 무리히 言하고 行하여 부자연한 자취를 남기게 된다. 소설 중의 인물로 하여금 자유로 언행케 하여야 한다.[125]

김동인은 소설은 짓는 것이냐 쓰는 것이냐를 화두로 던져 놓고 위에 인용된 스티븐슨의 말을 예로 든다. 김동인이 생각한 톨스토이는 분명 소설을 짓는 작가였을 것이다. 그런데 1941년의 김동인은 생각을 전연 바꾼 듯이 스티븐슨의 말에 동조하고 "이 말이 진리임은 누구나 인정하는 배요, 오히려 이쯤 말씀으로는 미흡하지 안흘까"라고까지 이야기한다. 물론 그렇다고 해서 김동인이 갑자기(혹은 서서히) 톨스토이 주의자에서 스티븐슨 주의자로 변모하였다고 볼 더 이상의 근거는 쉽게 찾아지지 않는다.

이 미세하다고 할 수 없는 차이를 어떻게 설명해야 하는가. 기존의 김동인론이 최근의 연구에 의해 자주 비판받아 온 근거 중 하나가 '동인 문학을 동인 스스로의 술회로 재단하는 오류'인 바 이 문제는 김동인의 각 시기별 작품과 비교하여 분석하는 것 이외의 방법으로 해결하기 어려울 것이라 판단된다.

최근의 연구들이 「소설작법」에서 특히 주목하고 있는 부분은 '(4) 문체' 부분이다. 사실상 서술 시점 논의라고 할 수 있는 이 부분은 '일원묘사', '다원묘사', '순객관적 묘사'로 다시 나누어지는데, '일원묘사' 항목은 다시 'A형식'과 'B형식' 두 부분으로 나누어지고, 맨 마지막에

125) 김동인, 「작품과 제재의 문제」, 위 책, 272~273면.

'우열'이라는 독자적 항목을 부기했다.[126]

물론 이때 김동인이 사용한 문체라는 개념은 현재 통용되고 있는 문체[Style]과 구분하여 이해해야 할 것이다. 또 "일원묘사라는 것은, (……) 그런 형식의 묘사이다" 등의 말에 비추어볼 때, 김동인은 묘사, 서술, 문체 등의 개념을 명확한 층위 구분 없이 사용하고 있다고 보아야 할 것이다. 거칠게 말하자면 김동인이 생각하고 있는 일원묘사란 관찰자 시점의 서술이며, 다원묘사란 전지적 작가 시점에 가까운 서술이라고 할 수 있다.

김동인에 따르면 A형식과 B형식을 아우른 일원묘사와 다원묘사는 인물의 심리를 '묘사'할 수 있는 방법으로, 순객관적 묘사는 인물의 행동만을 묘사할 수 있는 방법으로 대별된다. 다시 일원묘사는 주요인물의 눈에 혹은 마음에 비친 부분만을 묘사하는 방법이며, 다원묘사는 "작품 중에 나오는 모든 인물의 심리를 통관하며, 일정일동을 다 그려내는"(「소설작법」, 46면) 방법이라 하여 두 가지를 구분하고 있다.

자신의 논의에 근거를 보충하기 위해 김동인은 일원묘사의 예로 『마음이 여튼 자』의 일부분을 들고 있다. 이를 통해 작가 김동인이 『마음이 여튼 자』를 창작할 당시 일원묘사의 개념을 염두에 두고 있었으며 창작 과정에서 적극적으로 원용하고자 했음을 추측해 볼 수 있다.

재미있는 사실은 일원묘사를 설명하는 말미에 일원묘사체 소설과 1인칭소설과의 관계를 언급한 부분에서 찾을 수 있다.

> 가장 쉽게 말하자면, 일원묘사라는 것은, '나'라는 것을 주인공으로 삼은 1인칭소설에, 그 '나'의게 엇던 일홈을 부친 자로서, 늘봄의 '화수분'의 주인공인 '나'라는 사람을 'K'라던 'A'라던 일홈을 급여할 것 가트면 그것이

126) 본 논문의 취지나 내용에 밀접하게 연관되는 것이 아니므로 김동인이 나누어 놓은 세 항목을 서술자, 시점, 초점화 등의 이론으로 상세히 분석하는 작업은 생략하기로 한다.

> 즉 일원묘사형의 작품일 것이며 따라서, 일원묘사형 소설의 주요인물(「마음이 여튼 자」의 'K'며 「약한 자의 슬픔」의 '엘리자벳'이며 「폭군」의 '순애' 등)을 '나'라는 일홈으로 고쳐서 일인칭소설을 만들 것 가트면 조금도 거트짐 업시 완전한 일인칭소설로 될 수가 잇는 것이다.(「소설작법」, 44~45면)

일원묘사형의 소설과 1인칭소설의 공통점은 주인공의 눈에 비친 사건이나 사물, 혹은 주인공의 심리만을 묘사할 수 있다는 점이며, 차이점은 주인공(주요인물)이 '나'이냐 이름을 가진 인물이냐일 뿐이라는 것이다. 이러한 주장이 옳으냐 그르냐를 가리는 것도 물론 중요하겠지만, 우선 주목되는 것은 김동인이 소설의 '문체'를 다루는 장에서 '1인칭소설'을 배제하고 있다는 점이다. 김동인이 소설의 "문체를 구별하여, 일원묘사체, 다원묘사체, 순객관적 묘사체, 세 종류로 난혼다"(「소설작법」, 43면) 할 때 이러한 분류는 3인칭소설만을 위한 것일 뿐 1인칭소설이 끼어들 자리는 애초부터 마련되어 있지 않았다.

다수의 1인칭소설을 창작한 작가인 김동인이 그의 「소설작법」에서 3인칭소설의 '문체'만을 다룬 이유는 무엇일까. 별도의 섬세한 분석이 뒤따라야 할 문제이지만,[127] 우선 이 글 「소설작법」이 그의 이론적 수준이 일천한 단계에서 기술된 논문이기 때문임은 분명해 보인다. '문체' 뿐만이 아니라 다른 항목에서도 그의 분류법은 자의적인 데다

---

127) 이에 대한 박종홍의 견해는 다음과 같다. "김동인은 '일원묘사'의 주요인물이 일인칭이든 삼인칭이든 차이가 없다고 여긴 것이다. 일인칭소설에서 '나'에게 어떤 이름을 붙이면 일원묘사형소설이 되고, 일원묘사형소설에서 주요인물의 이름을 '나'로 바꾸면 일인칭 소설이 된다는 것이 그러하다. 일인칭소설과 일원묘사형소설이란 용어를 따로 사용하기는 하지만, 삼분한 묘사법의 유형 중에 일인칭 묘사체는 없다. / 이것은 김동인이 이와노 호메이처럼 일인칭 소설을 경시하고 있다고 보아야 할 것이다. 이와노 호메이도 "작자가 갑(혹은 을 기타의 것일지라도 오직 한 사람에 한정된다)에 제3인칭을 부여하고 있어도, 실제로는 갑으로 해서 자전적인 제1인칭으로 사물을 일컫고 있는 것과 마찬가지라고 보면 알기 좋을 것이다."라고 했다. 두 사람은 공통적으로 삼인칭이든 일인칭이든 실제로는 전혀 차이가 없다고 여기고 있는 것이다."(박종홍, 「『창조』 소재 김동인 소설의 일원묘사 고찰」, 『현대소설연구』 25호, 2005.3, 199~200면)

가 기준의 일관성, 층위의 구분 측면에서 어김없이 허약한 면을 노출시킨다.

또 하나 주목해야 할 점은 김동인이 아직(최소한 「소설작법」을 기술할 당시로는) 작가와 서술자의 구분을 명확히 하지 않고 있다는 점이다.[128] 그렇다면 김동인이 생각하는 1인칭소설의 서술자 '나'는 서술자라기보다 작중의 주요인물이며, 동시에 작가 자신과 뚜렷한 거리를 두지 않고 있다는 추론이 가능할 것이다. 김동인이 개척한 형식 중의 하나인 '액자소설'은 그렇다면 작가 자신이 서사 진행의 전면에 나서는 것을 막기 위한 자기 검열의 노력이 세련된 형식으로 반영된 결과물이다. 액자소설의 형식이란 무리 없는 서술을 위해 작가(서술자)가 작품에 얼굴을 내어밀되 내화에는 간여하지 않는 효율적 방식일 수 있었던 셈이다.

작품의 서사 진행에 작가가 직접 끼어들 '권리'가 있는 '다원묘사' 방식은 그가 선호하는바 아니었음을 생각할 때, 작가와 서술자의 구분이 불명료한 경우 1인칭 주인공 시점에서도 동일한 폐해가 발생할 수 있음을 김동인은 알고 있었던 것이라고 생각된다.

김동인이 말하는 일원묘사 B형식은 그가 한 번도 사용한 적이 없는 방식이거니와 장편 전체를 일원묘사 A형식으로만 기술할 수 없으므로 불가피하게 취하게 되는 방식 정도의 견해를 내비치고 있으며, 다원묘사 또한 장편에 주로 적용될 수 있는 방식 정도로 간략히 서술하고 있다.

'순객관적 묘사'에 대해서는 그 개념을 나름대로 간략히 설명한 후 "췌홉의 작품 중에서 만히 볼 수 잇는 방식"(「소설작법」, 46면)이라고

---

128) 「소설작법」에서 김동인은 서술자 혹은 그에 준하는(작가와 구분되는) 용어를 사용하지 않았다. "일원묘사에서는, 주요인물 이외의 인물의 눈에, 혹은 마음에 비최인 사물은, 아모리 귀한 것일지라도 작자는 쓸 권리가 업다"(김동인, 「소설작법」, 위 책, 44면) 등의 언급에서 보듯 작가가 소설을 쓰는 행위와 서술자의 서술을 거의 구분하지 않는 것이다.

만 부연하고 있다.

이상의 내용에서 추론해낼 수 있는 것은 김동인이 관심을 가지고 시도했던, 또는 김동인이 선호했던 소설이 일원묘사체의 단편에 집중되어 있었다는 점이다. 기왕에 그가 톨스토이를 흠모하고 있던 것은 스스로 드러낸 일이거니와, 작중인물을 완벽히 장악하여 사건 중심의 서사를 진행시키고 의도된 결말에까지 이끌어가기 위해서는 - 그의 능력 탓이든 성격 탓이든 간에 - 단편소설이 알맞았다. 또한 작가가 치밀한 묘사를 한다 하여 지나치게 궁벽된 사건이나 사물에까지 관심을 보이는 것은 그의 성미에도 맞지 않았고 그리 세련되어 보이지도 않았다. 그러니 주요인물의 눈에 의해 걸러진 사건, 사물만을 묘사하는 일원묘사의 방식에 관심을 보이게 된 것이다.

그러나 김동인 스스로도 「소설작법」에서 밝힌바 일원묘사의 약점은 주요인물 외 주변인물의 심리는 설사 그것이 필요하다고 생각되어도 '문체'의 파탄을 막기 위해서는 쓸 수 없다는 점이다. 그에 비해 다원묘사에 대해서는 "아모의 심리던 작자가 자유로 쓸 수 잇슴으로 독자로서 번잡한 감을 니르키게 하며, 나아가서는, 그 소설의 역점이 어듸 잇는지까지 모르게 하는 일이 생기니, 상섭이 「해바라기」를 일원묘사의 방식으로 쓰기만 하엿스면, 좀더 명료한 작품이 되엿스리라고 생각한다. 탈선, 주지의 몽롱, 성격의 불명료, 이것들은, 다원묘사의 작품에서 만히 볼 것"(「소설작법」, 47면)이라 하여 장점보다는 약점을 위주로 장황하게 설명하였다.

다원묘사에 이렇듯 부정적 견해를 가지고 있고, 순객관적 묘사는 엽편 수준의 매수에 한하여 가능한 양식으로 보고 있었던 동인이 추구해야 할 바는 이로써 명확해졌다. 인생의 문제적 일부분을 압축된 형태로 통일감 있게 제시하되, 일원묘사 형식의 '문체'를 사용하면서 그 약점을 극복하는 방법을 찾는 길이다.

「소설작법」에서 김동인은 시종을 일관하여 작법에는 여러 가지가 있을 수 있고 작가의 성향에 따라 알맞은 방식을 취하는 것일 뿐 여러 가지 방식 사이의 우열을 가르는 것은 어렵다는 식의 서술을 하고 있다. 그러나 그 내용을 따져 보면 김동인이 생각하는 좋은 소설과 김동인이 지향하는 창작방법의 그림자를 엿볼 수 있다.

김동인이 그의 의도대로 완성된 소설을 창작해 내었는지, 혹은 그 스스로 그렇게 생각은 하고 있었는지를 고찰하여 그의 소설과 비평의 수준을 가늠하는 일은, 적어도 「소설작법」을 온당하게 해석하는 노력과는 무관한 것이라 본다. 그의 소설의 수준이 「소설작법」등의 고고한 포부에 걸맞지 않는다 하여 그의 소설을 폄하할 필요도 없고, 소설 텍스트를 근거로 하여 그의 비평 작업이 허황된 것이었다는 역발상을 전개할 필요도 없다. 다만 지금 필자의 논의에서 작품과의 비교를 통해 얻어내려는 논지는 근대 초기의 기법적 창작론인 「소설작법」이 김동인 스스로의 창작 활동에 어떤 식으로 연관되는가 하는 점이다.

3-2-2. 강/약의 대립구도와 인과율의 질서에 의한 하강구조

김동인의 『약한 자의 슬픔』은 춘원의 『무정』의 바탕에 깔려 있는 - 전대소설 수용태로서의 - 교훈주의와 성장으로서의 일대기 구조를 소거하고 '약한 자'를 주인공으로 내세워 세상으로부터 패배할 수밖에 없는 이야기를 시도하였다는 점에서 의의를 찾을 수 있는 작품이다. 기존 소설 작법의 상승구조에 반발하여 하강구조의 작법을 시도한 것이다.

결과적으로 김동인 최초의 '패배의 유형' 시도는 스스로 인정했듯 성공을 거두지 못했다. 그러나 『약한 자의 슬픔』에서 실현되지 않은 '여주인공의 죽음'이 구상 단계에서는 '새로운 작법'의 요체로 설정되었다고 할 수 있다. 여주인공이 죽을 수밖에 없는 이유는 그가 약한 자이기 때문이다. 그를 죽음으로 몰고 가는 역할은 강한 자가 맡는다.

김동인이 처음 고안한 구도라고 할 수는 없을지 모르지만 선과 악이나 신과 구의 대립이 아닌 강과 약의 대립구도와 약자의 전략이라는 결말은 『무정』까지의 소설사에서 찾아보기 힘든 새로운 면모이다. 처음부터 승부가 정해진 대결의 과정을 묘사하는 방식이다. 그렇다고 해서 당대의 독자들이 이 소설의 결말을 미리 짐작할 수 있었던 것은 아닐 것이다. 김동인 자신도 예상치 못한 결말이 아닌가. 즉 선/악의 대립, 신/구의 대립에 익숙해진 독자들에게 강/약의 대립을 제시한다고 해서 모든 독자가 약자의 패배를 예상할 것이라 예단할 수는 없다는 말이다.

> 가정교사 강 엘리자베트는 가르침을 끝낸 다음에 자기 방으로 돌아왔다. 돌아오기는 하였지만 이제껏 쾌활한 아이들과 마주 유쾌히 지낸 그는 찜찜하고 갑갑한 자기 방에 돌아와서는 무한한 적막을 깨달았다.[129)]

> 여학생간에 유행하는 보법(步法)으로 팔과 궁둥이를 전후좌우로 저으면서 엘리자베트는 길로 나섰다.(『약한 자의 슬픔』, 11~12면)

형식과 마찬가지로 엘리자베트도 가정교사이다. 그러나 주인공을 바라보는 두 작품의 서술자의 시선은 긍/부정적으로 구분된다. 엘리자베트의 외모나 지식수준의 긍정성은 그의 박약한 의식과 불민한 행동의 부정성에 의해 상쇄되어 버리고 마는 것이다. 서술자의 시선에 비친 엘리자베트는 시쳇말과 행동에 익숙한 여느 여학생들과 다름없는 철부지이다. 물론 『무정』의 서술자도 '형식'을 비롯한 청년 작중인물들을 약하고 미성숙된 존재로 그리고 있기는 하지만 그들이 가진 긍정성을 적극적으로 이끌어내려고 노력하는 점에서 『약한 자의 슬픔』

---

129) 김동인 · 전영택, 『한국소설문학대계4』, 동아출판사, 1995, 11면. 이후 『약한 자의 슬픔』 작품 인용은 위 책의 페이지 수만을 밝힌다.

의 서술자와 구별된다.

『약한 자의 슬픔』에 보이는 엘리자베트의 부정적 성격은 그가 마치 '욕망의 노예'인 것처럼 그려지는 부분에서 가장 확연히 드러난다. 다음의 인용 부분은 엘리자베트가 남작에 의해 강간을 당하는 장면의 일부인데, 남작이 가해자로, 엘리자베트가 피해자로 쉽게 규정될 수 있었을 이 상황에서 엘리자베트에게도 일말의 책임이 있다는 식의 뉘앙스가 드러난다.

> 아까 저녁 먹을 때에 남작의,
>
> "오늘 밤에는 회(會)가 있는 고로 밤 두시쯤 돌아오겠다."
>
> 는 말을 들은 엘리자베트는, 별로 안심이 되어 자리를 펴고 전나체가 되어 드러누웠다.
>
> 몇 가지 공상이 또 머리에서 왕래하다가 그는 잠이 들었다.
>
> (…생략 - 인용자…)
>
> "부인이 아시면?"
>
> '아차!'
>
> 그는 속으로 고함을 쳤다.
>
> '부인이 모르면 어찌한단 말인가?…… 모르면?…… 이것이 허락의 의미가 아닐까? 그러면 너는 그것을 싫어하느냐? 물론 싫어하지. 무엇? 싫어해? 내 마음속에, 허락하려는 생각이 조금도 없냐 아…… 허락하면 어쨌냐? 그래도…….'
>
> 일순간에 그의 머리에 이와 같은 생각이 전광과 같이 지나갔다.(『약한 자의 슬픔』, 19면)

물론 이 부분만을 보면 상황은 엘리자베트의 부주의에 의한 위기 정도로 해석될 수 있을 것이다. 그러나 자신의 감정과 판단을 주체적으로 제어하지 못하고 제3자를 끌어들여 일종의 핑계거리를 댄다든가 자신의 웃음의 의미를 스스로도 깨닫지 못한다든가 하는 엘리자베트의 모습은 그 상세한 묘사의 분량만을 보더라도 서술자의 엘리자베트에 대한 부정적 시선을 드러내는 증거이다.

심지어 엘리자베트는 강간을 당한 이후 판단력을 완전히 상실한 사람처럼 묘사되기도 하고 몸의 요구를 정신으로 통제하지 못하는 말초적 쾌락주의자의 모습으로 그려지기도 한다.

> 의사는 엘리자베트에게로 와서 저고리 자락을 열고 청진기를 거기 대었다. 의사의 손이 와 닿을 때에 엘리자베트는, 무슨 벌레를 모르고 쥐었다가 갑자기 그것을 안 때와 같이 몸을 옴쭉하였다. 그러면서도 엘리자베트는 의사의 손에서 얼마의 온미(溫味)를 깨달았다. 이성의 손이 살에 와 닿는 것은, 엘리자베트와 같은 여성에게 대하여서는 한 쾌락에 다름없었다. 엘리자베트가 이 쾌미를 재미있게 누리고 있을 때에 의사는 진찰을 끝내고 의미 있는 듯이 머리를 끄덕거리며 남작에게로 향하였다. 남작은 의사에게 눈짓을 하였다.(『약한 자의 슬픔』, 37면)

자신이 임신을 했음을 직감하고 남작과 함께 병원에 들른 엘리자베트가 진찰을 하는 의사에게서 이성을 느끼고 쾌락을 즐겼다는 위 인용문의 묘사는 그야말로 과장된 욕망의 극한적 표현이다. 그렇다면 김동인은 왜 엘리자베트를 이런 식으로 성격화해야 했던 것일까.

『약한 자의 슬픔』은 「소설작법」에서 언급된 일원묘사와 인형조종술이 처음으로 시도된 야심작이었음을 상기할 필요가 있다. 실제로 이 작품은 주인공 엘리자베트의 시선에서 대부분의 관찰이 이루어지고 여타 인물들의 성격이나 심리는 엘리자베트의 시선으로 관찰된 행동에 의해서만 암시되고 있다. 내면과 심리의 묘사는 거의 엘리자베트의 그것으로만 채워져 있는 것이다.

이에 덧붙여 김동인은 엘리자베트가 자신에 의해 철저히 조종되는 인형이 되기를 바랐다. 일단 인물을 창조하여 텍스트의 공간에 세워 놓으면 스스로 살아 움직이는 인간과 같은 존재가 되고 마는 것을 알고 있었기에 더욱 치밀한 성격 부여가 필요하다고 김동인은 생각했다.

즉 김동인은 엘리지베트가 자살로써 삶을 마감하는 이야기를 구상하고 있었던 바 엘리자베트가 죽을 수밖에 없는 이유를 만들어야 했고 그와 관련된 사건에 봉착하지 않을 수 없는 성격을 자신이 창조한 인물에 부여하려 했던 것이다.

그렇다면 엘리자베트는 처음부터 희생될 수밖에 없는 존재였고, 작가 김동인은 그의 죽음을 보다 근대적이고 세련된 방식으로 처리하려 했던 것이라 판단할 수 있다. 전대 소설에서 보이는, 천편일률적인 고난의 방식이나 우연에 의한 사건의 처리를 지양하고 인과율에 의한 근대소설적 질서를 염두에 둔 작법이라 할 만하다.

1) 엘리자베트는 육체의 욕망에 종속된 여성이다.
2) (그 같은 성격 때문에) 강간을 당한다.
3) 강간을 당하고 쫓겨나서 재판을 건다.
4) (엘리자베트는 약한 존재이므로) 재판에서 진다.
5) 아이마저 유산한 엘리자베트는 자살한다.

김동인이 처음 생각했을 법한 『약한 자의 슬픔』의 얼개이다. 다섯 부분 중 두 번째와 네 번째 부분의 괄호 안의 내용은 김동인이 의도했을 것이라 여겨지는 인과관계의 고리이다. 그 표현이 부적절하거나 서툴렀을 수는 있어도 『약한 자의 슬픔』은 독자에 의해 추출될 수 있는 위 두 개의 괄호 안의 내용에 의해 일정한 근대적 성격을 획득하게 된다. 요컨대 『약한 자의 슬픔』은 강・약의 질서가 소설의 대립구도를 형성하고 있는 점이 주목되며, 근대소설의 필연성을 의식하여 패배의 인과율을 유형화한 작품이다. 그러나 앞에서 언급했듯 이와 같은 김동인의 첫 시도는 실패했고, 이후의 창작 활동을 통해 지속적인 자기 극복의 노력이 전개된다.

「소설작법」을 발표하기 직전 1925년 1월에 발표된 소설이 김동인 자연주의의 대표작으로 일컬어지는 「감자」[130]이다. 물론 시기가 비슷하다 하여 「감자」가 「소설작법」에서 논의된 내용을 집약적으로 구현한 작품이라 판단해도 되는 것은 아닐 것이다. 어찌 됐든 『약한 자의 슬픔』이나 『마음이 여튼 자』 등의 초기작은 김동인이 생각하기에 스스로 서투름을 자인해도 별로 부끄럽지 않을 습작기의 작품이었다는 점을 상기할 필요는 있다. 1919년에 김동인이 동일한 내용과 수준의 '소설작법'을 제출할 수 있었겠는가는 추측이 가능할 뿐 증명할 수는 없는 사항이지만, 김동인 스스로 생각하기에도 습작기의 두 작품은 1925년 당시의 비평적 안목에 기대어 볼 때 낙제점에 가까운 평가를 받아야 했던 것이다.

김동인의 『약한 자의 슬픔』은 춘원의 『무정』에 깔려 있는 교훈주의와 영웅적 인물을 소거하고 '약한 자'를 주요인물로 내세워 세상으로부터 패배할 수밖에 없는 이야기를 시도하였다는 점에서 의의를 찾을 수 있지만, 자신이 술회했듯 그 결말은 철저하지 못했고 결국 춘원의 『무정』을 넘어서지 못했다.

> '그렇지만 강한 자가 되려면은……!'
>
> 그는 생각하여 보았다.
>
> '내가 너희에게 새 계명을 주노니 사랑하라!' (그는 기쁨으로 눈에 빛을 내었다.) 그렇다! 강함을 배는 태(胎)는 사랑! 강함을 낳는 자는 사랑! 사랑은 강함을 낳고, 강함은 모든 아름다움을 낳는다. 여기, 강하여지고 싶은 자는, 아름다움을 보고 싶은 자는, 삶의 진리를 알고 싶은 자는, 인생을 맛

130) 김동인, 「감자」, 『조선문단』, 1925.1. 「감자」의 인용은 김동인 · 전영택, 『한국소설문학대계4』(동아출판사, 1995)를 텍스트로 하고 각주 없이 페이지 수만을 밝힌다.

> 보고 싶은 자는 다 참사랑을 알아얀다.
>
> 만약 참 강한 자가 되려면은? 사랑 안에서 살아야 한다. 우주에 널려 있는 사랑, 자연에 펴져 있는 사랑, 천진난만한 어린아이의 사랑!
>
> '그렇다! 내 앞길의 기초는 이 사랑!'
>
> 그는 이불을 차고 벌떡 일어나 앉았다. 그의 앞에는 끝없는 넓은 세계가 벌여 있었다. 누리에 눌리어 살던 그는 지금은 그 위에 올라섰다. 그의 입에는 온 우주를 쳐누른 기쁨의 웃음이 떠올랐다.(『약한 자의 슬픔』, 74면)

위 인용에서 보듯 작품의 감격에 찬 듯한 선동적이고 작위적인 결말은 춘원의 『무정』과 다를 바가 없다. 무엇이 주인공을 죽이지 못하고 참사랑과 강함의 함수관계를 깨닫는 환희의 결말로 이끌었는지는 알 수 없지만, 그것이 김동인의 말대로 인물이 살아 움직이는 것을 어쩌지 못해서라고 믿기는 어렵다. 오히려 주인공은 죽거나 파멸하는 것이 어울릴 것을 작가가 강제로 살려서 작가의 주장을 대신 웅변하게끔 만든 것에 가까워 보인다.

어쨌든 중요한 것은 김동인 자신이 이 작품을 실패한 것으로 자인하고 있었다는 점, 따라서 스스로 후속작을 통해 약점을 극복하기 위한 노력의 과정을 거쳤을 것이라는 점이다.

그런 점에서 볼 때 익히 알려진 「감자」의 결말은 작가의 개입을 철저히 배제하고서도 일종의 비장미를 느끼게 해 준다는 점에서 『약한 자의 슬픔』 등의 초기작들과 다르다.

> 복녀의 송장은 사흘이 지나도록 무덤으로 못 갔다. 왕서방은 몇 번을 복녀의 남편을 찾아갔다. 복녀의 남편도 때때로 왕서방을 찾아갔다. 둘의 새에는 무슨 교섭하는 일이 있었다. 사흘이 지났다.
>
> 밤중에 복녀의 시체는 왕서방의 집에서 남편의 집으로 옮겼다.

> 그리고 그 시체에는 세 사람이 둘러앉았다. 한 사람은 복녀의 남편, 한 사람은 왕서방, 또 한 사람은 어떤 한방 의사. 왕서방은 말없이 돈주머니를 꺼내어, 십 원짜리 지폐 석 장을 복녀의 남편에게 주었다. 한방의의 손에도 십 원짜리 두 장이 갔다.
>
> 이튿날 복녀는 뇌일혈로 죽었다는 한방의의 진단으로 공동묘지로 가져갔다.(「감자」, 123면)

우선 눈에 띄는 것은 차가울 정도로 침착한 객관묘사이다. 어떠한 가치판단이나 작가의 개입이 없이, 감정을 나타내는 형용사나 부사 하나 사용하지 않고 작중인물의 행동만을 냉철하게 묘사하고 있다. 「소설작법」에서 김동인이 이야기한 순객관적 묘사에 가까울 정도이다.[131] 김동인이 일원묘사를 강조했던 목적이 작가 개입을 배제한 객관 서술을 지향했던 때문이라고 볼 수 있으니, 비단 결말 부분만이 아니더라도 「감자」는 김동인이 의도한 객관서술에 상당히 근접한 성과였다. 또한 김동인이 미리 인지하고 있었던 일원묘사의 약점, 주변인물의 심리 묘사 문제도 대화지문 등을 통해 간접 제시하는 방법을 능숙히 구사해 냄으로써 효과적으로 극복하는 모습을 보여 주었다.

무엇보다 중요한 것은 「감자」가 『약한 자의 슬픔』에서 의도했던 강/약 대립구도와 '약한 자'의 패배(죽음)를 인과율이 지배하는 텍스트의 세계 속에 구현하고 있다는 점일 것이다.

---

131) 박종홍은 앞의 논문에서 「감자」를 순객관적 묘사로 씌어진 작품이라 판단하고 있다. 관점에 따라서 그 분류는 차이가 있을 수 있지만, 중요한 것은 김동인 자신이 「감자」의 '문체'를 순객관적 묘사로 생각하지 않았다는 점이다. "순객관적 묘사는 또한, 3, 4頁 이내의 단편에는 적용하여 효과를 엇는 일이 잇스나, 그 이상의 작품이 되려면, 절대로 불가능이라 할 수가 잇다"(김동인, 「소설작법」, 김치홍 편저, 『김동인 평론 전집』, 삼영사, 1984, 47면)는 기술 내용을 참조할 때, 「감자」가 서너 페이지의 작품도 아닌 데다가 「소설작법」이 발표되기 이전에 이미 세상에 알려진 것까지를 고려하면 분명해지는 사실이다.

지금까지 전대소설 및 신소설에서 추출되는 소설의 유형적 작법과 신소설의 특징적 모티프들이 이광수의 『무정』에 종합 수렴되는 양상과, 소설이 근대문예의 한 양식임을 인식하고 전대의 문학풍토에 반발하여 의도적으로 하강구조의 패배 유형을 자신 소설의 구성 원리로 삼은 김동인의 작법 및 작품을 분석하였다.

1925년 이후 신경향 작품들이 문단에 선을 보이고 리얼리즘 논의가 본격화되면서 한국소설이 또 다른 근대, 또 다른 계몽에 분주했음은 소설사가 증명하는 바다. 이때 계몽을 의도하는 지식인으로서의 작가가 아름다움을 추구하는 예술가로서의 작가와 다른 방법론을 꾀하였으리라는 점은 자명한 일이다. 문제는 현실의 부정성을 자각하고 논리적인 체계로 설명할 줄 아는 지식인들의 입장에서 계몽은 그 논리 자체로 작품화될 수 없었다는 데 있다. 어떻게든 그들이 인식한 현실을 반영하고 이데올로기를 표현할 작법이 필요했다. 그 작법은 새로 고안되거나 아니면 전대의 계몽소설의 얼개를 참고하여 변주되어야 할 상황이었다.

결론적으로 말해 당시의 작가들이 전자보다 후자를 택한 예를 적지 않게 찾아볼 수 있다. 계몽적 신소설도 장편소설 『무정』도 마찬가지 경우일 수 있지만 20년대 후반과 30년대 이후의 작가들이 자신들의 장편소설에서 전근대적 통속의 구조를 벗어버리지 못하고, 혹은 적극적으로 채택하여 이용했던 이유에는 독자와 관련된 측면이 있다. 한 편의 예술 작품을 선보이는 작가의 입장에서는 구상과 집필 과정에서 자신의 작품세계를 이해해 줄 독자를 상정하는 것이겠지만, 계몽지식인으로서의 작가라면 그가 상정하는 독자는 불특정 다수일 수밖에 없는 것이다. 그리고 임화조차도 "민중의 반(半)봉건성"을 지적했듯 여전히 다수의 독자들은 전근대적 의식과 행동양식을 버리지 못하고 있었던 것이다.

제4장 결론

본 논문은 근대 초기로부터 1920년대 전반에 이르기까지의 한국소설사의 창작방법론을 대상으로 하고 작품 분석을 병행하여 근대소설 작법의 형성 과정을 사적으로 드러내려 한 것이다.

이와 관련하여 본론을 두 부분으로 나누어 앞부분에서 전대소설의 계승태로서의 신소설 작법의 원형을 재구하고, 뒷부분에서 『무정』 이후의 근대소설이 그 원형적 작법의 자장으로부터 얼마만큼 근접했거나 벗어났는지를 살펴보는 서술방법을 택하였다.

근대소설의 구조원리에 대해 이전의 선례를 찾아 본받을 수 없었던 작가들에게 전대소설은 마음에 들고 않고를 떠나 하나의 전범이 될 수밖에 없었을 것이라는 가정 하에 1900, 1910년대의 논문과 신소설 텍스트를 대상으로 한 분석을 행하였다.

우선 박은식과 신채호의 1907, 08년에 발표된 입론, 이해조의 『자유종』 본문 등을 통해 소설(구소설)에 대한 당대 지식인층의 일반적 인식은 문학적 성취를 위한 소설 창작보다는 담론의 소통 과정을 더 중요시했던 것이었음을 주목하였다. 즉 구소설은 황탄무계한 것으로서 독자의 심경을 어지럽히는 해악적 존재이므로 부정되어야 하며, 새로운 소설은 독자에게 유익한 시대담론의 전파, 즉 계몽의식이 우선하는 존재로서만 긍정될 수 있다는 것이다. 이는 근대문학 혹은 문학적 근대보다는 근대 자체의 도입이 시급한 것으로 인식되었음을 뜻한다. 또한 근대란 무엇인가에 대한 고민에 앞서 세계적 조류에 뒤떨어지지 않기 위한 개화의 필요성이 앞서서 제기된 것으로 판단된다. 해악적 존재로서의 구소설과 이로운 존재로서의 신소설이라는 당위론적 분류 방식이다. 즉 소설의 공리성이 극도로 강조된 경우이다.

박은식은 당대까지 유통되고 있던 소설류의 폐해를 지적하였고, 신채호는 이에 더하여 당대 신소설까지 포함한 한국소설을 비판하였다. 이들에게 소설은 공리적 효용성이 지대한 계몽의 도구였으며 이 때 중요한 것은 소설의 미적 가치가 아니라 소설 텍스트에 담겨 있는 담론의 정합성이다. 또한 소설은 이들에게 현실사회와 문화의 진보 등을 반영하는 것보다 진보의 방향으로 국민을 추동하는 도구로 인식되었다. 그러나 그들이 생각하고 있었던 소설의 개념은 일반적인 의미의 창작 서사물로서의 소설이 아니었다.

이와 같은 당대 문단의 분위기와 관련지어 고전소설과 차별되는 면모를 보여 주는 첫 장편소설 작가인 이인직과 이해조의 신소설 작품을 살폈다. 이에 앞서 그들의 초기작뿐만 아니라 합방 이후 1930년대까지 지속적으로 출판된 신소설을 그 창작 연대와 상관없이 분석하였다. 이것들이 보여 주는 공통점과 유사성을 양식의 관점에서 살펴 어느 한 작가의 독특한 기법이라 하기 어려운, 집단적 공유물에 가까웠던 창작방법에 관해 논하기 위해서였다. 물론 이는 당시 텍스트들의 전체를 설명하는 틀이 될 수 없을 것이지만 동시대를 살아가던, 그러나 의식적으로는 신세대로 자부하던 근대 작가들의 작법과 영향관계에 놓여 있음을 증명하는 근거가 될 수 있다.

이인직 혹은 이해조의 작품세계가 후기로 갈수록 전근대적인 방식으로 퇴행하는 모습을 보여주었다는 것이 일반적인 평가라고 할 때 이러한 현상은 계몽의지의 축소 및 퇴행과 관련된다. 또한 그들의 후기작품들은 오히려 초기작들보다 선행하는 작법의 얼개를 내포하고 있다고 보았다. 신소설 작가들의 원형적 작법은 초기작보다는 후기작에서 발견되며, 그들의 초기작은 자신들이 가지고 있던 기존의 작법에서 일탈하여 참신해지려는 시도의 소산이다.

『절처봉생』, 『춘외춘』, 『광악산』, 『무궁화』 등의 신소설은 이인직과 이해조의 초기작에서 추출할 수 있는 서사구조와 모티프를 상당 부분 공유하고 있는 텍스트이다. 그러나 이들은 신소설로서 전대소설과 구분되는 개성적 새로움을 보여주기보다는 전대소설의 유형적 양식을 상당 부분 답습한 것으로 판단할 수밖에 없다. 이 작품들을 통해 알 수 있는 것은 계몽 의지가 약화되거나 소거된 후기 신소설 작품에서 『혈의 루』, 『귀의 성』, 『빈상설』 등의 초기 신소설에서 볼 수 있는 서사구조 혹은 모티프가 다수 발견된다는 점이다. 이는 상기 초기 신소설의 창작방법을 후기 신소설이 수용하거나 답습한 증거로 해석될 수 있다. 그러나 역설적으로 이해한다면 위와 같은 신소설의 스테레오타입은 특정 작가의 스타일에서 비롯된 것이 아니라 일반적으로 공유되던 전근대적 방식의 면면인 것이다.

『절처봉생』은 『혈의 루』에서 원용된 가족서사의 형식을 고스란히 지니고 있음에도 그것이 가진 전망은 미래를 향하지 못한 채 행복한 가정의 복원으로 귀결된다. 또한 『춘외춘』, 『광악산』, 『무궁화』 등은 가정소설의 유형으로 구분될 수 있는데 이해조 이인직의 초기 신소설이 보여 주는 대립의 구도와 모티프들을 공유하고 있으나 한결같이 전대소설과 다름없는 결말구조와 주제 제시의 형식을 보여 주는 것으로 그친다는 점을 확인할 수 있다.

당대의 지식인들 또한 전근대적인 이야기문학의 독자요 수용자였다는 점을 생각한다면 긍정적으로든 부정적으로든 대중과 함께 일반적으로 공유하고 있었던 서사의 틀이 존재하였음을 부정할 수 없다. 그것이 봉건을 극복하는 근대 혹은 외세에 반대하는 애국, 우국이라는 이데올로기를 만나 계몽 의지로 드러날 때 구태의연한 상태로부터 약간의 진전을 보이는 작법이 나타날 수 있었다. 그러나 합방 이후의 외적 정세 등에 의해 계몽의 의도가 약화되고 권선징악의 전근대적 주제 속에 함몰될 때는 통속의 구조만이 남는다.

이러한 보편적 패턴으로서의 작법에 계몽적 의도가 더해졌을 때 작지만 의미 있는 양식적 갱신이 이루어진다. 이는 이전 소설에서 볼 수 없던 모티프의 발견을 통해 뒷받침된다. 이 논문에서는 희생제의 구조와 세대론을 분석함으로써 전대소설이나 통속적 신소설의 일반적 패턴과 구분되는 '신소설에 의한 새로움'을 드러내 보았다.

이인직의 『귀의 성』은 처첩간의 갈등과 악한 계모의 등장 등 전대소설의 소재를 빌어 왔으나 주인공의 희생을 가감없이 드러내고 있다는 점이 주목되는 작품이다. 권선징악적이고 통속적인 전근대적 이야기 텍스트는 예상된 결말을 향해 진행되는 경우가 대부분이고, 설사 기대를 전복시키는 사건이 발생하더라도 독자에게 결코 '가치를 판단하기 위한 상황논리적 갈등'을 주지 않는다. 그러나 『귀의 성』은 당대 독자들의 기대나 예상을 빗나가는 결말구조를 택함으로써 잘못된 선택에 의한 '희생양'의 모델을 제시하였고, 이때 그 잘못된 선택이란 봉건적이고 전근대적인 그것이라는 점을 암시함으로써 작품에 계몽적 의도를 내포시켰다.

이해조의 『화의 혈』은 악인의 '처벌'과 구시대적 인간의 '희생'을 이중구조로 표현한 작품이다. 『화의 혈』에서 새 것과 헌 것의 문제가 표면에 드러나지 않은 것은 그것이 대립의 구도로 조직되지 않았기 때문이다. '선초는 희생되지만 모란은 살아남는다'는 서사의 한 축은 혼인의 문제를 둘러싸고 전근대적 윤리의 압력에 굴복한 자와 혼인의 근대적 의의를 성취한 자의 차이를 드러내는 방식으로 전개되는 것이다.

이해조의 『빈상설』은 통속적 가정비극의 서사 속에 세대론을 가미한 텍스트의 좋은 예이다. 선/악 대립구도와 신/구 대립구도의 절충이다. 작중인물 난옥은 신중하고 보수적인 인물인 반면 쌍둥이 동생인 승학은 진취적이고 개혁적인 성격을 가지고 있다. 이에 따라 두 사람은 다른 행동양식과 의식지향을 드러내며 특히 결혼이라는 문제에 이르러 명징하게 구별된다. 승학이 내린 선택과 그 같은 삶은 당대에 생각해볼 수 있는 현실적 전망의 한 표현이다. 난옥의 의식과 행동과 삶이 구세대적인 것이라면 승학의 그것들은 신세대적인 것이며 그러므로 『빈상설』은 의식적이든 무의식적이든 세대론적 독해의 가능성을 지닌 텍스트가 된다. 동시에 『빈상설』은 선의 축에 새로움을, 악의 축에 구태의연함을 놓아 대결구도를 설정하는 단선적 작법에서 벗어나는 작품이다.

이인직의 『혈의 루』는 통속적 서사와 근대적 담론이 종합된 텍스트로서 의미 있다. 『만세보』에 연재되고 광학서포에서 출판된 상편에 대응되는 하편의 존재에 대해 생각해 보고, 독립된 작품으로 인정할 수 있는 유일한 서사구조는 『만세보』 및 광학서포본의 상편에 『제국신문』 연재본 『혈의 루 하(下)』를 더한 텍스트로 보아야 함을 주장했다. 이는 이인직이 주인공 옥련의 성장과 그의 일대기 형식으로서의 장편을 의도한 결과라고 해석하였다. 여기서 옥련의 미성숙과 미래에 대한 불확정성이 작가로 하여금 '전망의 유예' 혹은 '이월' 형식을 택하게 한 것이라 보았다.

전대 소설의 서사구조에 근대적 시대 담론을 수용하려 한 이인직과 이해조의 시도는 그 자체로 당대적 의의를 가진다. 또한 그들이 해결하지 못한 문제를 살펴 역설적으로 파탄의 구조로부터 갱신의 노력과 결과를 추출해 내는 작업이 가능하다. 오래된 양식의 틀과 새로운 시대정신이 공존하였으나 조화되지 못하였던 신소설 텍스트의 세계는 그럼에도 불구하고 성장이 성공으로, 만남이 결혼으로 천편일률적으로 귀결되던 재래의 이야기 텍스트와 다르다. 세대론과 희생제의 구조에 의한 통속적 서사구조의 굴절 양상은 그 역설적 증거이다. 신소설의 서사구조는 기존의 전근대적인 통속의 구조가 굴절된 바로 그 지점에서 양식적 파탄을 경험하였지만, 또한 이 지점으로부터 이후 세대의 소설에 일정한 긍정적 영향을 끼치는 결과를 가져왔다.

서구의 소설 양식론이 본격적으로 수입되고 소개되기 이전 창작된 신소설은 서구의 문예이론을 익숙하게 접한 근대 문인들에게 번역되지 않은 몇 안 되는 교과서였다. 이론의 수입과 이해는 급격히 이루어질 수 있었다 해도 작법의 수용과 체득 과정은 점진적일 수밖에 없었던 것이다.

1910년 「문학의 가치」, 1916년 「문학이란 하오」 등의 논문은 이광수가 문학의 문예적 성격에 대해 인식하고 있었음을 보여 주는 자료이다. 이광수뿐만 아니라 1910년대 지식인들은 문학의 양식적 성격을 서구 근대의 그것으로 이해하고자 하는 움직임을 드러내고 있었다. 그러나 이광수의 실제 소설 창작은 그가 의도한 계몽적 이데올로기에 더 큰 영향을 받았고 이에 따라 신소설을 포함한 전대 소설의 형식을 계승한 결과로 나타났다.

이광수의 『무정』이 보여주는 이전 소설과의 공통점과 차이점은 우선 영웅 서사에 비견될 만한 행동소설의 구조를 가지고 있되 영웅적 인물은 소거되었다는 점에서 발견할 수 있다. 이 때 영웅적 인물이 소거되었다는 말은 영웅적 인물로 상정될 만한 인물이 존재하므로 제시될 수 있는 판단이다. 『무정』이라는 소설의 구조 속에서 영웅적 인물의 위치에 놓을 수 있는 인물은 영채와 형식이다.

『무정』에서 '형식'이라는 인물이 가장 두드러져 보이는 이유는 그가 여성인물인 선형과 영채의 사이에서 '선택하기 위한 갈등'을 겪는 존재이기 때문이다. 긍정적 성격의 두 여성 인물 사이에서 겪는 갈등이라는 상황 설정은 1917년 이전의 신소설에서 쉽게 찾아 볼 수 없는 구도다. 주인공뿐만이 아니라 독자로서도 쉽게 판단하고 선택할 수 없는 갈등의 상황이다. 이는 『무정』이 교훈주의의 극복을 이루지는 못했을지언정 표면적 권징주의에 대해서는 일정한 지양의 태도를 드러내고 있다는 증거이다. 박영채는 전대 소설과 『무정』의 수용 계승 관계를 직접적으로 증거하는 인물이며, 그러한 박영채를 중심으로 한 통속적 서사가 이형식이라는 남성인물의 존재로 인해 후경화된다는 점에 『무정』의 당대적 새로움이 있다.

『무정』의 세계는 형식을 중심으로 한 근대적 선택의 문제를 모색하는 세대론적 주서사의 흐름과 영채를 중심으로 한 희생제의 구조의 통속적 부서사의 합으로 조직되었다. 『무정』은 그러므로 신소설이 가진 세대 담론에 의해 작동하는 서사의 전망 제시의 의도와 희생제의 구조에 의해 작동하는 서사의 통속성을 수렴하고 종합한 텍스트이다.

전대의 이야기 문학으로부터 신소설로 이어지고 이광수의 작품을 통해 수렴된 작법의 체계에 김동인은 크게 반발했다. 그러나 김동인의 작법은 이인직, 이광수의 영향을 받지 않을 수 없었고, 그가 최초로 시도한 장편소설 『약한 자의 슬픔』은 이광수의 작법에 대한 부정적 계승의 결과이다.

김동인의 「소설작법」은 근대 초기의 요소적 작법론으로서 의의가 있다. 앞선 시기에 현철의 「소설개요」가 있기는 했으나 현철 자신이 일본에서의 강의 노트를 정리한 것이라 밝히고 있는 만큼 그 내용과 체계면에서 독창성을 발견하기 어려운 아쉬움이 있다. 김동인의 「소설작법」은 그 자체로서도 의미 있지만 그 글 안에서 강조한 일원묘사, 인형조종술 등의 용어를 『약한 자의 슬픔』 등 작품 분석에 원용해 볼 때 더욱 명확한 이해를 얻을 수 있다.

김동인의 첫 장편 『약한 자의 슬픔』은 춘원의 『무정』의 바탕에 깔려 있는 교훈주의와 성장으로서의 일대기 구조를 소거하고 '약한 자'를 주인공으로 내세워 세상으로부터 패배할 수밖에 없는 이야기를 시도하였다는 점에서 의의를 찾을 수 있는 작품이다. 기존 소설 작법의 상승구조에 반발하여 하강구조의 작법을 시도한 것이다.

실제로 이 작품은 주인공 엘리자베트의 시선에서 대부분의 관찰이 이루어지고 여타 인물들의 성격이나 심리는 엘리자베트의 시선으로 관찰된 행동에 의해서만 암시되고 있다. 이에 덧붙여 김동인은 엘리자베트가 자신에 의해 철저히 조종되는 인형이 되기를 바랐고, 그만큼 치밀한 성격 부여가 필요하다고 생각했다. 김동인은 엘리자베트가 자살로써 삶을 마감하는 이야기를 구상하고 있었던 바 엘리자베트가 죽을 수밖에 없는 이유를 만들어야 했고 그와 관련된 사건에 봉착하지 않을 수 없는 성격을 부여하려 했다. 엘리자베트는 처음부터 희생될 수밖에 없는 존재였고, 작가 김동인은 그의 죽음을 보다 근대적이고 세련된 방식으로 처리하려 했다. 전대 소설에서 보이는, 천편일률적인 고난의 방식이나 우연에 의한 사건의 처리를 지양하고 인과율에 의한 근대소설적 질서를 염두에 둔 결과이다.

이상의 분석을 통해 전대소설의 계승 형태로서의 신소설의 원형적 작법체계와 그것에 계몽의 의지가 결합된 형태로서의 이인직·이해조 초기소설의 작법, 나아가 신소설이 내포하고 있는 모티프의 새로움이 종합되고 수렴된 형태로서의 이광수 『무정』의 얼개와 그 비판적 수용으로서의 김동인의 작법 등을 논하여 보았다.

본 논문은 그러므로 김동인 식의 분류에 따르자면 사건소설의 계보, 행동소설 작법의 사적 전개 과정을 추적한 결과로 볼 수 있다. 분석의 과정에서 염두에 두었던 수용과 계승 양상에의 집중적인 착목이 한 줄기의 흐름으로 요약된 것이다. 물론 한국근대소설사는 한 줄기의 흐름으로만 전개된 것이 아니다. 사건소설의 계보가 있다면 성격소설의 계보 또한 존재할 것이다. 일탈적이고 개성적인 작법이 따로 떨어져 존재했을 수도 있다.

그러나 한국근대소설사의 전반적인 얼개를 구성하기 위하여 또 다른 몇 가지의 흐름을 분석하고 추가하더라도 그것이 이 논문에서 분석한 『무정』까지의 수렴의 역사에서 다시 각각 분기하여 전개되었던 것임을 부정하기는 어려울 것이다. 예컨대 조선의 전대소설을 거의 읽지 않았음을 표나게 주장한 염상섭이라 할지라도 김동인이나 이광수가 선보인 당대적 작법의 자장에서 자유로울 수는 없었을 터이다.

서구 문학 이론의 수용은 직접적으로 그것도 우열의 관계 속에서 이루어졌음을 부정하기 어렵다. 그러나 이론의 수입이 이루어지기 전에 소설 창작은 전개되고 있었고 그 창작 담당층은 문학을 '학(學)'으로 받아들인 계몽 지식인들이었다. 그들이 창작한 신소설을 비롯한 서사텍스트는 양식적 · 기법적 근대와 무관한 담론체계였다. 즉 그들이 의도한 새로움은 형식적인 것이 아니라 내용적인 것일 따름이었다.

'새로운 새로움'은 서구 문예이론의 기초를 학습한 신세대들에 의하여 신소설이 구세대 양식으로 규정되는 지점을 분석하는 과정에서 개념화될 수 있다. 그러나 본문에서 분석하였듯 서구이론의 이해 및 수용과는 무관하게 이미 형성된 신소설의 작법은 이후 근대소설의 구조에 긍정적으로든 부정적으로든 지속적인 영향을 끼쳤던 것이다.

참고문헌

1. 자료

『개벽』, 『조선문단』, 『문예공론』, 『창조』, 『개벽』 등 잡지.
『매일신보』, 『동아일보』 등 신문.

김송규 저작 겸 발행, 『옥상화』, 광한서림, 1928.
김치홍 편저, 『김동인 평론 전집』, 삼영사, 1984.
박건병, 『광악산』, 박문서관, 1912.
백대진, 「현대 조선에 '자연주의 문학'을 제창홈」, 『신문계』, 1915.12.
백대진, 「신년벽두에 인생주의파 문학자의 배출을 기대함」, 『신문계』, 1916.1.
백대진, 「문학에 대한 신연구」, 『신문계』, 1916.3.
안확, 「조선의 문학」, 『학지광』, 1915.7.
이보경, 「문학의 가치」, 『대한흥학보』, 1910.3.
이광수, 「문학이란 하오」, 『조선일보』, 1916.11.10~23.
이상협, 『무궁화』, 박문서관, 1928.
이인직, 『혈의 루』, 광학서포, 1907.
이인직, 『귀의 성(상)』, 광학서포, 1907.
이인직, 『귀의 성(하)』, 중앙서관, 1908.
이해조, 『빈상설』, 광학서포, 1908.
이해조, 『춘외춘』, 신구서림, 1912.
이해조, 『화의 혈』, 보급서관, 1912.
이해조, 『탄금대』, 전광용 편, 『한국신소설전집 5권』, 을유문화사, 1968.
임규찬·한진일 편, 『임화 신문학사』, 한길사, 1993.
작자미상, 『금의쟁성』, 유일서관, 1913.
작자미상, 『절처봉생』, 박문서관, 1914.
최두선, 「문학의 의의에 관하야」, 『학지광』, 1914.12.
효종, 「소설개요(續)」, 『개벽』, 1920.7.
효종, 「소설개요」, 『개벽』, 1920.6.
효종, 「현당독폐」, 『개벽』, 1920.8~1921.3.
흔식 생원, 「새 문학과 녯 문학의 비교」, 『반도시론』, 1916.

2. 논문

강헌국, 「상상의 서사화 - 『무정』론」, 『민족문화연구』 42호, 2005.6.
강헌국, 「기분과 서사 - 「표본실의 청개고리」론」, 『현대소설연구』 29호, 2006.3.
강헌국, 「개념의 서사화 - 염상섭의 초기소설」, 『국어국문학』 143호, 2006.9.
강헌국, 「반재현론의 행방 - 김동인의 소설론」, 『민족문화연구』 48호, 2008.6.
강헌국, 「지각의 서사화」, 『비평문학』 30호, 2008.12.
김상태, 「김동인 소설이론과 그 실제」, 이재선 편, 『김동인』, 서강대출판부, 1998.
김영민, 「근대문학사 연구의 성과와 의미」, 『한국근대소설의 형성과정』, 소명출판, 2006.
김영민, 「동서양 근대소설의 발생과 그 특질 비교」, 『한국근대소설의 형성과정』, 소명출판, 2006.
김영민, 「한국 근대계몽기 '소설'의 정체성 연구」, 문학과사상연구회, 『근대계몽기 문학의 재인식』, 소명출판, 2007.
김재영, 「한국 근대소설 논의의 추이와 이태준」, 문학과사상연구회, 『이태준 문학의 재인식』, 소명출판, 2004.
김재영, 「근대계몽기 '소설' 인식의 한 양상」, 문학과사상연구회, 『근대계몽기 문학의 재인식』, 소명출판, 2007.
박종홍, 「『창조』소재 김동인 소설의 일원묘사 고찰」, 『현대소설연구』 25호, 2005.3.
박현수, 「두 개의 번역과 소설이라는 글쓰기」, 상허학회, 『한국근대문학 재생산 제도의 구조』, 깊은샘, 2007.
송민호, 「신소설 「혈의루」 소고」, 『국어국문학』 14호, 1955.
송하춘, 「염상섭의 초기 창작방법론」, 『현대소설연구』 36호, 2007.12.
이상갑, 「한설야의 창작방법론 연구」, 『고려대 어문논집』 제32집, 1993.
전광용, 「혈의루」, 『사상계』, 1956.4.
차혜영, 「1930년대 한국소설의 근대성과 모더니즘적 전망」, 『1930년대 후반문학의 근대성과 자기 성찰』, 깊은샘, 1998.
최병우, 「근대소설 초기 시점론의 한 양상」, 『한국현대소설의 미적 구조』, 민지사, 1997.
최성윤, 「이해조의 「자유종」에 나타나는 교육구국론의 의미와 한계」, 『한국문학이론과 비평』, 2001.6.
최성윤, 「전후 비평의 과도기적 성격과 창작방법론의 모색」, 『우리어문연구』, 2002.4.
최성윤, 「이해조의 『화의 혈』과 채만식의 『탁류』에 나타나는 '자매' 모티프의 세대론적 의미」, 『현대소설연구』, 2003.6.
최성윤, 「김동인의 창작방법론과 「소설작법」의 의의」, 『한국문학이론과 비평』, 2006.3.
최원식, 「이해조 문학 연구」, 『한국근대소설사론』, 창작사, 1986.
최원식, 「이식론과 내재적 발전론을 넘어서」, 『창작과비평』, 1993. 겨울.
최원식, 「민족문학의 근대적 전환」, 『민족문학사강좌 하』, 창작과비평사, 1995.
황정현, 「「무정」에 관한 초기 비평 연구 - 1945년 이전의 비평을 중심으로」, 『어문논집』, 2008.4.

3. 국내 학위논문 및 단행본

강인숙, 『김동인』, 건국대학교출판부, 1994.
권영민 편, 『염상섭 문학 연구』, 민음사, 1987.
김병철, 『한국근대서양문학이입사연구(상권)』, 을유문화사, 1980.
김상태 외, 『한·중·일 근대문학사의 반성과 모색』, 푸른사상사, 2004.
김영민, 『한국근대소설사』, 솔출판사, 1997.
김영민, 『한국근대문학비평사』, 소명출판, 1999.
김영민, 『한국현대문학비평사』, 소명출판, 2000.
김영민, 『한국근대소설의 형성과정』, 소명출판, 2006.
김우종, 『한국현대소설사』, 성문각, 1982.
김윤식, 『이광수와 그의 시대 1～3』, 한길사, 1986.
김윤식, 『염상섭 연구』, 서울대학교출판부, 1987.
김윤식·김현, 『한국문학사』, 민음사, 1973.
김윤식·정호웅, 『한국소설사』, 예하, 1993.
김윤재, 『한국 근대 초기 문학론과 소설 창작의 관련 양상』, 보고사, 2002.
김하명 외, 『조선문학사(1926～1945)』, 과학·백과사전출판사, 1981.
김행숙, 『문학이란 무엇이었는가』, 소명출판, 2005.
문학과사상연구회, 『이태준 문학의 재인식』, 소명출판, 2004.
문학과사상연구회, 『근대계몽기 문학의 재인식』, 소명출판, 2007.
문학사와비평학회, 『김동인 문학의 재조명』, 새미, 2001.
문학사와비평연구회, 『염상섭 문학의 재조명』, 새미, 1998.
문한별, 「한국 근대 소설 양식의 형성과정 연구」, 고려대 박사학위논문, 2007.
박종원 외, 『조선문학사(19세기 말～1925)』, 과학·백과사전출판사, 1980.
백철, 『신문학사조사(重刊)』, 신구문화사』, 1980.

상허문학회, 『1930년대 후반문학의 근대성과 자기 성찰』, 깊은샘, 1998.
송민호, 『한국개화기소설의 사적연구』, 일지사, 1975.
송하춘, 『1920년대 한국소설연구』, 고대민족문화연구소출판부, 1985.
송하춘, 『발견으로서의 소설기법』, 현대문학, 1993.
안함광, 『조선문학사』, 교육도서출판사, 1956.
양진오, 『한국소설의 형성』, 국학자료원, 1998.
여지선, 『한국근대문학의 전통론사』, 이회, 2006.
윤충의, 『한국근대소설론연구』, 고대민족문화연구소출판부, 1994.
이상갑, 「1930년대 후반기 창작방법론 연구」, 고려대 박사학위논문, 1994.
이선영 외, 『염상섭 문학의 재인식』, 1998.
이재선, 『한국현대소설사』, 홍성사, 1979.
이재수, 『한국소설연구』, 선명문화사, 1969.
장만호, 「한국 근대 산문시의 형성과정 연구」, 고려대 박사학위논문, 2006.
전광용, 『신소설연구』, 새문사, 1986.
정연희, 「김동인 소설의 서술자 연구」, 고려대 박사학위논문, 2002.
정한숙, 『현대한국작가론』, 고려대학교출판부, 1986.
정한숙, 『현대한국문학사』, 고려대학교출판부, 1993.
정홍교 외, 『조선문학개관』, 사회과학출판사, 1986.
조동일, 『신소설의 문학사적 성격』, 서울대출판부, 1973.
조동일, 『한국문학통사5』, 지식산업사, 1994.
조연현, 『한국현대문학사』, 성문각, 1969.
조희웅, 『고전소설작품연구 총람』, 집문당, 2000.
조희웅, 『고전소설 줄거리 집성 1』, 집문당, 2002.
최원식, 『한국근대소설사론』, 창작사, 1986.
최원식, 『한국계몽주의문학사론』, 소명출판, 2002.
한기형, 『한국근대소설사의 시각』, 소명출판, 1999.
홍일식, 『한국개화기의 문학사상연구』, 열화당, 2000.

4. 번역서

가메이 히데오, 신인섭 역, 『「소설」론 - 『소설신수』와 근대』, 건국대출판부, 2006.
가와바타 야스나리, 신규호 역, 『소설의 구성』, 건국대출판부, 2000.
르네 지라르, 김윤식 역, 『소설의 이론』, 삼영사, 1977.

르네 지라르, 김진식·박무호 역, 『폭력과 성스러움』, 민음사, 1993.
르네 지라르, 김진식 역, 『희생양』, 민음사, 1998.
쓰보우치 쇼요, 정병호 역, 『소설신수』, 고려대출판부, 2007.

제 2 부

한국 근대초기 서사 텍스트의 안과 밖

이해조의 「자유종」에 나타나는 교육구국론의 의미와 한계

1. 문제제기

이해조와 「자유종」에 대한 논의는 전쟁 이후 분단이 고착화된 상황하에 남북한에서 거의 동시에 시작되었다고 할 수 있다. 전광용의 「신소설 연구」와 안함광의 『조선문학사』가 모두 1956년에 발표되었던 것을 참고하면,[1] 남북한에서 문학사 연구가 본격화되기 시작한 시기부터 최근까지 이해조와 「자유종」은 꾸준히 논의의 대상이 되었던 셈이다. 그러나 남한에서 기술된 문학사의 경우 이해조나 「자유종」에 대한 문학사적 평가가 늘 긍정적인 것은 아니었다. 신소설의 형성과 전개 과정에서 이해조의 위치는 대개 이인직의 그것에 비교되어 2의적으로 혹은 부수적으로 평가되었다. 또한 「자유종」은 이해조의 대표작으로 거론되기는 하나, 단순한 소설적 의장마저 걸치지 않은 형식상의 특징으로 인해 신소설의 주류에 편입되기 힘들었다. 근대소설의 맹아를 이인직에서 찾고 그 발전된 양상을 이광수의 「무정」에서 구하

---

1) 전광용, 「신소설 연구 9 - 자유종」, 『사상계』, 1956.8.
______, 「신소설 연구 10 - 속 자유종」, 『사상계』, 1956.9.
안함광, 『조선문학사』, 연변교육출판사, 1957. (책 끝에 "1956년 6월 조선 초판"으로 명기되어 있음.)

는 문학사의 주류적 해석에서 이해조와 「자유종」은 하나의 문학사적 지류로 인식되어 온 것이다.[2)]

이러한 구도를 재해석하고 1910년대 이전의 개화기 단형서사를 문학사의 범주에 적극적으로 편입시키려는 노력이 생겨나면서, 이해조와 그의 소설 「자유종」은 개화기 단형서사물과 이광수의 「무정」을 잇는 징검다리로서 의의를 획득하게 되었다. 최원식은 1905년부터 1910년 사이의 문학을 '애국계몽기'라는 용어로 한정하기를 주장하면서, 기존 문학사에서 평가했던 노골적인 친일문인 이인직에 이해조를 필적시켰다. 최원식의 주장대로라면 이해조에게서 친일의 혐의를 완전히 지우기는 어려울지라도 한일합방 직전의 긴박한 정황 속에서 일정한 애국적 문학경향을 보인 점은 평가해 줄 만한 일일지 모른다.[3)]

그럼에도 불구하고, 이해조의 문학과 「자유종」의 성격을 애국논설적인 정론성에 맞추어 평가하는 것도 쉬운 일만은 아니다.[4)] 이해조의 경우처럼 생애 자료가 충분히 확보되지 않은 개화기 문인들의 경우[5)] 그의 문학과 사상을 더불어 검토하는 일은 용이하지 않다. 특히 한일합방 이전의 작품들과 이후의 작품들에서 급격한 변모의 양상을 보인다면 그 의식지향을 가치판단하는 것은 더욱 어려운 일이다. 친일행적이 부분적으로 혹은 전면적으로 드러난 대부분의 문인들을 연구함에 있어 그 문학작품들을 고찰하는 기본적인 시각은 섬세한 것이 되지 못할 가능성이 높다. 또한 개화기 문학을 연구하는 입장에서는 외래사조

2) 송민호와 홍일식은 「자유종」을 「소경과 안즘방이 문답」, 「거부오해」 등 문답형식의 소설과 비슷한 유형으로 보았다. 송민호는 이 작품을 '정치소설류'에 귀속시켰고, 홍일식은 풍속 문제에 대한 관심에 주목하였다.(송민호, 『한국개화기소설의 사적 연구』, 일지사, 1975; 홍일식, 『한국개화기의 문학사상 연구』, 열화당, 1980)

3) 최원식, 『한국근대소설사론』, 창작사, 1986 참조.

4) 홍일식은 「자유종」을 "반역사주의적 산물"로 규정하고, "민족의식의 고양이나 주권회복에의 의지보다는, 도덕성의 회복이나 풍속개량만을 외치고 있는 그들(4명의 부인 - 필자)의 사상적 배후에는 역사적 현실의 핵심문제와의 정면대결을 회피한 타협주의 내지는 패배주의가 도사리고 있었다"고 주장한다.(홍일식, 위 책, 213면)

5) 이해조의 생애에 대해서는 다음 절에서 논한다.

혹은 문물의 도입 의지에 연계한 추적을 전혀 도외시할 수 없다는 점에서 민족 주체성의 문제가 어느 틈에 부각되고야 마는 것이다.[6)]

애국계몽기라는 용어가 우리에게 다양한 함의로 읽혀지는 것은 이것이 액면 그대로의 애국으로만 읽혀질 수 없게 하는 민족사적 사건에 단단히 얽매여 있기 때문이다. 합방이라는 도둑같이 찾아온 사태 이후에 개인의 생각과 행동이 변화하고 마는 것, 사실 한 세기가 가까운 세월이 흐른 지금 그것을 평가하는 일은 내내 조심스러울 수밖에 없다. 이해조처럼 항일의 행적은 구전으로만 전하고 친일의 문제는 간접적으로나마 기록으로 남은 작가의 경우 더욱 그렇다.[7)]

이해조의 신소설 「자유종」은 합방 직전 발표된 소설이다.[8)] 이 작품의 내용을 간추려 정리하면 '애국계몽기'라는 용어에 가장 부합하는 논조로 어렵잖게 받아들여진다. 그러나 이러한 판단은 위에서 말한 바와 같이 작가의 생애와 역사적 배경 등 작품 외적 요소를 도외시하지 않으려는 순간 회의에 다다르고 만다. 아주 간단히 말한다면, 순간의 진심을 신뢰할 수 있는가 하는 것이 우선 의문의 출발점이 된다.

다음으로 문제가 되는 사항은 「자유종」의 양식 특질에 관한 것이다. 이른바 토론체 형식을 띤 이 소설을 문학사적 전후맥락에 의거하여 따지는 일은 2차적인 문제에 속한다. 먼저 문제가 되는 것은 이해조가 어째서 자신의 다른 소설에서 사용하지 않던 형식을 채택하였는가 하는 점이다. 이는 신소설의 일반적인 양식 특질을 묻는 일에도 관련되는데, 이른바 '서사 중심 신소설'을 신소설의 주류로 해석하고 '논설 중심 신소설'은 전대의 토론체 단형서사물에 귀속시킨다면, 이해조

---

6) 이 논문의 분석 대상인 「자유종」의 경우에도 당시 일본의 사례를 소개하면서 그에 대한 긍정적 시선을 여러 번 드러내고 있음을 확인할 수 있다.

7) 이 문제에 대해서는 다음 장에서 보론하겠음.

8) 이 소설의 창작 시기에 대해서는 이론이 있을 수 있다. 최원식은 이 작품이 "1910년에 간행되었지만 창작은 그보다 앞서 1908년이 아닌가 추측된다"고 하면서 "작일은 융희 이년 제일 상원이니"라는 등장인물의 말을 인용하고 있다.(최원식, 앞의 책, 46면 참조.)

의 「자유종」은 양식상의 퇴행으로 설명될 수밖에 없을 것이다. 그러나 이해조의 소설들을 개관하여 볼 때 토론체 양식은 「자유종」에 국한되어 나타나는 현상임을 전제해 두어야만 한다.

필자는 이 소설에 대한 기존의 연구사에서 화자 구분의 가능성을 무시해온 관행에 대해서도 문제를 제기하려 한다. 표제 옆에 '토론소설'이라는 수식어를 달고 있기는 하지만 이 소설에서 진정한 토론은 이루어지지 않는다는 주장은 「자유종」을 논설적 메시지만으로 재단하는 표면적 해석을 반복 재생산하기에 이르렀다. 화자를 구분할 필요가 없다는 주장은 각 화자의 발언 내용을 꼼꼼히 분석해 본 이후에 제출된 것이라야 한다. 그런데 「자유종」의 화자를 구분하여 꼼꼼히 분석해 본다면 화자를 구분할 필요가 없다는 주장을 하기 이전에 판본 오식의 가능성에 대한 문제제기가 이루어질 수밖에 없다는 것이 필자의 판단이다.

따라서 필자는 본고를 통해 이해조의 「자유종」을 면밀히 분석하고 작가의 생애를 참고하여 이해조와 그의 문학이 급격히 변모하게 된 것을 객관적으로 검증하는 자료로 삼고자 한다. 동시에 이 작업이 「자유종」의 문학사적 의의와 한계를 명확히 하는 데에도 작은 도움이 되기를 기대해 본다.

2. 이해조의 생애와 「자유종」의 교육구국론

2.1. 이해조의 생애[9)]

이해조는 1869년 2월 27일 경기도 포천에서 이철용(李哲鎔)과 청풍

---

9) 이해조의 생애 자료로는 최원식, 『한국근대소설사론』(창작사, 1986), 이용남, 『이해조와 그의 작품세계』(동성사, 1986), 이명자, 「새로 밝혀낸 이해조의 얼굴과 생애」(『문학사상』, 1980.7)와 각종 연보 등을 참고하였음을 밝힌다.

김씨의 장남으로 태어났다. 그의 집안은 당당한 왕족이었고,[10] 대원군의 종친우대정책으로 기울어 있던 가세가 일어났다. 조부 재만(載晩)은 대원군의 측근으로 활동하였다. 그러나 대원군의 실각 이후 민씨가 실권을 장악하자 조부 재만은 처형되고 만다. 이재만의 복권은 1894년 이루어진다.

소위 애국계몽기에 이해조의 부친 이철용은 교육구국운동에 투신, 1906년 화야의숙을 창립한다. 이 의숙은 그 후 청성제일학교로 발전하는데 결국은 1911년 총독부의 민족교육 말살정책에 의해 폐교당했다. 교육구국의 길마저 차단당한 이철용은 1919년 4월 30일, 3.1운동이 맹렬히 전개되는 가운데 사망한다.

명문 재산가의 장남으로 태어난 이해조는 구학문인 한문 공부를 하여 진사에 급제한 이력이 있다고 하나 신학문에도 큰 관심을 가졌고, 부친이 창립한 화야의숙의 후신 청성제일학교의 설립자가 되기에 이른다. 이해조가 계몽주의 지식인으로 활동을 시작한 것은 1906년『소년한반도』에 백화체 한문소설「잠상태」를 연재하면서부터였다. 이듬해에는 '광무사' 발기인으로 참여, 본격적으로 애국계몽운동에 투신하였다.

1907년 구한말의 대표적인 민족언론『제국신문』에 입사한 후 이해조는「고목화」(『제국신문』, 1907.6.5～10.4),「빈상설」(『제국신문』, 1907.10.5～1908.2.12) 등을 발표, 본격적인 신소설 창작에 돌입한다. 같은 해 '대한협회' 교육부 사무장, 평의원을 역임하였다. 1908년에는 '기호흥학회'에 참여, 평의원에 선출되고, 이듬해 4월에는 기호학교의 교감이 된다. 또한『기호흥학회월보』의 편집인이 되어「윤리학」을 연재하기도 했다. 1907년 이후 한일합방에 이르는 기간 동안 이해조의 작품은 다수가『제국신문』을 통해 발표된다. 이 시기가 이해조에게는 소

10) "이해조의 가계를 보면 본관이 전주이며, 이조 16대 왕 인조의 셋째 왕자 인평대군 10대손이다."(이명자, 위 글, 60면)

설 창작 뿐 아니라 계몽주의 지식인으로서의 활동 또한 가장 활발히 전개된 시기였다. 그의 사회활동의 대부분이 결국은 교육의 문제로 수렴된다. 여기에 부친 등 주변 인물들의 영향이 컸을 것임은 쉽게 짐작할 수 있는 일이다.[11)]

합방이 되던 1910년 이해조는 총독부 어용지인 『매일신보』에 입사한다. 친일적 문예단체인 '신해음사'의 발기인으로 참여하기도 한다. 그러나 그는 사회활동보다는 소설 창작에 매달려 3년 정도의 기간 동안 20편에 가까운 작품을 발표하였다. 『제국신문』에 근무하면서 『제국신문』에 다수의 소설을 발표하였듯이, 1910년부터 1913년까지의 대부분의 소설들은 『매일신보』를 통해서 발표된다. 이 시기의 작품들은 그 편수에 비해 예술적 효과는 현저히 떨어진 것으로 평가되고 있다.[12)]

1913년 이후 소설 창작이나 사회활동에서 거의 은퇴한 이해조는 시와 활쏘기, 거문고를 벗하여 소일하였다고 하며, 결국은 만년에 보수적인 유생으로 타락하고 만다. 1919년 고종 붕어 후 3·1운동이 일어나고, 부친이 사망하는 일련의 충격적인 사건이 이해조를 둘러싸고 계속되었지만, 당시 그가 어떻게 대응하였는지는 분명히 알 수 없다.[13)] 다만 1920년 친일 유생단체인 '대동사문회'에 간여한 일이나 1921년 친일 유생단체 '유도진흥회'의 기관지 『유도』 창간호에 「온고

---

11) 이 시기의 중요 작품으로는 「구마검」(『제국신문』, 1908.4.25～7.23), 「홍도화」(『제국신문』, 1908.7.24～?), 「모란병」(『제국신문』, 1909.2.13～?), 『박정화』(『대한민보』, 1910.3.10～5.31), 「자유종」(광학서포, 1910.7) 등이 있다.

12) 「화세계」(『매일신보』, 1910.10.21～1911.1.17), 「월하가인」(『매일신보』, 1911.1.18～4.5), 「화의 혈」(『매일신보』, 1911.4.6～6.21), 「옥중화」(『매일신보』, 1912.1.1～3.16), 「소학령」(『매일신보』, 1912.5.2～7.6), 「우중행인」(『매일신보』, 1913.2.25～5.11) 등이 그 작품들이다.

13) "후손들의 증언에 의하면, 오히려 일제가 남작위를 증여하려 하였으나, 이해조가 끝내 거부하여 일제의 미움을 샀다고 하며, 3.1운동 당시에는 독립운동에 가담하였다는 이유로 체포 구금되는 사태까지도 일어나 지사적인 면모를 보였다고 하지만, 확증이 될 만한 문헌상의 기록이 발견되지 않는 한 이러한 점은 가설에 머무를 수밖에 없다."(이용남, 앞의 책, 101면)

이지신」이라는 글을 발표했던 기록으로 미루어보면 1919년의 행적과 관계없이 일정한 비판을 피할 길이 없다. 이해조의 문학이 시작되고 사실상 마감되는 것은 1906년부터 1913년까지로 볼 수 있는데, 그 기간이 이인직의 경우와 비교될 만하다. 1927년 포천 향리에서 사망하였다.[14)]

소설 「자유종」을 고찰하기 위하여 이해조의 생애에서 우선 주목되는 점은 그의 교육에 대한 열정이다. 부친 등의 영향으로 합방 이전 청년기를 교육 관련 사업에 바쳤던 계몽주의자 이해조는 『제국신문』에 입사, 교육의 주제를 소설화하기에 노력했다. 『제국신문』의 성격에 대해서도 주목할 필요가 있다. 『제국신문』은 주요 독자층을 부녀자들로 한 민족언론이었다. 교육을 큰 주제로 한 「자유종」에서 화자들이 여권 신장을 주장한 배경에는 『제국신문』의 영향이 있었음을 부인하기 어렵다.

또 하나 빠뜨릴 수 없는 점은 합방을 전후로 한 이해조의 급격한 변모 양상이다. 합방 이전 마지막으로 발표했던 「자유종」의 내용과 합방 이후 나타난 발빠른 현실 적응 양상은 크게 괴리된 것임에 틀림없다. 사회활동의 대부분을 접고 『매일신보』의 연재란을 거의 독점하다시피 하여 소설 창작에 매진했던 것은 당시의 이해조가 직접적 계몽의 의지에서 한 발 물러나 있었음을 증명하는 것일 수도 있다.

마지막으로 그의 가계가 당대의 명문 귀족이었고, 오히려 그 때문에 시대의 변화상에 의한 부침이 극심하였던 것을 주목하지 않을 수 없다. 한학에 소양이 있던 이해조가 신학문에 관심을 갖게 된 것은 한말의 가계사와 밀접히 관련되어 있다. 그의 내면에는 양반으로서의 보수성향과 자신의 가계를 책임지지 못했던 왕권에 대한 불신, 그에

14) 1914년의 『정선조선가곡』, 1918년의 『홍장군전』, 『한씨보응록』을 간헐적으로 출판하였으며, 1922년 『구미호』와 1925년 『강명화실기』가 만년에 보태어졌다.

따른 개혁 의지가 공존하고 있었으며, 이 과정에서 작가의 소박한 근대적 국가관이 형성된 것으로 판단할 수 있다.

개화기의 계몽적 지식인을 사상적 경향에 따라 분류하는 기준은 여러 가지가 있을 수 있겠으나, 서구 추수적 성격을 지닌 일군과 전통을 중시하는 점진적 개량주의의 일군으로 일단 나누어 볼 수 있겠다. 이해조의 경우 전자에 혹은 후자에 해당한다고 일방적으로 규정하기는 어렵다 할 것이다. 「자유종」의 내용을 살펴 볼 때 이해조는 유교의 폐습을 인정하면서도 기독교 등 외래종교의 수용보다는 유교의 개선을 우선시했다. 그러나 그의 왕권에 대한 인식은 비판적인 것이어서 여타 전통적 지식인들의 그것과 구별된다.

2.2. 「자유종」의 교육구국론

「자유종」에는 설헌, 매경, 국란, 금운 등 4명의 인물이 등장한다. 이들은 당대의 시점이 긴급한 상황이라는 공통인식 하에 교육으로써 미래를 준비하자는 의논들을 한다. 이들의 주장을 단락별로 정리하면 이 소설의 주제는 쉽게 드러난다. 여권 신장, 반상 차별의 철폐, 지역 차별의 철폐, 여자 교육의 필요성 제시, 한글 사용의 중요성, 서얼 차별 폐지 등이 그것이다. 이 항목들이 모두 교육이라는 문제에 집중되고 있다는 점,[15] 교육의 주체와 대상으로서의 여성을 중요시한 점 등도 작품의 문면에서 거의 직접적으로 읽을 수 있다.

작품은 크게 두 부분으로 나누어진다. 현실을 비판하며 자신의 의견을 개진하는 앞 부분과 꿈을 이야기하며 낙관적 전망을 제시하는

---

15) 장윤수는 「한국 근대소설에 나타난 교육 양상 연구」(고려대 대학원, 1991)에서 기존의 연구자들이 「자유종」의 주제를 병렬적으로 파악하고 있던 점을 비판하고, 교육이 토론의 각론을 포괄하는 테두리를 이루고 있음을 강조한다. 그러나 본 논문은 「자유종」의 궁극적 주제가 교육에 한정될 수 없다는 입장이다. 교육은 구국이라는 궁극적 목표를 위한 수단이다.

뒷부분이 그것이다. 그 꿈의 내용이란 '나라가 개명하여 자주독립을 이루는 것'으로 요약되는데, 이것만으로도 이해조가 교육과 구국이라는 큰 틀을 가지고 소설을 창작하였다는 것을 알 수 있다.

> 천지간 만물 중에 동물되기 희한하고, 천만 가지 동물 중에 사람되기 극난하다. 그같이 희한하고 그같이 극난한 동물 중 사람이 되어 압제를 받아 자유를 잃게 되면 하늘이 주신 사람의 직분을 지키지 못함이어늘, 하물며 사람 사이에 여자 되어 남자의 압제를 받아 자유를 빼앗기면 어찌 희한코 극난한 동물 중 사람의 권리를 스스로 버림이 아니라 하리요.[16]

「자유종」은 천부인권을 긍정하고 여성의 권익을 옹호하는 내용으로 시작된다. 여성이 남성의 압제에서 벗어나는 일은 사람됨의 권리를 찾는 일이요, 자유를 잃지 않고 압제에서 벗어나는 민족사적 과제를 위해 선결되어야만 하는 조건이라는 것이다. 물론 이 소설이 보여주는 여권에 대한 인식은 선구적인 것으로 평가되어야 한다. 그러나 여성 해방에서 출발하는 자유의 궁극적 도달점은 일체의 압제를 부정하는 인간 해방이어야 한다는 점에서, 「자유종」의 여성주의적 측면은 제2의 주제가 될 수밖에 없다.

사실 「자유종」은 남성의 여성 압제를 비판하는 대목을 많이 포함하고 있지만, 보다 중요하게 거론되는 것은 여성의 역할이 절실하다는 주장들이다. 여성의 역할이 절실한 이유는 이미 당대의 정황이 남자의 힘으로만 대세를 뒤집기에 역부족이기 때문이다.

> 오늘 우리나라는 어떠한 비참지경이오? 세월은 물같이 흘러가고 풍조는 날로 닥치는데, 우리 비록 아홉 폭 치마는 둘렀으나 오늘만도 더 못한 지

---

16) 전광용 편, 『한국신소설전집 2』, 을유문화사, 1978, 145면. 이하 작품인용은 각주 없이 괄호 안에 넣어 표시하겠음.

경을 또 당하면 상전벽해가 눈결에 될지라.(145면)

옛말에, 백짓장도 맞들어야 가볍다 하였으니 우리 일천만 여자도 일천 만 남자의 사업을 백짓장과 같이 거들었으면 백년에 할 일을 오십년에 할 것이요, 십년에 할 일을 다섯해면 할 것이니 그 이익이 어떠하고, 나라의 독립도 거기 있고 인민의 자유도 거기 있소.(146면)

나라의 독립과 인민의 자유를 위해서는 여자의 힘을 보태어야 한다는 것이 위 인용문에 드러나는 작가의 생각이다. 여자의 힘이 시급한 이유는 "십년에 할 일을 다섯해면 할 것"이라는 말처럼 당시의 상황을 시급한 것으로 인식했기 때문이다. 그렇게 본다면 「자유종」에 나타난 각종 차별의 철폐 주장은 차별당하는 인권을 해방시키자는 표면적 주제 외에 쓰이지 못하고 있는 힘을 함께 기울여 국권의 회복을 도모하자는 궁극적 주제의식에 귀속되어 있다 할 것이다.

구한말의 인민들 중 절반을 차지하는 여성이 교육의 혜택을 누리지 못하고, 나머지 절반인 남자들 중 신분이 천하다는 이유로, 서얼이라는 이유로, 서북 지방에 산다는 이유로 원천적으로 배제되어 교육의 혜택을 받지 못한다면 교육받은 나머지를 가지고 국권의 회복을 도모한다는 것은 사실상 불가능한 일이라는 것이 작가의 판단이었다고 볼 수 있다. 이해조의 교육 사상은 차별 받는 대다수의 백성들을 교육시켜 근대적 국민으로 양성하고 그렇게 해서 모아진 힘으로 자주 국가를 건설하자는 것으로 요약된다. 그러나 이해조가 보는 당시의 실상은 자신의 사상과 너무 동떨어진 곳에 있었다.

또 사회의 폐습을 말할진댄 확실한 단체는 못보겠습디다. 상업사회는 에누리사회요, 공장사회는 날림사회요, 농업사회는 야매사회라, 하나도 진실하고 기묘하여 외국문명을 당할 것은 없으니 무슨 단체가 되겠소? 근래

신교육사회는 구교육사회보다는 낫다 하나 불심상원이요.

관공립은 화욕학교라 실상은 없고 문구 뿐이요, 각처 사립은 단명학교라 기본이 없어 번차례로 폐지할 뿐 아니라, 무론 아무 학교든지 그 중에 열심한다는 교장이니 찬성장이니 하는 임원더러 묻되, 이 학교에 제갈량과 이순신과 비사맥과 격란사돈 같은 인재를 교육하여 일후의 국가대사를 경륜하려오 하면 열에 한둘도 없고, 또 묻되 이 학교에 인재성취는 이 다음 일이요, 교육사회에 명예나 취하려오 하면 열에 칠팔이 더 되니 그 성의가 그러하고야 어찌 장구히 유지하겠소? 교원 강사도 한만한 출입을 아니하고 시간을 지키어 왕래한다니 그 열심은 거룩하오. 공익을 위함인지, 명예를 위함인지, 명예도 아니오, 월급도 아니오, 실로 공익만 위한다 하는 자, 몇이나 되겠소?

또 여자교육회니 여학교니 하는 것도 권리 없고 자본 없는 부인에게만 맡겨 두니 어찌 흥왕하리요? 무론 아무 사회 하고 이익만 위하고 좀 낫다는 자는 명예만 위하고 진실한 성심으로 나라를 위하여 이것을 한다든가, 백성을 위하여 이것을 한다는 자 몇이나 되겠소?

이렇게 교육 교육 할지라도 십년 이십년에 영향을 알리니 그 중에도 몇 사람이야 열심 있고 성의 있어 시사를 통곡할 자가 있겠지요마는 단체효력을 오히려 못 보거든 하물며 우리 여자에 무슨 단체가 조직되겠소?(154~155면)

위 인용문은 당시 산업사회와 근대식 교육의 실상을 비판한 것으로서 제대로 된 교육이 난망함을 개탄하고 있는 부분이다. 상업사회가 에누리사회가 되고 공장사회가 날림사회가 되고, 농업사회가 야매사회가 된 것은 신교육의 잘못으로 인한 폐단이라는 것이다. 관공립이 화욕학교요 사립은 단명학교인 것은 물론, 인재 양성에 힘을 기울이지는 않고 이익과 명예를 구하는 것이 신교육사회이다. 모든 것은 교육사회가 공익을 우선하지 않기 때문에 파생되는 일이며, 공익을 중시하는 국민을 양성해내지 못하고 있기 때문에 필연적으로 귀결되는 양상이다.

위 인용문의 화자는 교육이 실효를 얻을 수 있으려면 십 년, 이십 년의 기간이 지나야 하리라는 예측을 하고 있다. 이는 이해조의 현실 인식이 긴박하였던 것과 비교하면 너무나 긴 세월이다. 그러니 여성이 백짓장을 맞들듯 절반의 힘을 모아야만 할 것인데, 여성 교육의 현실 또한 역시 비관적이라는, 솔직한 고백인 셈이다.

이해조가 생각했던 교육은 공익을 중시하는 국민 양성에 초점이 맞추어져 있었다. 그러나 당대의 현실상황 하에서는 그 성과를 보기 어렵다는 것이 이해조의 판단이었다. 그래서 우선 이끌어내진 여성의 역할은 자녀 교육이었다. 자녀를 잘 교육하여 미래에는 당대와 같은 비참지경을 면하게 하자는 것이다. 자녀 교육의 요체 또한 '공익'의 덕목으로 요약되고 있다. 공익을 우선하는 자녀로 자라게 하기 위해 여성들이 가져야 하는 것도 역시 공익적 교육관이다. '자녀 공물론'이 그래서 생겨난다.

이해조의 자녀 공물론은 국세의 보강을 궁극적 목표로 한 주장이다. 여자의 힘이나, 서자, 얼자의 힘이나 있는 대로 보태어야 하는 것은 그것이 국가의 힘을 불리는 데 긴요하기 때문이다. 반상이나 경향을 가릴 것 없이 국민의 힘은 국가의 힘으로 모아져야 하는 것인데, 개인의 이익이나 명예를 우선시하는 풍조 때문에 현실상황의 폐단이 끊이지 않는다고 이해조는 생각하고 있다. 따라서 「자유종」에 드러나는 작가의 차별 철폐주장은 단순한 민권 혹은 평등의 사상이 아니다. 교육기회의 평등을 기초로 하여 국가의 세력을 확장시키려는 뚜렷한 목적의식이 그 이면에 자리잡고 있는 것이다.

교육은 구국의 실천적 방편이 된다. 사회와 국가를 무너뜨리고 있는 근본적 원인이 무지와 무식에 있으므로 학문을 의론해야 하는 것이며, 위기의 국가를 살리는 것은 학문에서 소외되어 있던 자들을 교육하는 일로서 가능하다. 작가는 토론을 주도하고 있는 신설헌과 나머지 귀부인들로 하여금 선각자로서의 책임의식을 느끼도록 하고 있다. 문제는 이들이 모두 그야말로 양반 가문의 귀부인들이라는 점에 있다.

> 갑오년 경장대신의 정책이 웬 까닭이요? 양반은 양반대로 두고, 학교하는 임원도 양반이며, 학도의 부형도 양반이며, 학도도 양반이라고 울긋불긋한 고추장 빛으로 학부인이라, 내부인이라 반포하면 전국이 다 양반이 될 일을 어찌하여 양반 없이한다 하니, 사천년 전래하던 습관이 졸지에 잘 변하겠소? (……) 나도 양반으로 말하면 친정이나 시집이나 삼한갑족이로되, 그것이 다 쓸데 있소?(161～162면)

매경 부인의 이 발언은 그의 신분차별 비판이 신분제의 혁파에 이르기 위한 주장이 아니라 교육에 의한 신분 상승으로 상향 계급 재편을 유도해야 한다는 것임을 드러낸다. 매경 부인은 무분별한 계급 타파가 가져온 하향 평등화와 질서 문란에 대해서도 부정적 견해를 피력한다. 「자유종」에 나타나는 부정이나 비판이 혁명론에 결코 가닿을 수 없는 이유는 이처럼 국가사회 질서의 유지를 중요시하는 양반층 부녀자들의 담화이기 때문이다.17) 자신의 가계를 책임지지 못했던 왕

17) 북한의 『조선문학사』는 신소설의 대표적인 작가로 이해조를 꼽고, 「자유종」에 대해 비교적 상세한 언급을 하고 있다. 이 책은 「자유종」을 "시대의 절박한 상황들을 반영하고 있을 뿐 아니라, 교훈적인 이야기와 흥미 있는 사실들, 구전설화 등을 적절히 인입함으로써 설득력과 예술적 형상성을 보장하고 있으며, 다른 어떤 신소설 작품들보다 사상적 경향성이 명백하고 정론적 기백이 강하다"고 평가한다. 또한 그러나 이해조에게 계급적 및 세계관적 제한성이 있음을 지적하면서 매경 부인의 발언을 근거로 들고 있다.(박종원, 최탁호, 류만, 『조선문학사(19세기 말～1925)』, 과학백과사전출판사, 1980, 71면 참조.) 한편 최원식은 "이와 같은 이해조의 점진주의는 우리 나라의 계몽사상이 평민 지식층이 아니라 개명한 양반층에 기초하고 있다는 엄연한 역사적 한계와 긴밀하게 호응하고 있는 것"을 지적하고 그러나 "이는 이미 대한제국의 멸망을 목전에 둔 시기에 국권회복을 위한 지구전을 준비해야 했던 당시 애국계몽운동의 현실적 요구에 기초하고 있는 것"이라 해석했다.(최원식, 앞의 책,

권에 대한 불신, 그에 따른 근대적 국가관을 가지고 있었던 이해조이지만 그는 한학자였고, 유교의 반근대적 폐습에 대한 비판정신을 가졌음에도 불구하고 그 극복방안으로 유교 안에서의 개선·개량을 꿈꾸었던 그는 어쩔 수 없는 유학자였다. 서구 문화에 적극적인 관심을 표명하면서도 종국에는 전통적 한학자로서의 면모를 드러내고 마는 이해조의 두 가지 성격은 끝내 하나의 통합점을 찾지 못한 것으로 판단된다.

여기서 또한 생각해 보아야 할 것은 「자유종」의 교육구국론이 드러내는 점진적 개량주의의 성격이다. 교육과 구국이 수단과 목적의 쌍으로 결합할 때 이는 필연적으로 점진적 개량주의의 성격을 띨 수밖에 없다. 점진적 개량주의는 기본적으로 목표 달성에 필요한 충분한 시간을 전제하고 있을 때 가능한 방법이다. 그 시간이 부족하다는 것을 알아 버린 후라면 '교육'과 '구국'의 두 축은 상호보완적이 아닌 상호 모순의 상태에 빠지고 만다. 교육을 우선시할 경우 구국의 목표에 걸림돌이 되고 구국의 목표에 매진하려 하면 교육은 뒷전으로 밀릴 수밖에 없는 것이다. 이 두 가지를 함께 충족시킬 수 있는 조건으로 충분한 시간적 여유가 강조되는 것은 이 때문이다. 이해조가 「자유종」에서 드러낸 교육구국론의 내적 모순은 추상적 대안을 제출할 수밖에 없었고, 그 결과가 꿈을 통한 낙관적 전망 제시로 나타나고 만다.

이상의 논의에서 드러난 이해조의 교육구국론은 '근대적 자주국가의 건설을 위해 공익적 국민 교육이 필요하다'는 것으로 요약된다. 이는 이해조의 당시 사회활동 내용에도 부합되는 것이지만, '자주독립사상'과 '개화자강사상'이라는 개화기 담론의 두 축을 그대로 반영하고 있는 것이기도 하다.[18] 문제는 '자주독립'과 '개화자강'의 두 사회사상

54면 참조.) 위 최원식의 주장을 인정한다면 이해조가 대한제국의 멸망으로부터 국권을 수호하자는 쪽보다는 국권 상실을 대세로 보고 지구전을 생각했다는 것인데, 이해조의 합방 이후 행적이 이러한 주장과 어울리는 것인지는 의문이다.

이 목표와 수단으로, 혹은 궁극적 목표와 선결 과제로 관계맺을 때 발생한다.

3. 교육구국론의 당대적 한계

3.1. 네 명의 여성화자와 토론체 양식의 문제

광학서포 간 「자유종」의 표지와 소설 본문의 첫머리에는 '신소설'이라는 용어와 '토론소설'이라는 용어가 각각 표기되어 있다. 실제로 이 소설은 4명의 부인이 만나 대화·토론하는 형식을 취하고 있다. 개화기의 토론체 양식이 계몽성의 문제와 밀접하게 연관되어 있고 당대 인식의 절박함이 표현된 것이라는 점은 쉽게 받아들여질 수 있다. 그런데 이해조가 「자유종」에서 채택한 토론 양식에 대해서는 두 가지 관점의 견해가 제출될 수 있다. 그 하나는 '개화기 단형서사체'인 '서사적 논설'과 '논설적 서사'의 계승 즉 '논설 중심 신소설'의 한 예라는 관점이다.[19] 다른 하나는 이해조가 토론체형식을 적극적으로 실험하였다는 견해이다. 이해조는 1906년 백화체 한문소설 「잠상태」를 발표한 이후 1907년부터 이른바 '서사중심 신소설'을 지속적으로 창작한 작가이다. 그러니 1910년에 이르러 서술자의 서술과 인물의 행동 묘사를 철저히 배제한 작품을 창작하였다는 것은 이해조 개인에게 실험의 의미를 띤다고도 볼 수 있겠다.

한편 이 소설이 '토론소설'이라는 용어로 적절히 설명될 수 있는가 하는 의문도 제기될 수 있다. 이 소설 속의 대화를 과연 토론으로 볼 수 있는가의 문제이다. 최원식은 "이 작품에서 진정한 의미의 토론은

18) 김민환, 『개화기 민족지의 사회사상』, 나남, 1988 참조.
19) 김영민, 『한국근대소설사』, 솔, 1997 참조.

전개되지 않는다"고 하고, "이 작품의 여성 참가자들은 이해조의 계몽사상을 국면국면에서 분담하고 있는 것"[20]이라 하여 각각의 주장을 분리하여 고찰할 필요가 없다는 주장을 했다. 다른 논자들도 이 점에는 대체로 동의하고 있는 듯이 보인다.[21]

결국 '토론소설'이라는 용어에 대한 연구자들의 논의는 다음의 몇 가지로 정리될 수 있다. 이해조가 시도한 대화 혹은 토론의 양식은 전대의 '개화기 단형서사물', '서사적 논설'과 '논설적 서사'의 연장선상에서 이해할 수 있는 것이라는 점, 이해조가 이 형식을 시도하게 된 것은 국권 상실의 위기를 맞은 당대 상황의 반영이라는 점, 작품에서 진정한 의미의 토론이 전개되는 것은 아닌 만큼 등장인물을 구분하여 고찰하는 것은 무의미하다는 점 등이 그것이다.

이해조의 「자유종」이 개화기 서사 양식의 일형태라는 것은 문학사 전반의 문제로, 실험적 의도의 소산이었다는 것은 이해조 개인의 문제로 귀속시킬 수 있다. 그러나 이해조는 합방을 목전에 둔 그때 왜 전에 시도해본 적이 없는 새로운 형식을 채택하였던 것일까, 만약 그것이 계몽의지의 극대화를 꾀한 것이었다면, 합방 이후 사회 활동 일체를 끊고 서사 중심의 신소설로 되돌아간 것은 현실인식의 퇴행으로 판단하고 말 것인가의 문제가 여전히 남는다.

또한 이해조의 이후 소설에서 계몽의식이 사라지고 통속화되는 경향을 여기서 함께 생각해 볼 필요가 있다. 작가의식의 현저한 후퇴 양상은 「자유종」의 정론성 주장과 이해조의 현실 인식 수준을 한 번 따

---

20) 최원식, 앞의 책, 49면.

21) 전광용의 논문은 각 화자의 논조를 구분하여 기술한 드문 예이다. "이 토론의 중심이 되는 네 부인 중에서 설헌 부인이 가장 개혁에 대한 적극적인 논조를 나타내고, 매경 부인은 다소 소극적이며, 국란 부인은 점진주의를 주장하고 있다"(전광용, 「신소설 연구 9 - 자유종」, 『사상계』, 1956.8, 222면)는 것이다. 전광용은 또한 작품 인용시 항상 화자를 밝히고 있다. 그러나 이 논문은 「자유종」의 각 발언 내용을 소개·정리하는 선에서 머물고 있으며, 화자의 특징을 관계 속에서 파악하지는 않았다.

져보아야 할 것으로 만든다.[22]

소설의 화자가 4명으로 구분되어 있다는 점은 상기될 필요가 있다. 물론 이 소설에 나타나는 4명의 화자를 구분하여 논의하는 일이 가능한가, 혹은 필요한 일인가에 대한 검증은 선행되어야 할 과제이다. 앞서 언급했다시피 지금까지의 「자유종」 분석에서는 이 작품이 토론소설이라 부기되어 있으나 결국은 작가의 사상을 네 명의 여성화자에 적당히 나누어 전개시켰다고 결론지음으로써 각 화자의 특성을 구분할 필요성을 인정하지 않았다. 그렇다면 이해조가 단편 분량의 짧은 글 속에 서술자를 따로 두지 않고 여성화자 넷의 입을 빌려야 했던 이유는 무엇일까.

각각의 화자들이 발언하는 내용이 모두 이해조 개인의 사상을 나누어 대변하는 것이라는 지적은 온당하다. 그러나 이해조는 기왕에 서사 중심의 신소설을 창작하고 있었던 바, 인물에 대한 이해가 전무했을 리는 없다. 또한 「자유종」에서 드러나는 메시지 전달의 직접성이 시대 인식에 따른 것이었다는 점도 일단 수긍된다. 그렇다면 교육에 의한 '준비'를 강력히 환기시키는 이 소설의 논조는 애국적일지언정 시대착오적인 것은 아닌가. 사세의 긴급성에 비해 이해조의 사상은 지나치게 점진적인 개량주의로 흐르고 있는 것이 아닌가.

다음의 화자 분석은 이상과 같은 의문점에서 비롯된 작업이다. 이해조가 국권 상실의 위기를 실감하면서 일종의 내면적 갈등을 겪었던 것이라면 소설 속 각각의 화자는 미묘하게 분열된 작가 의식의 축들을 따로 대변하는 것이 아닐까. 주지하다시피 이해조는 개화기의 급변하는 정세 속에서 교육을 통한 계몽을 추구했던 지식인이었다. 그러나 한일합방 이전부터 이해조의 사회 참여는 벽에 부딪히고 말았으

22) 최원식은 「자유종」 분석을 통해 이해조의 보수화를 "예비되고 있었던 것"으로 표현하였다. 그 근거로 이해조가 공자교 사상을 통해 국민주의를 실현하려 한 것을 들고 있다.

며, 이 과정에서 일정한 내면적 갈등을 겪을 수밖에 없었을 것이다. 그러한 갈등을 완전히 소화시키지 못한 상태에서 「자유종」은 창작되었을 수 있으며, 스스로의 문제를 해결할 수 없었던 이해조는 역사의 압력에 무력하게 대응할 수밖에 없었던 것이 아닐까.

이 지점에서 또 하나 짚고 넘어가야 할 것은 화자 구분의 가능성 혹은 필요성을 인정치 않고 「자유종」을 내용적으로만 정리하는 기존의 연구가 광학서포 간 『자유종』 원본의 오식 가능성 논의를 근본적으로 차단하고 있었다는 점이다.

광학서포에서 발행된 『자유종』은 서두에서 자기 소개를 한 신설헌의 발언과 마지막 부분에서 폐회를 언급한 이름 없는 부인의 발언을 제외한 나머지 대화 부분을 괄호 안에 화자를 명기하는 방법으로 구분짓고 있다. 이에 따라 「자유종」은 총 14개의 대화지문으로 구성된다. 발언자를 순서대로 나열하여 보면 〈1. 설헌 - 2. 매경 - 3. 설헌 - 4. 금운 - 5. 국란 - 6. 설헌 - 7. 국란 - 8. 매경 - 9. 금운 - 10. 설헌 - 11. 매경 - 12. 금운 - 13. 국란 - 14. 이름을 밝히지 않은 부인〉의 순이 된다. 이후에 출간된 모든 「자유종」 판본은 광학서포본을 기초로 하여 오자를 교정하고 현대어로 고치는 등의 수정만을 가하여 놓았다.

문제가 되는 것은 다섯번째 국란의 대화 부분이다. 이후 설헌의 발언이 계속될 때까지를 모두 국란의 말로 본다면 이 부분은 다른 단락들에 비해서 대단히 길다. 뿐만 아니라 이 부분 안에는 한 사람의 발언으로 보기 힘든 의미 분절 양상이 보인다.

> 학무국은 무슨 일들 하며, 편집국은 무슨 일들 하는지 저러한 관리를 믿다가는 배꼽에 노송나무가 나겠소. 우리 여자사회가 단체하여 문부관리에게 질문 한 번 하여 보옵시다.
>
> 여보, 사회단체가 그리 용이하오? 우리나라 백년 이하 각항 단체를 내 대강 말하오리다.(152면)

위 인용된 부분의 앞뒤에는 '한문 서적의 국역을 서두르고 음담패설과 같은 국문소설을 금하여야 한다는 주장'과 '부패한 사회에 대한 개탄'이 각각 자리잡고 있다. 두 부분의 줄거리만 놓고 보자면 한 사람의 두 주장으로 보아도 무리가 없을 듯하다. 그러나 사회악인 국문소설을 금하지 않는 관리들을 질타하기 위하여 단체하자는 주장과 단체 하기가 그리 쉽겠느냐는 반박이 한 사람의 입에서 나왔으리라는 것은 그리 자연스럽지 못한 해석이다. 그렇다면 뒷부분의 화자는 누구일까. 작품은 뒷부분의 화자가 매경이라고 가르쳐주고 있다.[23)]

> 소학에 가로되, 좋은 사람이 없다 함은 덕 있는 말이 아니라 하였으니, 내 나라 사람을 무식하다고 능멸하여 권고 한 마디 없으면 유식하신 매경씨만 홀로 살으시려오? 여보 여보, 열심을 잃지 말고 어서어서 잡지도 발간, 교과서도 지어서 우리 일천만 여자 동포에게 돌립시다.(156면)

문제의 부분 뒤에 이어지는 설헌의 대화 부분에는 앞 발언자의 비관적 태도에 대해 충고하는 부분이 있다. 사회의 부패와 무지를 신랄하게 비판한 앞의 발언자에게 자국의 국민을 조롱하는 태도는 옳지 않다는 고언을 하고 있는 것이다. 잡지를 발간하고 교과서를 지어서 돌리자는 설헌의 말도 따져볼 필요가 있다. 이는 국란의 의견과 상충됨이 없이 그대로 부합한다는 점에서 바로 앞의 발언자가 국란이 아님을 증명하고 있는 것이다. 무식한 동포에게 필요한 것은 부정과 비판이 아니라 교육의 실천이라는 설헌의 말은 "유식하신 매경 씨"를

23) 전광용은 이 부분의 화자를 매경으로 단정하고 논문에 인용하고 있다.(전광용, 앞의 논문, 223면 참조.) 그런데 이후의 연구자들은 전광용의 이 의견에 반응을 보이지 않은 채 국란의 발언으로 생각하거나, 화자의 구분 없이 논의를 전개시키고 있다. 또한 전광용도 이 논문 이후 직접 엮은 『한국신소설전집』(을유문화사, 1978)에 별다른 주석 없이 '광학서포본' 그대로의 화자 표기만을 해 놓고 있어서 의문점은 그대로 남는다. 북한에서 출판된 『계몽기소설집』(문예출판사, 1987)의 「자유종」 부분도 표기법이나 어휘 주석 외에는 '광학서포본'과의 차이점을 확인할 수 없다.

향한 발언이다.

3.2. 교육론과 구국론의 상호 모순 양상

토론의 사회자 격인 설헌과 토론장소의 안주인인 매경은 이처럼 미묘하게 갈등하고 있다. 이 대립·갈등이 이 소설의 주제를 바꿀 정도의 힘을 가지고 있는 것은 아니다. 이 두 사람은 모두 교육이라는 지상과제에 동조하고 있고, 단시일 내에 성과를 기대하는 것은 무리라는 것에도 동의하고 있는 것이다. 그러나 설헌과 매경의 논조와 말투가 작품 전반에 걸쳐 대비되고 있음은 부정할 수 없는 사실이다. 설헌의 어조가 온건하면서도 의지적인 반면 매경의 어조는 신랄하고 부정적이다.

> a1. 우리 이천만 인이 다 그 사람의 제자 되면 나라 꼴은 잘되겠지요. 그만도 못한 시골고라리사회는 더구나 장관이지.(153면)
>
> a2. 이렇게 교육 교육 할지라도 십년 이십년에 영향을 알리니 그 중에도 몇 사람이야 열심 있고 성의 있어 시사를 통곡할 자가 있겠지요마는 단체 효력을 오히려 못 보거든 하물며 우리 여자에 무슨 단체가 조직되겠소?(155면)
>
> a3. 사천년 전래하던 습관이 졸지에 잘 변하겠소?(162면)
>
> b1. 우리 여자의 말이 쓸데없을 듯하나 자국의 정신으로 하는 말이니, 오히려 만국공사의 헛담판보다 낫습니다. 여러분 부인들은 대한 여자 교육계의 별방침을 연구하시오.(148면)

b2. 여보, 우리 여자 몇몇이 지껄이는 것이 풀벌레 같을지라도 몇 사람이 주창하고 몇 사람이 권고하면 아니될 일이 어디 있소?(155면)

b3. 차라리 저 음식은 어떠하니 좋지 아니하다, 이 의복은 어떠하니 좋지 아니하다 하여 제도를 자세히 가르쳐서 남의 것과 같이 하는 것만 못하니, 부질없이 내 집안 사람만 불만히 여기면 가도가 바로잡힐 리가 있으리까?(155~156면)

b4. 십년 이십년을 멀다 마오. 산림 어른이 연설군 아니될지 뉘 알며, 향교 재임이 체조교사 아니될지 뉘 알겠소?(156면)

a1~a3은 매경의 말이고 b1~b4는 설헌의 말이다. 매경이 당대의 현실을 비판하는 역할을 맡고 있는 인물이라면, 설헌은 어려운 상황 속에서 신념을 버리지 않을 것을 다짐하는 인물이다. 매경이 자국의 현실적 폐단을 드러내는 것에 주력하는 인물이라면, 설헌은 자국정신의 당위를 역설하는 인물이다. 둘의 주장은 내용적으로 거의 차이가 없지만 위 인용 부분에서도 볼 수 있듯 현실인식의 태도에서는 서로 구분된다.

매경의 발언 뒤에 숨어 있는 비관적 현실인식은 그러나 솔직한 표현으로 받아들여질 수 있다. 그가 회의하고 부정하는 태도를 보이는 이면에는 시간이 부족하다는 절박한 인식이 늘 깔려 있는 것이다.

설헌과 매경으로 구분되는 양 축에 금운과 국란을 함께 세워 논하는 것도 가능할 것이다. 이 소설에서 표면적으로는 유일하게 논쟁의 성격을 띠는 주제는 한자폐지론에 관한 것이다. 금운은 한자의 즉각 폐지를, 국란은 신중론을 보여주고 있다.

우리나라 남자들은 거룩하고 고명한 학문이 있는 듯하나 우리 여자 사회에야 그 썩고 냄새 나는 천지현황 글자나 아는 사람이 몇이나 되오? 남자들은 응당 귀도 있고, 눈도 있으리니, 타국 남자와 같이 학문을 힘쓰려니와 우리 여자도 타국 여자와 같이 지식이 있어야 우리 대한 삼천리 강토도 보전하고, 우리 여자 누백년 금수도 면하리니, 지식을 넓히려면 하필 어렵고 여려운 십년 이십년 배와도 천치를 면치 못할 학문이 쓸데 있소? 불가불 자국 교과를 힘써야 하겠다 합니다.(149면)

우리나라 국문은 미상불 좋은 글이나 닥달 아니한 재목과 같으니, 만일 한문을 버리고 국문만 쓰려면 한문에 있는 천만사와 천만법을 국문으로 번역하여 유루한 것이 없은 연후에 서서히 한문을 폐하여 지나 사람을 되주든지 우리가 휴지로 쓰든지 하고, 그제야 국문을 가위 글이라 할 것이니, 이 일을 예산한 즉 오십년 가량이라야 성공하겠소.(151면)

국란이 한자 폐지에 무조건 반대하는 것은 아니며, 한글의 우수성에 회의를 품고 있는 것 또한 물론 아니다. 그러나 문제는 이러한 신중론이 당대의 상황에서 어떠한 전망을 획득할 것인가에 있다. 궁극적으로 한글을 사용해야 하는 이유는 남성 그 중에서도 양반층에만 학문의 가능성이 국한되어 나머지 소외 받는 계층의 교육이 어렵기 때문이다. 이해조의 생각에는, 그들을 교육하지 않는다면 국민으로 양성할 수 없고, 국민이라는 근대적 저변 없이는 국권의 수호가 불가능한 것이 당대의 상황이었다. 그럼에도 불구하고 신중론이라는 미명하에 50년 가량 이후의 시간을 기약하는 것은 비관적 현실 인식에 가깝다.

설헌과 매경의 대비되는 현실 인식은 꿈 이야기를 통해서도 드러난다. 3할의 자활당과 7할의 자멸당의 싸움에서 자활당이 승리하였다는 설헌의 꿈은 자활당이 자멸당을 교육으로 설복시켰다는 평면적인 내용을 포함하고 있다. 반면 전국을 종합병동으로 인식하는 매경의 꿈은 묵은 허물을 벗겨내어 병은 나았으나 전국 사람들의 허물을 모은즉 백두산만 하더라는, 그래서 그것을 처리하는 것이 더욱 어려웠다는 교육 사업의 복잡, 지난함을 재삼 언급하고 있다.

꿈 이야기 부분에서 또한 주목되는 것이 있다. 설헌과 금운이 나라의 '독립'을 이야기하고 있는 것에 비해, 매경과 국란은 백성의 '개명'을 이야기하고 있는 것이다. '독립할 꿈'이란 '구국'의 주제에, '개명할 꿈'이란 '교육'의 주제에 각각 상응한다. 나라의 독립은 당대의 지상과제이며 교육에 의한 개명은 그 궁극의 목표를 위한 선결조건이다. '독립할 꿈'을 꾼 설헌과 금운이 시급한 실천을 당위적으로 역설하고 있다면, '개명할 꿈'을 꾼 매경과 국란은 당대 사회의 부정성과 교육 운동의 현실적 난관을 개탄하는 인물이다. 설헌과 금운이 꿈꾸는 독립 또한 교육을 통해서만 가능하다는 점에서 매경과 국란이 인식하고 있는 현실은 더욱 비관적일 수밖에 없다.

이해조의 「자유종」이 보여 주는 화자간의 미묘한 입장 차이는 교육에 의한 구국이라는 실천적 명제가 당대의 급박한 상황에서 적당한 대안이 될 수 없었음을 역설적으로 증명해 주는 것이다. 작품의 말미에서 폐회를 알리는 이름 없는 부인의 "사상이야 어찌 다르며 꿈이야 못 꾸었겠소." 하는 말은 모두가 이 명제에 동의하고 있으며 같은 희망을 품고 있다는 뜻일 것이다. 매경이나 국란이 설헌 등의 주장을 결국 수용할 수밖에 없는 것은 현실을 비관적인 것으로 보면서도 결국 다른 대안을 찾을 수는 없었다는 고통스런 고백과 다름이 없다.

4. 결론

국권상실의 위기상황에서 이해조는 「자유종」에 '토론체'라는 양식을 적극적으로 도입함으로써 자신의 사상을 직접 피력하려 했다. 「자유종」에 드러나는 이해조의 사상이란 '교육구국론'으로 요약된다. 이해조의 교육론과 구국론은 개화기 당대 신문논설의 두 가지 사회사상, 개화자강과 자주독립에 각각 대응된다. 그러나 교육을 통한 구국이라는 과제는 당대의 상황에서 적절한 것이 될 수 없었고, 직접 교육사업에 투신한 경험이 있는 이해조는 누구보다도 이 사실을 철저히 체감했을 것이다.

작품의 네 여성화자 매경과 설헌, 국란과 금운의 갈등 양상이 보여주는 것은 작가의 의식이 분열되어 내면적으로 갈등하고 있었다는 사실이다. 교육구국의 당위와 현실의 어려움이 대립과 갈등의 양상으로 드러나고야 마는 이유는 국권 상실의 위기라는 당대 상황에 긴밀히 연관되어 있다. 교육의 문제가 중요하다는 점에서야 갈등의 실마리가 끄집어내어질 수 없는 것은 자명하겠으나, 그것이 구국이라는 궁극의 목표로 나아가려 할 때 내면적 갈등이 발생하는 것이다. 이것은 교육이라는 방법이 구국의 수단으로는 크게 유효하지 않은 것임을 계몽주의자 이해조가 깨닫고 있었다는 증거가 된다.

현실적 대안으로서는 무력한 이해조의 교육구국론은 결국 꿈의 형태로 허구적 전망을 생산해 내는 데 그치고 만다. 한말의 교육운동가였던 이해조가 합방이라는 현실의 장벽을 넘지 못하고 보수적 유생으로 타락하고 만 것은 그의 계몽사상이 개명한 양반층에 기초한 점진적 개량주의의 성격을 지녔기 때문이었다. 위로부터 아래로의 점진적 개량주의는 목표 달성에 이르기까지의 시간적 여유를 전제로 할 때에만 유효한 것이다. 신학문에의 관심과 적극적 문물 도입 의지를 지녔던 이해조이지만, 위기 상황에 닥쳐서는 천성적 유학자의 모습으로 되돌아가고 말았던 것을 확인할 수 있다. 자신의 구국 방법론에 대해 끊임없이 회의할 수밖에 없었던 이해조의 내면적 갈등은 합방이 임박한 시기에 창작된 토론소설 「자유종」에서 화자 사이의 갈등으로 표면화되었던 것이다.

한국 근대 초기 서사담론의 상호텍스트성 연구
-「혈의 루」, 「마상루」, 「절처봉생」을 중심으로[1]

1. 서론

한국 근대소설사에서 어떤 작품을 최초의 '신소설'로 볼 것이냐 하는 질문은 논자에 따라 다른 답으로 나타나지만, 이인직의 「혈의 루」가 가지는 '선구적' 성격으로서의 문학사적 가치는 의심의 여지없이 공인되고 있다. 「혈의 루」 이후 이인직은 물론 이해조, 최찬식, 김교제 등의 이른바 신소설 작가들이 지속적으로 작품을 생산하였고, 이들 말고도 유, 무명의 많은 작가들이 비슷한 내용과 구조, 비슷한 매체와 출판 형식을 가진 작품들을 내놓았다.

「혈의 루」 등 유명 신소설 작가들의 대표작은 모방되거나 변주되거나 번안되거나 심지어는 표절되어 다양한 후속 텍스트로 나타났다. 이 때 각각의 작품을 단독으로 분석하거나, 일 대 일 비교에 의한 텍스트 내적 분석이 가해진다면 모방의 근거가 되는 작품에 비해 모방작의 문학사적 가치는 축소되거나 폄하될 수밖에 없다.

그러나 수많은 무명작가들의 작품들을 제외하고 '유명 신소설'만을

---

1) 이인직, 「혈의 루」, 『만세보』, 1906.7.22~10.10.
민준호, 『마상루』, 동양서원, 1912.
작자미상, 『절처봉생』, 박문서관, 1914.

근대소설사의 자장 안으로 끌어들인다면, '신소설'은 몇몇 선구적인 작품들의 과도기적 성격과 통속적 후기 신소설의 퇴행적인 성격으로 나뉘어 규정될 것이며, 이는 신소설 전반을 괄호 속에 넣어 「무정」 이후의 근대소설을 부각시키는 태도로 귀결되기 쉽다. 신소설 작품을 점검하고 분석함에 있어 요긴한 관점은 이들을 상호텍스트성의 공간 안에 넣고 바라보는 일이다.

상호텍스트성(intertextuality)을 고려하지 않고 근대 초기의 서사담론을 분석하는 일은 많은 어려움을 떠안을 수밖에 없는 작업이다. "어떠한 텍스트라도 서로 다른 다양한 인용이라는 모자이크로 이루어지기 때문에 텍스트는 모름지기 한 텍스트의 다른 한 텍스트의 흡수와 변형에 지나지 않는다"는 주장을 일반화시키지 않더라도 특정한 시대의 텍스트들은 이 같은 주장을 뒷받침할 수많은 근거들로 채워져 있다.[2) 즉 근대 초기의 서사 텍스트야 말로 순수 창작이나 우연한 돌출에 의한 것이라 하기 힘든, 과거나 미래의 각종 담론들과 상호 의존하는 텍스트로서의 성질을 지니고 있기 때문이다.

대부분의 근대 초기 서사 텍스트들은 텍스트의 교차에 의해 변형된 과거의 텍스트들을 흡수하였고, 또한 미래의 텍스트들에 의해 흡수되고 변형되었음을 보여 주고 있다. 당대적 이데올로기를 포함한 텍스트 안의 담론은 텍스트 바깥 즉 상호텍스트의 공간에서 다양한 의미 근거를 가지며, 담론 발화 주체에 의해 제기된 이데올로기는 상호텍스트에 의해 변형 굴절되어 독자에게 해석되는 것이다. 이 지점에서 발생하는 텍스트들 간의 대화적 연관관계가 담론의 당대적 의미를 형성한다.

본 논문에서는 이인직의 「혈의 루」(1906)와 민준호[3)]의 「마상루」

2) 줄리아 크리스테바, 서민원 역, 『세미오티케』, 동문선, 2005, 109면.

3) 당시의 출판 관행으로 볼 때 「마상루」의 작가를 민준호로 확언할 수 있는가 하는 문제는 남아 있다. 그러나 동양서원(1912)본의 작가 표기를 부정할 근거 또한 없으므

(1912), 작자미상의 「절처봉생」(1914)을 분석의 텍스트로 삼아 한국 근대 초기 서사담론의 상호텍스트성을 밝히고자 한다. 사실 「혈의 루」의 화소와 서사구조를 고스란히 답습하거나 모방을 넘어 표절한 텍스트도 존재하지만, 그런 작품들의 경우 상호텍스트의 관점에서보다는 일방적인 수용이라는 관점, 그리고 시차에 의한 의미 굴절 양상이라는 관점에서 해석해야 할 터이므로 분석 대상에서 제외한다. 또한 「마상루」와 「절처봉생」은 동일한 화소와 서사구조를 공유[4]하고 있지만 각각의 인물구도에 따라 주제의식을 담아내는 형식의 측면에서 차이를 드러내고 있고, 이들 중 「절처봉생」이 내포한 이면적 주제는 소극적이나마 「혈의 루」가 드러내는 계몽 이데올로기와 친연성을 갖는다는 점에서 비교 분석의 가치가 있다.[5]

2. 피난길에서 시작되는 여성인물의 수난 - 「마상루」와 「절처봉생」

「마상루(馬上淚)」와 「절처봉생(絶處逢生)」은 2년의 시간차를 두고 출판되었다. 두 작품이 출판된 1912~14년은 이인직, 이해조의 계몽적 신소설 시대를 지나 경술국치를 전후한 시기부터 신소설의 급격한 통속화 양상이 진행되고 있던 기간이다. 신소설이 문학사적 가치를 가질 수 있는 시기로 1906년부터 1913년까지를 제시하는 의견이 여러 논자들에 의해 긍정되고 있는 것[6]을 감안하면, 위 두 작품은 근대 초

로, 이 문제에 대한 상세한 고찰은 하지 않기로 한다.

4) 본론에서 상술하겠지만, 이는 「혈의 루」 등 초기 신소설의 영향을 직접적으로 받은 것이 아닌, 기존 고소설적 모티프의 당대적 변개 양상이다.

5) 본 논문의 비교 고찰은 텍스트 내적 분석에 한한다. 작품 간의 차이를 발생시키는 외적 조건들에 대한 고찰은 후속 연구를 통해 뒷받침하기로 한다.

6) 예컨대 "新小說이 〈낡은 樣式에 새 精神을 담은 문학〉이라 규정될 때, 이러한 규정은 開化期小說 전부에는 해당시킬 수 없고, 初期의 중심적인 몇몇 작품에 한정되어야 한다. 소위 新小說이라는 것의 대부분이, 특히 후기(1912, 3年)로 갈수록 朝鮮後期小說보

기 계몽적 성격의 신소설 단계로부터 '통속적 후기 신소설' 혹은 '딱지본 대중소설'의 단계로 이행하는 경계지점에 위치하고 있다.

「마상루」와 「절처봉생」은 '여성 인물의 수난사'를 다루고 있다는 뚜렷한 공통점 외에도 화소와 모티프 등을 공유하는 부분이 대단히 많다. 이야기의 발단이 난리가 일어나 피난길에 오르는 장면으로부터 이끌어지는 점이나, 우연히 말을 얻어 탄 것이 사단이 되어 부부가 서로 이별하게 된다는 설정이 그 대표적인 예이다. 이해를 돕기 위해 두 작품의 서사 단락을 나누고 비교가 가능한 부분을 간단히 정리해 보면 다음과 같다.

「마상루」

ㄱ. 임오군란이 일어나 장안의 사람들이 피난길에 오른다.

ㄴ. 서울 정동에 살고 있던 권도사와 부인 이씨도 충주 장호원을 향해 피란길에 오른다.

ㄷ. 얼마 못 가 이씨 부인이 걸을 수 없는 지경이 되자 권도사가 지나가던 마부를 불러 부인을 말에 태워 달라고 한다.

ㄹ. 마부가 말을 빨리 몰아 권도사를 따돌리고 부인을 납치한다.

ㅁ. 마부가 부인을 겁탈하려 하자 부인은 그를 달래어 주막으로 데려간다.

ㅂ. 부인은 밤을 틈타 주막에서 탈출하여 산중으로 피신한다.

ㅅ. 부인이 피신하여 들어간 인가에서 그 집에 사는 아들에게 재차 욕

다 훨씬 후퇴한 그로테스크한 양상을 드러내기 때문"(김윤식 · 김현, 『한국문학사』, 민음사, 1973, 101면)이라는 진술 등에 의해 한동안 이른바 후기 신소설은 문학사적 논의의 자장에서 소외되었다. 이는 임화가 "실제로 신소설의 발전사를 보면 반드시 우리의 예상하는 도식대로 낡은 소설 양식에 새로운 정신을 담은 작품이나 작가가 먼저 나고 그 다음에 새 정신에 적응한 새 양식이 발견되는 경로를 밟지는 않았다"(임규찬 · 한진일 편, 『임화 신문학사』, 한길사, 1993, 156면)고 하여 이인직을 현대소설의 건설자로, 이해조는 대중작가로 명명한 사실과 상통한다. 이해조가 임화의 주장처럼 이인직의 경지를 넘지 못한 작가로 인정된다면 신소설이 문학사의 발전단계에서 일정한 의의를 지니는 기간은 이인직의 작품 생산 시기와 동궤에 놓일 수밖에 없다.

볼 위험에 처한다.

ㅇ. 부인은 기지를 발휘하여 구원을 바라는 편지를 홍평양에게 보낸다.

ㅈ. 홍평양이 이씨 부인을 구하여 자기 집으로 데려온다.

ㅊ. 홍평양의 동생 홍진사가 이씨 부인에게 흑심을 품는다.

ㅋ. 이씨 부인은 다시 한 번 기지를 발휘하여 위기를 모면하고 친정인 장호원으로 간다.

ㅌ. 한편 권도사는 아내를 찾지 못하고 승방에 머물다가 자기 집으로 돌아간다.

(이하 생략)

「절처봉생」

ㄱ. 서울 장안에 난리가 일어나 사람들이 피난길에 오른다.

ㄴ. 남산골에 사는 이진사와 부인 김씨, 딸 정희도 무작정 피난을 떠난다.

ㄷ. 얼마 못 가 김씨가 걸을 수 없게 되자 지나가던 총각이 부인을 말에 태워 주겠다고 제안한다.

ㄹ. 마부가 말을 빨리 몰아 이진사와 정희를 따돌린다.

ㅁ. 마부 돌쇠가 부인을 납치하여 범하려 한다.

ㅂ. 부인은 조생원이라는 은인의 도움으로 위기에서 벗어나고 조생원의 집으로 간다.

ㅅ. 조생원이 이진사를 찾으러 간 사이 조생원의 후처가 김씨를 제 동생과 맺어 주려는 계획을 세운다.

ㅇ. 김씨는 야간에 조생원 집을 탈출하는 데 성공한다.

ㅈ. 한편 이진사는 경황이 없는 중에 뒤를 보다가 딸과도 헤어지고 낙담하여 유랑을 떠난다.

ㅊ. 부모를 잃은 정희는 최춘보라는 이에게 발견되고 그의 집으로 가서 양육된다.

ㅋ. 산중에서 죽을 고생을 하던 김씨 부인도 제2의 구원자인 황의관 부

인을 만나 그 집에 정착한다.

(이하 생략)

위 정리 부분에서 단락 ㄱ.부터 ㅁ.까지에 우선 주목한다면 두 작품을 한 서사의 이본으로 보아도 무방할 만큼 닮아 있는 것을 알 수 있다. 눈에 띄게 다른 점이 있다면 인물명과 지역명, 「마상루」가 부부간의 이야기를 다루고 있는데 비해 「절처봉생」은 딸을 포함한 세 가족의 이야기를 다루고 있다는 점 정도에 불과하다.

좀 더 자세히 살펴보면 「마상루」가 '임오군란'이라는 역사적 사실을 직접 제시하고 난리의 성격을 간단하게나마 설명하는 데 비해 「절처봉생」은 그저 난리가 난 것으로만 처리하고 만 것을 차이점으로 들 수 있다. 또한 권도사 가족이 비교적 안정된 생활을 하고 있었던 반면 이진사 가족은 부인이 생계를 책임져야 할 만큼 가난했던 것으로 설정된 점을 차이점으로 지적할 수 있다.[7] 그러나 가족 구성 즉 인물 구도를 제외한 위 사항들은 지엽적인 문제일 뿐 이후의 서사 전개나 작가의 주제의식과 관련된다고 보기 어렵다. 그리고 우선 주목해야 할 것은 두 작품 간의 다대한 공통점이며, 상호 관련성이다.

상세한 분석을 가하지 않더라도 위 경개를 통해 두 작품은 고전 서사로부터 이어져 온 '여성인물의 수난사'에 해당함을 쉽게 알 수 있다. 특히 「마상루」는 동시대에 창작된 신작 고소설이나 야담과 흡사한 내용과 구조를 드러내고 있음이 선행 연구에 의해 밝혀져 있다.[8] 전란의 발발과 피난을 사건 전개의 주요 모티프로 이용하는 소설작법은 근대 초기의 신작 고소설이나 야담의 예를 통해서도 발견되는 것을

7) 이 점과 관련해서는 「마상루」의 권도사가 마부를 직접 불러 부인을 태워 줄 것을 먼저 제안한 반면 「절처봉생」의 흑심을 품은 마부가 의도적으로 이진사 부부에게 접근했다는 정도의 차이로 나타나고 있을 뿐이다.

8) 권혁래, 「임오군란 피란담 신·고소설의 소설작법 연구 - 고소설 〈서진사전〉과 신소설 〈마상루〉의 대비를 중심으로」, 『고전문학연구』 31집, 2007.

알 수 있다.[9)]

가족의 이산이 가족 내의 조건에서 이루어지지 않고 외부의 충격으로부터 비롯된다는 설정이 우선 주목될 수 있다. 그러나 앞서도 서술했듯이 그 난리의 역사적 성격이 소설의 주제와 직결된다고 보기는 어렵다. 보다 중요한 것은 남성 인물의 성격과 연관되어 드러난다. 「마상루」의 권도사나 「절처봉생」의 이진사는 우선 가족의 이산에 대한 직접적인 책임으로부터 자유로운 입장으로 미리 설정되어 있다는 것이다. 어쩔 도리가 없었던 이별, 그것이다. 그러므로 권도사의 부인 이씨와 이진사의 부인 김씨의 수난은 남편의 잘못과는 직접적인 관련 없이 전개되는 서사로 나타난다.

ㄷ.에서 ㅁ.까지의 서사단락이 연결되는 방식을 살펴보면 홀로 떨어진 여성 인물의 수난이 '마부'라는 유형적 인물에 매개되어 있다는 공통점을 발견할 수 있으며, 납치의 방식이나 강간의 위기 상황, 그로부터의 탈출, 이 모든 과정이 완전히 일치함을 확인할 수 있다. 또한 이어지는 서사단락들을 통하여서는 은인 혹은 구원자로부터 재차 위기상황을 맞게 되고 제2, 제3의 피신과 탈출이 이어지고, 우여곡절 끝에 안전한 곳에 정착한다는 식의 포괄적 유사성을 확인할 수 있다.

여기서 한 가지 더 문제 삼을 수 있는 점은 남성인물 즉 「마상루」의 권도사와 「절처봉생」의 이진사가 보여주는 태도 혹은 극중 역할이다. 권도사와 이진사가 고전서사에서 흔히 볼 수 있는 악인형 인물로 설정되어 있는 것은 아니지만 그들은 전형적인 책상물림의 형상을 하고 있으며, 가족 이산의 위기 상황에서 아무런 역할도 하지 못하는 무

9) 권혁래는 위 연구에서 야담 「김연광」을 민준호가 개작하고 김교제가 교열한 작품이 「마상루」라는 주장을 하고 있다. 민준호가 필사본으로 전해지는 신작 고소설 「서진사전」을 읽었을 가능성은 크지 않지만 야담 「김연광」을 저본으로 하여 신소설로 번안 개작한 것은 분명하다는 것이 연구자의 입장이다. 그렇다면 「마상루」는 묘사와 문체의 조건을 제외한 다른 서사문법을 기준으로 볼 때 당시 유통되던 고소설과 다름없는 작품이 된다.

능한 존재로 묘사되어 있다. 「마상루」의 권도사는 아내를 잃은 후 원래의 목적지였던 처가에도 한 번 가 보지 않은 채 제 집으로 돌아가고, 애초부터 살림을 아내의 손에 떠맡기고 책이나 읽던 「절처봉생」의 이진사는 어린아이를 마저 잃은 후 죄책감과 부끄러움을 느끼는 것도 잠시, '팔도유람' 운운하며 금강산으로 길을 떠나 버리는 것이다. 이렇게 무책임한 가장의 모습을 당시의 정세와 연관시켜 보려는 관점은 지나친 확대해석으로 귀결될 위험이 있지만, 최소한 서사적으로는 가족 상봉의 순간을 지연시키고 여성인물의 수난을 강조하는 장치로 의미 있게 해석될 수 있다.

> 세상ᄉᆞ를 져버리고 폐포파립 쥭장망혜로 지향업시 발길나가는듸로 쳔리만리 팔도강ᄉᆞᆫ이나 구경ᄒᆞ고 어듸가셔 쥭던지ᄒᆞᄌᆞ구 나신사ᄅᆞᆷ은 별사ᄅᆞᆷ아니라 난즁에 쳐ᄌᆞ를일코 세상에 거두할 마음업시나신 리진ᄉᆞ라 경긔ᄯᅡᆼ은 일시머물기 실은마음이 어드로 향할지 모를즈음에 우연니 녯사ᄅᆞᆷ의 지은 글귀가 ᄉᆡᆼ각킨다 원ᄉᆡᆼ고려국ᄒᆞ야 일견금강산이라 ᄒᆞ여시니 지라갓튼 명승지 사ᄅᆞᆷ덜도 몃만리밧 타국ᄉᆞᆫ쳔이건만 ᄒᆞᆫ번보기를 원ᄒᆞ엿거든 우리야 쳔하명산이 눈압헤잇ᄂᆞᆫ걸 못보고쥭으면 병신이라ᄒᆞ고 촌촌 젼진ᄒᆞ여 금강ᄉᆞᆫ으로 향ᄒᆞᆫ다10)

이진사가 정처없이 길을 나섰다가 우연한 결심으로 금강산으로 향하게 되는 부분의 서술이다. 처자식을 잃은 시름과 세상살이의 덧없음을 한탄하고 있는 것으로 보이지만, '경기 땅에 머물기 싫다'는 이진사의 심정은 그래도 경기 땅에 머물러 있어야 잃은 처자식을 만날 기회가 늘어날 수 있다는 최소한의 가능성을 포기하는 결과로 나타난다. 이는 「마상루」의 권도사가 그나마 제 집으로 돌아가 그곳에 머무름으

10) 『절처봉생』, 박문서관, 1914, 98～99면.

로 해서 처남의 방문을 받을 수 있었던 것과 분명히 대비된다.

권도사와 이진사는 모두 가족의 이산을 막지 못하고 아내의 위기 상황을 구원하지 못하며 뒤늦게 가족을 수소문하여 찾는 일에도 실패한 무능한 가장이라는 공통점을 보여준다. 그러나 「마상루」의 권도사는 이진사처럼 유랑을 떠나는 식의 선택은 하지 않음으로써 아내와의 상봉을 비교적 앞당길 수 있었고, 장난스런 처남의 놀림이라는 골계적인 장치를 내포한 고전 서사적 결말에 쉽게 다다를 수 있었다.

그러나 「절처봉생」의 경우는 위에서 정리한 서사단락 부분 이후부터 본격적이고 입체적인 사건 전개를 보여주고 있어 주의를 요한다. 이는 「절처봉생」의 주요인물이 부부 2인 외에 한 사람 더 추가되어 있는 사정으로부터 연유한다. 「마상루」가 피난길에서의 부부 이별 이후 부인의 수난에 서사를 집중시키고 있다면 「절처봉생」은 가족 이산 이후 3인 각각의 행적을 적절히 분배하여 다루고 있다는 점에서 두 작품의 차별성이 극대화되는 것이다.[11]

표면적으로만 살펴보면 「절처봉생」은 가족 구성원 세 명이 각각 고생을 하다가 저마다 안정을 찾은 후에 만남의 기쁨을 누리는 것으로 설정되어 있다. 남편은 금강산 유람 도중 수월자라는 여승을 우연히 만나 처음에는 곤란을 겪지만 결국은 그와 혼인하여 새 가정을 꾸리고, 부인은 신실한 기독교 집안에 안거하여 그 집 딸과 자매처럼 지내고, 딸은 천애 고아로서 여러 우여곡절을 겪지만 그 와중에 교육의 기회를 얻게 된다는 것이다.

이렇게 보면 「절처봉생」은 불가항력적인 외부적 충격에 의해 깨어진 가족이 고생 끝에 상봉하여 행복한 가정으로 귀환한다는 단순한

---

11) 이는 단순히 어린아이 인물이 등장하느냐 마느냐의 문제가 아니다. 각각의 인물이 당대의 현실적 문제를 걸머진 기능적 캐릭터인가 아닌가가 문제다. 가족의 이산 과정에서 어린아이가 부모로부터 독립된 삶의 여정을 걷게 되고 그 독립된 삶에 작가가 어떤 가치를 부여하는가를 주목해야 한다.

서사라는 점에서 「마상루」와 공통점을 가지고 있는 동시에 「마상루」 혹은 당시 유통되던 야담이나 고소설과 뚜렷이 대비되는 차이점도 함께 가진 텍스트임을 알 수 있다. 이는 「절처봉생」이 「마상루」를 포함하여 고전서사적 특성을 농후하게 지닌 텍스트와 상호 관련을 맺는 작품일 뿐만 아니라 「혈의 루」 등의 신소설이 드러내는 새로운 작법으로부터도 상당 부분 영향을 받은 작품임을 보여준다. 그러므로 「마상루」가 가지지 못한 「절처봉생」의 입체적 특징은 「마상루」와의 비교를 통한 차이점 제시의 방법이 아닌 「혈의 루」와의 상호텍스트성 검증을 통해 보다 뚜렷이 드러날 수 있을 것이다.

3. 어린아이의 수난과 계몽 담론 - 「혈의 루」와 「절처봉생」

위의 절에서 간략히 언급했던 것처럼 「절처봉생」이 「마상루」와 차이를 보이는 지점으로부터 「혈의 루」와 「절처봉생」의 동질성을 확인할 수 있다. 즉 세 작품은 기본적인 서사의 틀을 공유하고 있으나,[12] 「절처봉생」이라는 중간적 텍스트의 존재가 없다면 일정한 기준으로 각 작품을 비교 분석하기가 어려워진다고 볼 수 있다. 「마상루」와 「절처봉생」의 화소적 친연성은 전 절에서 이미 확인된바 두 작품의 차이 즉 각 작품의 담론적 특성에 대해 논할 차례이다. 이때 「마상루」와 구별되는 「절처봉생」의 담론적 특성은 「혈의 루」라는 당대적 계몽서사가 지닌 그것과 상당 부분 겹쳐짐을 확인할 수 있는 것이다.

「마상루」와 「절처봉생」의 가족 이산에 의한 서사틀이 결정적 차이로 드러나는 계기가 인물 구도로부터라고 할 때 「절처봉생」이 내포한 부부와 어린 딸의 3인 구도는 1906년 작 「혈의 루」에서도 이미 적용

12) 가족의 이산과 결말에서의 상봉, 고난의 반복과 그때그때의 극복을 포함한 여성 인물의 수난사가 그것이다.

된 바 있다. 즉 「절처봉생」과 「혈의 루」의 친연성은 부부와 어린 딸의 3인 구도로부터 비롯된다 할 것이다. 「혈의 루」의 최씨와 「절처봉생」의 김씨, 「혈의 루」의 김관일과 「절처봉생」의 이진사, 「혈의 루」의 옥련과 「절처봉생」의 정희는 각각의 작품에서 독립항으로 다루어질 만한 서사를 거느리고 있는 주요인물들이다. 그러므로 「절처봉생」과 「혈의 루」의 주요인물 구도가 서사 전개의 방향을 어떻게 결정하고 있는지를 살피는 일은 3인 가족의 이산 과정과 이후의 각각의 행적을 추적하는 작업으로부터 시작될 수 있다.

먼저 「혈의 루」의 최씨와 「절처봉생」의 김씨를 간략히 비교 분석해 보기로 한다. 가족 이산의 순간과 동시에 이들의 수난사는 시작된다. 아직 젊고 아름다운 여인인 최씨와 김씨는 전란의 혼란상 속에서 가족과 헤어지자마자 홀로 고립되어 안온한 가정으로부터 탐욕스러운 세상으로 던져져 버린 것이다.

「혈의 루」의 최씨는 전란 중에 잃어버린 딸 옥련을 찾아 헤매다가 낯선 농군에 의해 겁탈당할 위기에 처한다. 그러나 이 사건은 짧은 시간 동안의 해프닝으로 끝이 나고, 일본 헌병의 도움으로 집으로 돌아온 최씨는 홀로 남은 운명을 지각한 후 대동강 물에 빠져 자살할 결심을 한다. 최씨의 자살 기도는 실행에 옮겨졌으나 그의 목숨은 다시 뱃사공과 집의 종이었던 고장팔에 의해 구원된다. 그 사이 최씨의 부친인 최주사가 평양에 왔다가 딸을 만나게 되고, 남편 김관일이 살아 있다는 소식을 전해들은 최씨는 죽고자 했던 마음을 고쳐먹는다. 이후 지속되는 고난이란 길고 긴 기다림이다.

ㄱ) 최씨부인은 장팔의어미를 다리고잇스니 힝낭에ᄂᆞᆫ늘근과부오 안방에ᄂᆞᆫ 절문ᄉᆡᆼ과부가잇셔셔 김씨를오기만기다리고 셰월가기만기다린다 밤에ᄂᆞᆫ 밤이길고 낫에ᄂᆞᆫ낫이긴ᄃᆡ 그밤과그낫을 모와달되고히되니쳔ᄒᆞ에어려운것은 사ᄅᆞᆷ기다리ᄂᆞᆫ것이라 부인의ᄉᆡᆼ각의ᄂᆞᆫ 인ᄀᆞᆫ의고ᄉᆡᆼ이 ᄂᆞᄒᆞᄂᆞᄲᅮᆫ인쥴로알고[13)]

전 절에서 「마상루」, 「절처봉생」을 통해 살펴본 여성인물(부인)의 수난은 「혈의 루」에서도 이처럼 비슷한 양상으로 나타난다. 낯선 남자에 의해 강간당할 위기에 처했다가 우연한 계기로[14] 상황을 벗어나는 것도 그렇고, 가족을 다시 만나리라는 희망을 버리고 자살을 마음먹거나 시도하였다가 구원되는 양상 또한 비슷하다. 그러나 「절처봉생」에서의 김씨 부인의 수난이 작품의 전반부를 지배할 정도로 상세하게 서술되어 있는 반면 「혈의 루」에서 최씨 부인의 우여곡절이 며칠 내에 일어난 사건으로 축소되어 처리된 것은 명백한 차이로 드러난다.

> ㄴ) 무변ᄃᆡᄒᆡ에 좁살갓튼 일엽편쥬를 타구가다가 졸지에 표풍을ᄒᆞ여 갈ᄇᆡ를 모루는거시 무진이 쳐량ᄒᆞ다할ᄆᆞᆫᄒᆞ나 오히려 젹막ᄒᆞᆫ ᄉᆞᆫ즁에 실낫ᄀᆞᆺ튼 연약ᄒᆞᆫ몸이 침침칠야에 길을일코 향할바를 모름만 갓지못ᄒᆞᆫ터이라 (…중략…) 장졍남ᄌᆞ라도 이지경을당ᄒᆞ면 헷갑이게 홀니ᄂᆞ니 허방을ᄲᅡ지ᄂᆞ니 졍신을 ᄎᆞ리지못할터인ᄃᆡ ᄉᆡᆼ젼에 길이라고ᄂᆞᆫ 탄탄평평ᄒᆞᆫ 죵노네거리도 거러보지못ᄒᆞᆫ 김씨부인이라[15]

여성 인물의 참혹한 고난의 정경을 밤길의 분위기로 대변하는 위 「절처봉생」 인용문에서 독자는 「혈의 루」에서 쉽게 찾아보지 못할 만큼 작중인물의 처지에 공감, 동조하는 고조된 작가적 서술을 발견할 수 있다. 이 같은 차이는 두 작품의 통속성의 정도를 가늠하는 주요한 잣대로 쓰일 수 있다. 긍정적 자질을 지닌 젊은 여성의 수난이 전경화되느냐 후경으로 처리되느냐는 임화가 지적한 반봉건적(半封建

---

13) 이인직, 『혈의루』, 광학서포, 1907, 32면.

14) 「혈의 루」나 「절처봉생」의 위기 상황이 우연히 나타난 조력자에 의해 모면되는 것에 비해 「마상루」의 위기상황 탈출은 여성 인물의 적극적인 노력을 수반한다는 점이 차이로 지적될 수는 있다.

15) 작자미상, 『절처봉생』, 박문서관, 1914, 77~78면.

的) 독자[16]의 요구에 작가가 얼마나 적극적으로 부응하려 했느냐의 문제로 치환될 수 있기 때문이다.

「절처봉생」의 김씨와 「혈의 루」의 최씨를 통해 드러나는 여성인물의 수난사는 그 내용이나 의미에서 별 차이가 없으나 전체 작품 속에서의 비중은 확연히 다르다. 난리 직후의 우여곡절이 어느 정도 정리된 후 고통스러운 기다림의 시간을 견디는 것이다. 그런데 「혈의 루」의 최씨의 수난은 분량상으로도 짧을 뿐더러 위 인용문 ㄱ)의 밑줄 표시 부분에서 나타나는 서술자의 어조만 보더라도 비교적 가볍게 처리된 것임을 확인할 수 있다. 거친 세상에 내던져져서 훨씬 더 파란만장한 고통의 삶을 살아내야 할 사람은 최씨가 아닌 옥련임을 은연중 드러내는 것이다.

반면에 위 「절처봉생」 인용 부분 ㄴ)은 김씨의 딸 정희가 최춘보의 집에서 양육되고 있는 것을 서술한 다음 김씨의 서사로 이어지는 부분이라는 점을 주목할 필요가 있다. 밑줄 친 부분의 '무변대해에서 풍랑을 만난 것'과 같은 처지는 정희의 것으로, '산중에서 길을 잃은 것'과 같은 처지는 김씨의 것으로 읽을 수 있다는 말이다. 정희의 고난보다 김씨의 고난을 상대적으로 강조한 것이라 해석될 가능성이 다분하다. 즉 「절처봉생」 텍스트에서 김씨의 수난사가 확대된 만큼 「혈의 루」에 비해 상대적으로 줄어든 부분은 어린아이의 수난과 관련된 이야기이다.

다음은 「혈의 루」의 김관일과 「절처봉생」의 이진사를 비교해 볼 차례이다. 위 절에서 정리한 「마상루」와 「절처봉생」의 남성인물이 가진 특징을 「혈의 루」의 김관일 또한 상당 부분 공유하고 있다. 가족 이산의 과정에서 가장으로서의 역할을 제대로 하지 못한다거나, 섣부르게 길을 떠나는 등의 행동양식이 그러하다. 그러나 「절처봉생」의

16) 임규찬 · 한진일 편, 『임화 신문학사』, 한길사, 1993, 166~167면 참조.

이진사가 '정처 없는' 길을 떠난 것에 비해 「혈의 루」의 김관일은 새 시대에 부응하리라는, "셰상에뜻이잇ᄂᆞᆫ 남ᄌᆞ되야쳐ᄌᆞ만 구구히싱ᄀᆞᆨᄒᆞ면 ᄂᆞ라의큰일을못ᄒᆞᄂᆞᆫ지라 ᄂᆞᄂᆞᆫ이길로쳔ᄒᆞᄀᆞᆨ국을 단이면셔 남의ᄂᆞ라구경도ᄒᆞ고 ᄂᆡ공부잘ᄒᆞᆫ후에 ᄂᆡᄂᆞ라ᄉᆞ업을ᄒᆞᆯ이라"[17]는 나름대로의 경륜 아래 도미(渡美)를 결정한다. 즉 뚜렷하지는 않으나마 목표의식을 가지고 새 삶을 살아가려 하는 것이다.

가족 찾기를 포기하고 유랑의 길을 떠난 두 사람의 이후 행적 또한 극명한 차이로 나타난다. 「절처봉생」의 이진사가 결국 두 번째 인연인 수월자 경난을 만나 살림을 차리게 된다는 설정은 「혈의 루」의 김관일이 혈혈단신으로 미국에 건너가 공부에 전념하는 모습과 비교할 때 내용적으로나 기법적으로나 명백한 퇴행이다. 또한 김관일이 자기 발전을 의도하는 인물인 데 비해 이진사는 이미 완성형의 인물로 묘사되고 있는데, 이에 따라 이진사는 여승 수월자 등 주변인물에게 설교에 가까운 강론을 펼치고 서울로 돌아온 후에는 성균관 교수로 공천되기까지 하는 것이다.

학식과 교양, 덕망을 두루 갖춘 이진사가 작품의 서사 안에서 성격의 변화 발전을 이루고 새 시대에 부응하는 인물로 기능할 가능성은 이미 제거되어 있다. 다시 만난 가족의 중심은 다시 완강하게 이진사에게 귀속되며, 이는 봉건적 질서의 재확인이라는 의미를 가지게 된다. 이와 같은 이진사의 성격은 스스로 개화의 물결에 동참하고 옥련 등의 신세대를 위한 적극적인 조력자의 역할을 기대하게 하는 김관일의 성격과 비교할 때 극명한 차이를 드러낸다.

---

17) 이인직, 『혈의루』, 광학서포, 1907, 14면. 이러한 김관일의 의지는 비록 불분명하나마 가족보다는 국가의 일을 우선시한다는 데서 의미를 가지게 된다. 가족 상봉보다도 중요한 것이 공부인 셈이다. 이는 「혈의 루 하편(『제국신문』, 1907.5.17~6.1)」에서 옥련이 어머니가 있는 고국으로 돌아가는 것을 포기하거나 거절하는 것, 구완서와 새로운 가정을 꾸리는 데 대해 유보하는 태도를 보이는 것과 마찬가지의 당대적 대응양식이다. 안락하거나 평화로운 가정보다 우선하는 가치가 있고, 이왕 깨어진 가정을 복원하거나 건설하는 것보다 시급한 대의명분이 있다는 태도이다.

그렇다면 「혈의 루」의 옥련과 「절처봉생」의 정희는 어떤 유사성과 차이성으로 설명될 수 있는가. 표면적으로 보면 두 어린아이에게서 모두 난리통에 고아나 다름없는 신세가 되어 모르는 인물에 의해 구원을 받고, 그의 가정에서 양육되면서 교육의 기회를 얻는 공통점을 발견할 수 있다. 은인과 그의 아내 사이에 자식이 없는 점도 동일하며 남편의 죽음 이후 미망인에게 맡겨진다는 점까지도 동일한 수순으로 각 작품 내 개별적 서사가 전개된다. 이후 「혈의 루」의 옥련은 남편 사후 표변한 미망인의 괄시를 피해 집을 나가고 또 다른 은인 구완서를 만나 미국 유학길에 오른다. 그런가 하면 「절처봉생」의 정희는 남편을 잃고 홀로 남은 미망인과 서로 의지해 살다가 그마저 사고로 인해 헤어지게 된다.

부모와 헤어져 사경을 헤매다가 은인의 도움을 받고, 이후 교육의 기회를 얻는다는 공통점 속에 근본적인 차이로 숨어 있는 것은 그 교육의 내용과 수준에서 비롯된다.

> 나는 무식ᄒᆞ여 가리칠슈 업다만은 졍승지ᄃᆡᆨ에 그 영감아들ᄋᆡ기 가리치너라고 션ᄉᆡᆼ이잇스니 거긔가셔 ᄇᆡ우면 동무도잇고 좀죠ᄏᆡ니 지금 시ᄃᆡᆨ의ᄂᆞᆫ 계집아희덜도 다 학교에 단니며 공부를ᄒᆞᄂᆞᆫᄃᆡ 여긔ᄂᆞᆫ 학교버덤도 죠용ᄒᆞᆯ샌더러 그ᄃᆡᆨ과 우리ᄂᆞᆫ ᄒᆞᆫ집안 갓튼터이니 오쟉조흐며 ᄯᅩ그ᄃᆡᆨ 마님게셔 너를보시면 오쟉 귀히ᄒᆞ시ᄀᆡ니[18]

> 그러면 네가ᄂᆡ집에가셔잇스면 ᄂᆡ가너를학교에보ᄂᆡ여공부ᄒᆞ도록ᄒᆞ여줄것이니 네가공부를잘ᄒᆞ고잇스면 ᄂᆡ가아모조록 너의나라에탐지하야너의부모가 살아거든 너의집으로곳보ᄂᆡ쥬마[19]

---

18) 작자미상, 『절처봉생』, 박문서관, 1914, 73면.
19) 이인직, 『혈의루』, 광학서포, 1907, 33~34면.

「절처봉생」의 은인 최춘보와 「혈의 루」의 은인 군의 정상(이노우에) 소좌의 위 대화지문은 각각 자신이 구원한 어린아이에게 교육의 기회를 제공하겠다는 내용을 담고 있다. 그러나 최춘보가 정희에게 구식 교육을 제의하는 반면 정상은 근대적인 제도교육을 제의하고 있는 것이다.

'여자 아이들도 학교에 다니는 세상'임을 알고 있는 최춘보가 언문을 깨치고 『소학』을 공부하고 있던 정희에게 학교 교육 대신 구식교육의 연장을 권한다는 것은 정희로 하여금 봉건적 부녀자의 덕목을 고루 갖춘 인간으로 성장하기를 바란다는 뜻으로 읽힌다. 이에 반해 옥련은 일본에서 근대 교육의 기회를 얻게 되고, 이후 우여곡절을 한 번 더 겪기는 하지만 결과적으로는 미국 유학의 기회까지 손에 넣는다.

이와 같은 차이는 결국 결말 부분에 가서 '혼인'이라는 문제를 통해 극명하게 대조되는 장면으로 나타난다. 가족 상봉의 순간 이들에게 각각 남는 중요 과제 중 하나가 바로 딸의 혼인인 바, 「절처봉생」의 정희가 이미 정해져 있던 혼처를 수긍하고 부모의 의사를 받아들인다고 여겨지는 것[20]은 「혈의 루」의 옥련이 구완서와의 혼인을 유보하는 주체적 선택을 하는 모습과 비교할 때 지극히 전근대적인 행동양식일 수밖에 없다.

게다가 "지금 경징시ᄃᆡ가되여 미구에 우리죠션 죠혼ᄒᆞ는 습관이 ᄆᆡᆨ킬듯ᄒᆞ니 그법령 반포젼에 자식의혼ᄉᆞ는 셩례ᄂᆞᄒᆞ여 두ᄂᆞᆫ일이 죠흘듯ᄒᆞ여 명츈의ᄂᆞᆫ 자식을 다리고 올너가 셩례를ᄒᆞ깃시니"[21] 하는 등의 편지 내용은 근대적 결혼관과 전혀 동떨어진 인물의 의식을 노출시키고 만다.

---

20) 텍스트 문면에 혼인 문제에 대한 정희의 생각이나 행동이 서술되어 있는 것은 아니다. 그러나 만인이 모인 자리에서 가족 상봉의 기쁨을 나누고, 거기에 혼담이 들어오는 것으로 정점을 찍는 설정을 감안할 때 이미 정희 개인의 의사는 애초에 없거나 혹은 무시되는 것으로 해석할 수밖에 없다.

21) 작자미상, 『절처봉생』, 박문서관, 1914, 159면.

그에 비하면 「혈의 루」의 결말 부분 부녀 상봉 장면에서 나타나는 옥련과 구완서의 대화는 전혀 다른 차원에서 이루어진다. '몇 해든지 공부에 힘쓴 후에 고국에 돌아가 결혼하고 조선 부인 교육을 담당'하라는 구완서의 제의가 옥련의 마음을 움직인 것이다. 옥련이 구완서의 제의에 마음속으로 반허락이나 다름없는 생각을 할 수 있었던 것은 편집자적 작가 서술에서 보이듯 "구씨와 옥년이가 고목적디로 되든지못되든지 그거슨후의일이어니와 근날은두사룸의마음에는 혼인언약의죠흔마옴은 오히려둘지가되"[22]기 때문이다. 이것이 "제ᄂᆞ라형편모르고 외국에유학한소년학싱 의긔에셔ᄂᆞ오는마음"[23]이라 해도 근대교육의 필요성이나 선진 문화의 수입을 의도하는 공리적 태도의 표현임을 부인할 수는 없다.

1906년 「혈의 루」 발표 당시의 작가는 옥련이라는 새로운 세대의 형상에 근대교육의 세례를 주었으나 그가 귀국하여 펼칠 활약상에 대하여는 서술하지 못했다. 이후 「혈의 루 하편」에서도 이는 마찬가지인데, 등장인물로 하여금 방향성을 제시하도록 하고 자신이 생각하는 시대정신을 표현하는 데는 일정한 성과를 거두었으나, 민족적 혹은 국가적 전망을 미리 과장하는 것은 어려웠으므로 대신 전망 유보의 형태를 취한 것이다.

이상의 분석을 통해 「혈의 루」와 「절처봉생」의 공통점 및 차이점을 정리해 보면 다음과 같은 결론을 얻을 수 있다. 부인의 수난과 기다림, 낙심한 남편의 떠남과 새 삶의 추구, 어린아이에게 주어지는 교육의 기회 등이 두 작품의 서사 전개 방식에서 공통적으로 드러나며, 이는 작품의 주제의식과 관련하여 해석될 여지를 만든다. 이러한 모든 공통점은 주요인물의 설정이 부부와 어린 딸 즉 3인 구도로 기획되었다는 점에서 비롯된다. 이 3인 구도는 부모 세대와 자녀 세대 사

22) 이인직, 『혈의루』, 광학서포, 1907, 86면.
23) 이인직, 『혈의루』, 광학서포, 1907, 86면.

이의 인식차를 매개로 작가의 메시지를 독자에게 전달할 수 있는 유용한 틀이다.

그러나 「혈의 루」의 세대론적 주제 표출 방식이 작품에 전면화된 것이었다면, 「절처봉생」의 그것은 이면의 주제로 숨어 있거나 내용 없는 형식적 틀로만 남아 있다. 즉 「혈의 루」가 딸의 이야기에 초점을 맞추어 '옥련의 일대기'를 의도하였으나 완성시키지 못한 서사 텍스트로 이해된다면, 「절처봉생」은 남편과 딸의 서사가 극적으로 부각되지 못하고 아내의 수난이 상대적으로 강조된 통속적 서사 텍스트이다. 「절처봉생」 등의 후기 신소설이 「혈의 루」보다 발전적인 모습을 보이지 못한 것은 사실이나 당대 혹은 그 이전의 서사텍스트를 긍 부정적으로 수용하는 과정에서 창작된 것 또한 사실임을 알 수 있다. 긍정적 수용은 형식면에서 부정적 수용은 작품의 테마면에서 드러나는 것이다. 「절처봉생」의 이진사나 정희는 이산 이후의 독립적 체험으로부터 새로운 삶의 동력을 쟁취하지 못하고 화목한 가정의 복원이라는 고전적 결말에 함몰되는 결과를 보여주고 만다.

4. 결론

「절처봉생」은 이인직의 「혈의 루」나 민준호의 「마상루」보다 뒤늦게 발표된 신소설 작품이다. 「마상루」의 고전적 서사문법과 「혈의 루」가 보여준 세대론적 특질을 모두 내포하고 있는 「절처봉생」은 많은 유, 무명작가들의 신소설 창작이 상호 영향과 긍·부정적 수용의 과정이었음을 보여주는 좋은 예로 손색이 없다.

이들 세 작품 이외에도 다수의 이른바 신소설 텍스트들은 상호텍스트성의 장 안에서 해석될 수 있으며 또한 해석되어야 한다. 기존 텍스트의 적극적 모방으로서의 인유가 광범위하게 서사 텍스트 작법으로 원용되고 있었기 때문이다. 이러한 모방과 인용 행위는 기존 텍스트의 권위를 강화시키기보다는 약화시키는 데 기여하였으며, 기존의 텍스트뿐만 아니라 새로 생성되는 텍스트의 권위 또한 약화시키는, 저작자로서의 자기 부정을 낳게 된다. 후기 신소설의 많은 작품들이 작자미상이거나 '저작 겸 발행인'이라는 불명료한 주체를 상정하는 이유이다. 이와 같은 신소설 텍스트들을 '작가에 의한 유일무이한 텍스트'라는 관점에서 바라본다면 더 이상의 새로운 논의는 가능하지 않을 것이다.

또한「혈의 루」등의 문학사적 가치를 공인받은 신소설들이라고 해도 전대소설의 영향과 수용 없이 순수하게 창작되는 것은 불가능하며, 당대에 창작되지는 않았더라도 여전히 유통되고 있던 고소설의 텍스트와 상호 영향관계 하에 있었음을 부인할 수 없다. 후속 작품이 선행 작품을 모방하고 인용하는 수직적 영향관계가 아닌 당대의 스토리뱅크 속에서의 작품간 수평적 상호 영향관계에 주목해야 하는 이유이다.

전란의 발생으로 인한 가족 이산과 우여곡절 끝의 상봉을 큰 틀로 하고 있는 세 작품은 혹은 고전소설과 야담, 혹은 동시대의 신소설과 상호 영향을 주고받으며 창작되고 수용되었다.「마상루」나「절처봉생」이 창작된 시기인 1910년대 전반에 이미 기존 고전서사 문법에 익숙한 무명작가들이 율문체의 영향을 벗고 묘사체와 산문체에 익숙해져 있었음이 확인되며, 이인직과 이해조 등이 보여준 참신한 작법을 유, 무명의 신소설 작가들이 재빠르게 수용하는 모습 또한 확인할 수 있다.

이와 같은 신소설 작품의 상호텍스트성 확인은 (1917년「무정」창작 이전에) 복합적이고 입체적인 과정 속에서 계몽적 작법의 틀이 형성되었고,「무정」또한 이러한 과정에서 멀리 떨어져 있지 않음을 상기시켜 준다는 데 의의가 있다.

『조선일보』 첫 연재소설 관해생의 「춘몽」 고찰

1. 문학 연구와 '필명'의 문제

문학 연구와 교육에 있어서의 밝혀지지 않은 '필명'이 야기하는 문제점은 가능한 모든 방안을 고민함으로써 점차 해소되어야 한다. 특히 개화기, 혹은 계몽기로 일컬어지는 근대 초기의 많은 텍스트들은 생소한 필명으로 인해 '작자미상'의 경우와 마찬가지의 상태로 방치되어 있는 경우가 많다. 물론 문학사적 검증의 필요가 활발히 제기되지 않은 습작 혹은 소품의 성격을 띤 텍스트일 경우 굳이 그 작자를 밝히는 것이 무슨 생산적 의의를 가지겠는가 하는 의문이 다시 제기될 수 있겠다. 그러나 밝힐 수 있는 것을 밝혀내어 텍스트의 필자를 확정하거나 최소한 추정이 가능한 근거 자료들을 모으는 일은, 설사 그로 인해 문학사적 맥락이 수정되는 일이 없다 해도, 지속되어야 한다.

1920년대와 그 이전의 자료들에서 생소한 필명이 집중적으로 나타나는 이유는 무엇이겠는가. 우선 본명을 써서 자신을 드러내는 것을 피하기 위한 목적을 가졌으리라 짐작되는 경우가 있다. 정식으로 문단에 등장하지 않았거나 문인으로서의 정체성을 확립하지 않은 필자의 일시적 기고 형태가 이에 해당한다. 그런데 이와 같은 경우라 하더라도 동일 필자가 나중에 일련의 과정을 거쳐 누구나 알 만한 문인으로 성장하였다면 문제는 복잡해진다. 과거 자신이 집필한 텍스트와 그 필명을 작가 자신이 적극적으로 밝히지 않은 한 시간이 지날수록 기존 텍스트 필자의 정체를 가려내기가 어려워지는 것이다.

물론 작가 스스로 밝히기를 꺼렸거나 밝힐 필요를 느끼지 않은 텍스트를 후세의 연구자가 들추어내는 일은 자칫 해당 문인의 작품세계를 확장한다는 명분을 내세워 질적 평균을 떨어뜨리는 해석으로 귀결될 위험이 있다. 그러나 알려진 등단작 이전 습작 수준의 텍스트라 해도 근대 작가의 문학수업 과정을 엿볼 수 있는 중요한 자료일 가능성이 있고, 당시가 말 그대로 근대문학과 근대적 문단의 형성기였다는 점까지 감안한다면 텍스트의 주인 찾기 작업은 불가피한 일일 수밖에 없다.[1] 즉 생소한 필명이 부기된 텍스트들은 질적 수준의 높고 낮음에 관계없이 해당 작가의 동 시기 수준을 대변하는 것이며, 그들이 곧 이어 형성될 초창기 문단의 구성원이라는 점에서 보면, 문단 형성 이후 등장한 후배 작가들의 습작 과정과는 구분하여 고찰할 필요가 생기는 것이다. 초창기 문인들의 습작 과정이란 달리 말해 문학사적 견지에서 근대 문학의 형성과정과 동궤에 놓이는 것이 아닌가.[2]

---

1) 예컨대 이광수가 '이보경(李寶鏡)'이라는 필명으로 「문학의 가치(『대한흥학보』, 1910. 3)」라는 논문을 발표했던 사실을 상기할 필요가 있다. 이보경이 이광수의 아명이었음이 밝혀진 지금의 상황에서도 많은 문헌들은 문학을 Literature의 역어로 제시한 사례로 「문학이란 하오(『조선일보』, 1916.11.10～23)」를 반복 인용하고 있는 것이다. 이러한 인용과 가치 부여가 잘못된 것이라고는 볼 수 없다. 이광수가 「문학이란 하오」에서 위와 같은 견해를 제시한 것은 사실이기 때문이다. 또한 문학을 전통적 학문의 개념에서 '문예' 쪽으로 견인한 최초의 문인이 이광수라는 사실도 바뀌지 않는다. 그러나 「문학의 가치」가 「문학이란 하오」보다 6년 이상이나 앞선 글이라는 점은 위 두 가지 사실만큼이나 중요하다. 1910년대의 상황에서는 1년 혹은 1개월의 차이라도 소홀히 다룰 수 없는 것이기 때문이다. '문학=Literature'의 공식이 잡지를 통해 발표되었다는 점, 그 글의 독자들과 함께 유·무형의 토론 과정과 개념어 정의를 위한 의견 수렴 과정이 뒤따랐을 것이라는 점 등을 생각하면 1910년과 1916년의 차이는 실로 어마어마한 것이다.(최성윤, 「한국 근대초기 소설 작법의 형성과정 연구」, 고려대 박사학위논문, 2009 참조.)

2) 이와 관련하여 필자는 선행 논문에서 1920년대 초반 『조선일보』 연재소설을 검토하고, '격공생(擊空生)', '청황생(靑黃生)', '포영생(泡影生)' 등의 필명으로 번안소설을 연재한 작가가 등단 당시의 현진건임을 주장한 바 있다. 소설 번역으로 문단 활동을

그런데 위 경우와는 달리 이미 독자층에 이름을 알린 작가가 자신의 본명이나 잘 알려진 호를 사용하지 않고 생소한 필명을 임시로 지어 글을 쓰고 발표하는 경우도 허다했던 것으로 보인다. 이러한 경우는 발표 매체의 속성과 관련지어 고찰할 필요가 있다. 단적으로 말해 1920년대와 그 이전의 정기간행물은 필진 부족에 시달렸거나 일인다역의 소수 필진에 의존했던 것이다. 하나의 매체에 한두 명 혹은 두세 명의 작가가 여러 텍스트를 전담하거나 분담하는 일이 비일비재했다. 텍스트마다 혹은 장르에 따라 다른 필명을 쓰는 관행이 생기게 된 중요한 이유이다.

여타의 문인들에 비해 특히 다양한 필명을 사용한 대표적인 사례로 이광수와 이해조를 들 수 있다. 이광수는 본명과 춘원이라는 호 외에 장백산인, 고주, 경서학인, 외배, 보경 등의 필명을 사용하였고, 이해조는 본명 이외에 열재, 동농 등의 호와 더불어 우산거사, 수문생, 신안생, 석춘자, 선음자, 이열재, 해관자, 하관생 등의 수많은 필명을 사용한 것으로 알려져 있다. 1869년과 1892년이라는 생년의 차이만큼 글의 형식이나 내용에 있어 세대의 차이는 뚜렷이 나타나지만, 1910년 한일강제병합 이전 비슷한 시기에 공식적인 문인으로 활동하기 시작한 점에서는 별 차이가 없는 것이 사실이다. 또한 이광수와 이해조는 활동기간과 작품 수에 있어 근대문학사상 독보적이랄 만큼의 왕성한 창작열을 과시한 문인들이다.

문제는 이들이 다수의 필명을 사용한 만큼 밝혀진 것 이상의 다른 필명을 더 사용했을 가능성 또한 높다는 사실에서 발생한다. 10여 개의 필명을 사용한 것으로 이미 밝혀진 작가가 사실 그 이상의 필명을

시작하여 창작소설로 이행하는 등단 초기의 과정에서 현진건은 통속적 번안소설을 초창기 『조선일보』에 연재했다. 이 같은 작업이 현진건에게 자랑스러운 일은 아니었겠지만, 작가 수업의 일환으로서 진행되었다면 후대의 작품세계와 전혀 무관할 리가 없는 것이다.(졸고, 「『조선일보』 초창기 연재 번역·번안소설과 현진건」, 『어문논집』 65호, 2012.4, 463~485면 참조.)

사용했을 확률은 본명을 포함하여 두세 개의 필명을 꾸준히 사용한 작가가 다른 필명을 가질 가능성보다 오히려 높을 것이 아니겠는가. 신진 작가의 습작기 필명과 마찬가지로 기성 작가의 알려지지 않은 필명 또한 가능한 대로 밝혀내야 할 이유가 여기서 드러난다. 문학사적으로 뚜렷한 의의를 가진 문인의 작가론이 앞 혹은 뒷부분에서 공백지점을 드러내고 있다면 마땅히 채워 넣어야 할 것이기 때문이다.

본 논문은 『조선일보』 연재소설 「춘몽」[3]에 부기된 필명 '관해생'이 누구의 것인지를 밝히는 것을 일차적인 목적으로 삼는다. 단적으로 말해 근대 문인의 작가론을 꾸준히 수정하고 보완하는 일은 한국 근대문학사의 빈 곳을 채워 넣는 작업의 중요한 한 부분이기 때문이다. 검증을 위해 쓰일 수 있는 근거들을 확충하는 일은 시급한 과제이다. 이를 위하여 '관해생'이라는 필명이 1920년 이전 미리 쓰인 예가 있는지 확인하는 작업, 대상 텍스트인 「춘몽」을 포함한 해당 기간 『조선일보』 자료의 광범위한 탐색 작업을 순차적으로 시도할 것이다.

아울러 본 논문은 작가가 분명히 밝혀지지 않은 하나의 근대 초기 서사 텍스트를 대상으로 하여 작품의 안팎을 꼼꼼히 살피고, 필명의 주인을 고증하기 위한 근거를 수집하는 과정을 제시하고자 한다. 이번 연구의 대상이 된 「춘몽」 이외에도 수많은 작자미상(미확인 필명이 부기된 작품을 포함하여)의 텍스트가 존재하는바, 작가의 실체라는 객관적 사실의 보충은 물론이고 그 사실이 확인될 경우 새로 구성할 수 있는 맥락까지를 하나의 모형 안에 제시하는 작업은 앞으로도 꾸준히 지속될 필요가 있다.

---

3) 관해생, 「춘몽」, 『조선일보』, 1920.3.9～7.7. 연재 지면에 '소셜 츈몽 春夢 觀海生'이라고 표기되어 있다. 1920년 7월 7일자에 56회로 마감되었으나 6월 30일자와 7월 1일자 연재분에 모두 50회라고 기록되어 있는 등 연재 횟수를 정확히 판단하기 어렵다. 현재 확인할 수 없는 20여 회 분량의 결락 부분이 모두 검증되어야 정확한 연재 횟수를 밝힐 수 있다.

2. 『기호흥학회월보』의 고정필자 관해생

1908년 8월 창간하여 1909년 7월에 12호를 끝으로 폐간된 『기호흥학회월보』는 단체 기관지 성격의 월간잡지이다. 이 잡지의 1호부터 12호까지 한 호도 빠짐없이 등장하는 하나의 필명이 있는데 그 이름이 바로 '관해생(觀海生)'이다.

잡지 『기호흥학회월보』의 수록 텍스트는 그 성격에 따라 논설, 학술, 문예, 잡저, 학계 및 학회의 소식 등으로 나뉘고, 대개 이 순서에 따라 편집되었는데, 관해생은 잡저류로 분류되는 「동서격언」, 「청구미담」 등을 맡아 매 호 집필했다.[4)]

『기호흥학회월보』의 필자명은 텍스트의 갈래에 따라 특색있게 표기되었다. 논설, 평론류의 필자명은 대부분 본명을 따랐으며, 시 등 문예 작품이나 잡저류의 필명은 별호로 대체하는 것이 일반적이었다. 이 중 고정된 제목으로 연재되는 형식의 잡저류에 '관해생(觀海生)', '만운생(晩雲生)' 두 필명이 빈출하는 것을 발견할 수 있다. 이 두 명의 필자가 맡아 연재한 글이 위에서 언급한 「동서격언」과 「청구미담」이다.

두 개의 필명 중 만운생의 주인은 『기호흥학회월보』 자료 검토를 통해 확인할 수 있다. 동지(同誌) 11호(1909.6)에 수록된 시 「응(鷹)」[5)]

---

4) 「동서격언(東西格言)」은 말 그대로 동서양의 속담 및 격언 등을 소개하는 기사이며, 「청구미담(青邱美談)」은 우리 역사 속 실전 인물의 일화를 간단히 요약한 후 짧게 의미를 덧붙이는 성격의 글이다. 전자는 제목 뒤에 필자명과 '譯' 표기를 하였으며, 후자는 필자나 텍스트의 성격을 지정하지 않고 필자명만을 표기하였다. 「동서격언」은 1호부터 12호까지 매 호 수록되었으며, 「청구미담」은 2호부터 11호까지 총 10회 수록되었다.

5) 수록 지면에 '晩雲 洪正裕'라고 작가명이 표기되어 있다. 홍정유는 창간호부터 폐간호까지 별호를 부기하지 않은 본명만으로 많은 글을 『기호흥학회월보』에 실었는데, 11호에 한시를 수록하면서 만운이라는 호를 병기하고 있다. 이 외에도 『기호흥학회월보』 11호를 통해 앞서의 권호에서 별호만을 기록한 텍스트의 저자를 여럿 확인할 수 있는데, '藥園 徐相浩', '雲養 金允植', '翠雲 吳炳日' 등이 그 예이다. 그러나 잡지의 어디에서도 본 논문의 관심사인 '관해생' 혹은 '관해'라는 필명에 대한 본명 정보는 발견되지 않는다.

의 필자 홍정유이다. 그렇다면 나머지 하나의 필명 '관해생'은 누구의 것인가. 먼저 「동서격언」과 「청구미담」 텍스트의 성격을 고려할 필요가 있다. 이들과 같은 잡저류는 대개 권말에 수록되는 것이 보통이며 해당 잡지의 편집자의 손에 의해 집필되는 경우가 일반적이다. 「동서격언」의 역자, 「청구미담」의 필자 또한 『기호흥학회월보』 편집자에 의한 텍스트일 가능성이 높은 것이다. 만운생 즉 홍정유가 언제부터 해당 잡지의 편집에 관여했는지는 확인되지 않으나, 본명으로 논설을 발표한 1, 2호 발간 당시는 아니라도, 최소한 「동서격언」을 '만운생'이라는 필명으로 번역 게재한 3호(1908.10)부터는 편집자 일원의 자격을 갖추었다고 볼 수 있다.

『기호흥학회월보』 1호에는 「동서격언」만이 '관해생 역'으로 수록되어 있고, 2호에는 「동서격언」과 「청구미담」이 모두 '관해생'이라는 역자명 혹은 필자명과 함께 수록되어 있다. 3호와 4호에서는 만운생이 「동서격언」을 번역하였으며, 관해생이 「청구미담」을 집필하였다. 5호부터는 관해생이 「동서격언」을 번역하고 만운생이 「청구미담」을 집필하는 것으로 역할이 교체되었으며, 이 같은 체제가 11호(1909.6)까지 지속되었다.

이와 같은 사실로 미루어 알 수 있는 점은 관해생이 창간 당시의 편집자로서 「동서격언」과 「청구미담」을 기획하였고, 이후에 편집에 참여한 만운생에게 둘 중 하나를 집필하는 책임을 부여하였다는 것이다. 시행착오를 거치며 틀이 안정되는 과정에서 자연스러운 역할 교체도 뒤따랐을 것이다.

『기호흥학회월보』의 편집책임자는 이해조였다. 동 잡지의 편집과 발행에 이해조가 깊숙이 관여하고 있었음은 주지의 사실이다. 나아가 이해조는 기호흥학회의 회원, 임원, 평의원으로서, 기호학교의 겸임교감으로서 활발한 활동을 하고 있었다.[6]

이해조가 자신의 본명을 걸고 『기호흥학회월보』에 게재한 글은 「윤리학」7)과 「학계의 건망증」8)이 전부이다. 이 중 「윤리학」이 5호부터 폐간호까지 연재된 것으로 후대의 연구자들에게 가장 익숙한 텍스트인데, '관해생'을 그의 필명으로 간주할 때 이해조는 『기호흥학회월보』 창간호부터 폐간호까지 자신의 흔적을 지속적으로 남긴 것이 된다.

요컨대 『기호흥학회월보』는 1908년 8월부터 1909년 7월까지 발간된 잡지이며, 이 기간 동안 매 호 자료에서 '관해생'이라는 필명이 발견된다. 그런데 10년이 넘게 지난 1920년의 텍스트에서 '관해생'이라는 이름이 다시 나타난다. 그것이 바로 『조선일보』의 연재소설 「춘몽」의 필자 '관해생'이다.

3. 「춘몽」 자료의 서지적 검토

관해생의 「춘몽」은 지금까지 알려진 『조선일보』의 첫 연재소설이다. 『조선일보』의 창간일자가 1920년 3월 5일이라고는 하나 현존하는 자료 중 가장 오래된 것은 3월 9일자인 지령 3호이다. 3월 9일자 『조선일보』의 4면에 「춘몽」이 실려 있고 이후 연재가 지속되는데, 해당 일자의 연재분에는 회차 정보가 표기되어 있지 않다. 현존 자료 중 3월 9일자에 이어 확인할 수 있는 것은 5월 12일자인데, 곧 지령 8호이다. 해당 일자의 「춘몽」 연재분에 '八'이라고 회차 정보가 표기되어 있으니, 이 정보를 있는 그대로 신뢰한다면 「춘몽」은 최소한 『조선일보』의 창간호부터 8호까지 매 호마다 연재되었다는 결론을 얻을 수 있다.

6) 이 같은 사실은 『기호흥학회월보』의 매 호 권말에 수록된 「회중기사(會中記事)」를 통해 확인할 수 있다.

7) 이해조, 「윤리학」, 『기호흥학회월보』, 1908.12～1909.7(8회 미완).

8) 이해조, 「학계의 건망증」, 『기호흥학회월보』, 1909.4.

『조선일보』의 창간 당시 자료가 제대로 구비되어 있지 않은 것도 「춘몽」 연구의 걸림돌이지만, 사실 초창기 『조선일보』는 일간지라고 하기 어려울 만큼이나 하루하루의 지령을 쌓아가기 어려웠던 새 매체였다. 휴간과 정간이 반복되었고, 이에 따라 1920년 마지막 자료인 12월 29일자의 지령이 144호에 불과했던 것이다. 특히 「춘몽」 3회(추정)가 실린 3월 9일자의 2면에는 다음과 같은 사고(社告)가 게재되어 있다.

> 本報는 初號發行과 共히 社會의 贊評이 甚高홈과 同時에 購讀要求도 實로 多大ᄒᆞ야 數萬의 印刷部數로도 早期不足을 告ᄒᆞᄂᆞᆫ 等 豫想以上의 好積을 敢ᄒᆞᄂᆞᆫ 터이나 印刷上 事情의 不得已홈을 因하와 (…중략…) 工場 其他의 整理를 充分히 ᄒᆞ야 報道의 迅速 及 紙面의 精美를 期ᄒᆞ옵기 玆에 一時休刊ᄒᆞ옵고 來月 四月 二十一日을 下ᄒᆞ야 第四號의 續刊을 爲홈과 同時에 爾後引續ᄒᆞ야 (…하략…)[9]

3월 5일에 신문이 창간되었다면 나흘 후인 9일에 3호가 발간되었으니 이틀의 공백이 이미 있었던 셈이다. 그런데 고작 3호 발행 후 한 달 이상의 공백기를 가지겠다는 공지가 창간을 축하하는 각계각층의 축사 및 휘호와 함께 게재되고 있는 것이다. 4월 21일자 자료는 물론 부근 날짜의 신문 자료가 확인되지 않고 있는데, 설사 속간 날짜의 약속이 지켜졌다 해도 5월 12일자 신문이 지령 8호라면 일시적 휴간은 이후에도 반복되었다고 볼 수밖에 없다.

결국 연재소설 「춘몽」이 8회 연재되는 데 걸린 시간은 무려 69일에 이른다.[10] 만약 「춘몽」이 연재 이전에 미리 완성된 원고로 보관되어

9) 「社告」, 『조선일보』, 1920.3.9, 2면.

10) 5월 12일자 발행 이후 한동안은 유실된 자료에 상관없이 비교적 공백 없는 신문 발행과 소설 연재가 병행됨을 확인할 수 있다. 「춘몽」의 56회 마지막 연재분이 실린 7월 7일자 신문의 지령은 64호이다. 『조선일보』 8호(5월 12일자) 이후부터 64호(7월 7일자)까지 발행되는 데 걸린 시일은 56일이다. 즉 현재 유실된 자료에 상관없이 신

있었던 것이 아니라면 연재 작가의 집필 환경은 매우 열악한 상태에 있었다고 추정할 수 있다. 신문사의 사정에 의해 어느 시점에서 연재가 중단되었다 해도 전혀 이상하지 않을 정도인 것이다. 그렇다면 「춘몽」의 필자는 신문사로부터 원고료를 받고 연재분을 송고하는 전업 작가가 아니라 신문사에 소속된 기자 신분의 전속 작가일 수도 있으리라는 추측이 가능하다.

『조선일보』 이전에도 많은 신문들이 연재소설을 선보였다. 이인직의 「혈의 루」[11] 등 많은 신소설 작품들뿐 아니라 최초의 근대 장편으로 공인된 이광수의 「무정」[12] 또한 신문 연재소설이었다. 이광수가 「무정」을 연재하던 1917년 부근이라고 사정이 크게 다르다고 할 수 없지만, 특히 1910년대 초반까지는 신문사의 기자로서 소설 연재를 담당하는 일이 비일비재했다.

이인직이 『만세보』의 기자요 주필이었음은 익히 알려진 사실이다. 자신이 주필로 있는 신문에 「혈의 루」, 뒤를 이어 「귀의 성」[13]을 연달아 연재했다.[14] 「혈의 루」 마지막 연재일자가 1906년 10월 10일이며 「귀의 성」의 연재가 그 4일 후인 10월 14일에 시작된 점은 여러모로 시사하는 바가 크다. 한 편의 장편 연재가 끝난 직후 다른 소설의 연재를 시작하는 이인직의 스토리텔러로서의 능력도 대단하다고 할 수 있다. 그러나 여기서 주목해야 할 것은 「혈의 루」가 미완 상태로 『만세보』에서의 연재를 중단한 것이라는 사실이다. 즉 작가로서 자신의 작품 「혈의 루」의 완결을 짓는 것만큼이나 기자로서 빈 지면에 새로운 연재물을 채우는 일이 시급했던 것 아니겠는가.

문 발행은 계속되었던 것이며, 7~8일을 제외하고는 매 호에 연재소설 「춘몽」이 게재되었던 것이다.

11) 이인직, 「혈의 루」, 『만세보』, 1906.7.22~10.10.
12) 이광수, 「무정」, 『매일신보』, 1917.1.1~6.14.
13) 이인직, 「귀의 성」, 『만세보』, 1906.10.14~1907.5.31.
14) 「혈의 루」, 「귀의 성」의 서지사항에 관한 자세한 고찰은 김영민의 저서를 참고하였다.(김영민, 『한국근대소설사』, 솔출판사, 1997, 214~220면 참조.)

앞서 언급했다시피 1920년 당시 『조선일보』의 상황은 안정적인 연재소설 필자를 구하기 어려웠던 것으로 보인다. 신문사 사정과 관계없는 외부 필진이 자신의 완결된 작품을 나누어 내거나 연재 일자에 맞추어 각 회분을 집필할 만한 상황이 아니었다. 아울러 『조선일보』는 창간하자마자 기존 매체인 『매일신보』와 경쟁할 수밖에 없는 조건하에 있었다. 다른 종류의 기사는 차치하고라도 연재소설 등 문예란의 경우 일재 조중환, 하몽 이상협, 우보 민태원, 설원 백대진, 천풍 심우섭 등 당대의 인기 작가들을 필진으로 보유한 『매일신보』와 어깨를 나란히 한다는 것 자체가 역부족이었던 것으로 판단된다. 게다가 이들은 모두 『매일신보』의 기자이기도 했다.

이러한 악조건 속에서, 휴간과 정간이 속출하는 상황에서 『조선일보』 4면 연재소설 「춘몽」의 지면을 꾸준히 채워나간 관해생(觀海生)은 과연 누구인가. 이를 확정적으로 밝힐 수 있는 서지적 근거는 현재까지 드러나지 않았다. 그렇다면 궁극적으로 작품의 내용이나 문체, 구성방식 등을 살펴 이전과 이후의 비슷한 작품과 비교 고찰하는 작업이 필수적이다. 이와 함께 1920년 3월 당시 새로 창간된 신문에 첫 번째로 소설을 연재할 만한 작가로 누가 발탁될 만한가를 꼽아 보는 일이 요긴하겠다. 1920년 3월이라는 시기가 근대 문단이 형성되기 이전임을 감안하면 창작이든 번안이든 장편 텍스트를 연재할 만한 역량을 갖춘 것으로 예상되는 문인은 손에 꼽을 정도이기 때문이다.[15)]

위 두 가지 조건을 겹쳐 놓고 접점을 찾으면 후보군의 범위를 더 좁힐 수 있을 것이다. 예컨대 '장편 연재 경험이 있거나 가능성이 있는 당대의 작가들 중 「춘몽」과 비슷한 내용, 얼개의 작품을 쓴 사람은 누가 있는가?'와 같은 질문을 던질 수 있게 된다. 여기에 한 가지

15) 염상섭, 김동인 등 이른바 1920년대 작가들이 본격적인 작품 활동을 전개하기 이전이므로 이른바 본격적 근대작가로는 이광수 정도만이 논의 선상에 남아 있게 된다. 물론 이광수도 「춘몽」의 작가일 가능성은 없다.

더 『조선일보』에 기자로 근무하면서 작품을 연재하는 경우의 조건을 추가하면 후보군은 더 압축된다. 기자 경험이 있는 작가, 기자 생활을 하면서 작품을 연재한 적이 있는 작가들 중 이미 타계한 사람16)이나 『매일신보』에 여전히 남아 글을 발표하고 있는 사람, 『조선일보』의 뒤를 이어 동년 4월 창간한 『동아일보』로 이직한 사람17)을 빼면 누가 남는가.

위 모든 조건을 모두 충족시키는 작가로 동농 이해조가 있다. 게다가 이전의 절에서 살핀 바 이해조가 편집인으로 활약하던 『기호흥학회월보』에 '관해생'이라는 필명이 지속적으로 발견되고 있다는 사실을 더불어서 고려하면 더욱 가능성은 높아진다 하겠다.

물론 이해조가 1913년 『매일신보』에서 물러난 뒤부터 7년 가까운 연보상의 공백이 있음을 감안해야 할 것이다. 「춘몽」이라는 텍스트의 장르적 정체성을 파악하고 이해조와 같은 해당 가능성이 있는 작가의 글쓰기와 비교 검토해 보는 과제 또한 남아 있다.

4. 「춘몽」 자료의 신소설적 정체성

관해생의 「춘몽」은 전형적인 1910년대 신소설의 형식과 내용을 보여 주는 작품이다. 먼저 불완전하나마 현재 확인할 수 있는 연재분 자료만을 가지고 요약해 본 작품의 경개를 제시한다.

> 안동 이 백작의 아들 이 시종의 집안은 지위와 명예, 재산을 고루 갖춘 명문가이다. 이 시종의 사람됨이 모자란 것을 안 박 시어, 장 주사 등의

16) 예컨대 이인직은 1916년 타계했다.

17) 하몽 이상협과 우보 민태원이 대표적인 예이다. 이들은 1920년 4월 창간한 『동아일보』로 이직하였으며, 『동아일보』의 첫 연재소설 「부평초(『동아일보』, 1920.4.1~9.4)」는 민태원의 번안소설이었다.

협잡배들이 이씨 가문의 재산을 탐내어 기생 첩치가를 주선하고 이 백작 명의로 돈을 빌리게 한다. 이 시종의 부채 때문에 차압이 들어오게 된 것을 이 백작이 알게 된 이후에도 목 참봉, 임 위원, 정 판관 등 돈에 눈먼 자들에 의한 재산 빼내기는 계속된다. 결국 이 백작이 죽고 난 후 얼마 지나지 않아 이 시종은 목 참봉에게 누대로 내려온 집 하나를 뺀 나머지 재산을 모두 빼앗기는 신세가 된다. 상노 을동, 세교가 있던 김 교원, 학도 최창세 등의 충고를 듣지 않고 목 참봉 일당의 노리개가 되어 버린 이 시종은 목 참봉이 매달 내어 주는 시량에 의존하여 겨우 연명한다. 을동은 이씨 집안을 빠져나와 고학을 하고, 이 시종의 어린 동생 중창은 가출했다가 천행으로 창세와 함께 미국 유학길에 오른다. 을동은 미국인 목사의 도움으로 상업학교를 졸업하고 이영만이라 개명한 후 은행 지점장이 된다. 한편 목 참봉은 욕심을 버리지 못하고 더 큰 부를 좇다가 금광과 수리사업에 모두 실패하여 송사에 휘말린다. 목 참봉의 지원마저 끊긴 이 시종은 집을 처분하라는 독촉에 시달리다가 어느 날 누가 보냈는지 모를 식량과 땔감, 그리고 돈을 받게 된다. 한편 유학을 떠났던 중창과 창세가 금의환향하여 이영만과 함께 이 시종을 찾는다. 영만은 이 시종에게 그간 쌀과 돈을 지원한 사람이 자기라는 것을 밝힌다. 돌아온 중창은 실업가가 되고, 창세는 법관이 된다. 우연히도 처음 맡은 사건이 바로 목 참봉 건이었으므로, 창세는 사건을 공정하게 처리하고 이씨 가문의 재산과 권리를 회복시킨다.(정리 - 필자)

위 경개 부분에서 확인할 수 있듯 이 작품의 제목 '춘몽(春夢)'은 헛된 꿈을 좇다 가산을 탕진하게 되나 정당한 판결에 의해 복권되는 주인공의 삶을 한 바탕 봄날의 꿈에 빗댄 것에서 비롯되었다. 구시대적 질서와 부정적 습속이 여전히 남아 근대적 정신으로 무장한 신세대 인물과 공존하는 시공간적 배경이 설정되어 있다. 신구의 공존・대립 상황에서 신세대적 질서로 재편되어 가는 과정을 그린 많은 신소설 작품과의 유사성이 발견된다. 예컨대 관해생의 「춘몽」을 이해조의 작품 「구마검」[18]과 비교해 보면 다음과 같은 동질성을 확인할 수 있다.

먼저 「구마검」의 중심인물 함진해와 「춘몽」의 이 시종 사이의 동질성이다. 함진해와 이 시종은 모두 당대의 재산가로 설정되어 있으며 악인형 인물은 아니다. 그러나 그들은 각각 주위에 있는 탐욕스러운 무리들의 유혹에 넘어가 악행을 방관하고 재산도 탕진하며 스스로를 타락시키는 어리석은 인간으로 묘사되어 있다.

> 리시죵이 권에 못익이는톄 비스듬이 두러누으며,
>
> 홀슈업다. 여러 친구도 만류ᄒᆞ시려니와 우리 산월이 청을 안이 드를슈 잇나.
>
> 과연 그 부친이 엄ᄒᆞ야 츌필고반필면(出必告反必面)을 촌만치도 억의지 못홀 디경이면 친구가 아모리 만류ᄒᆞ고 계집이 아모리 보칙기로 엇지 시각을 지톄ᄒᆞ고 잇스리오마는 리시죵이 외면치례로 시하인ᄉᆞ라고 간다고 말 몃마디를 ᄒᆞ얏지 기실은 우왕마왕(牛往馬往)을 ᄌᆞ유로 ᄒᆞ야 져의 아바지 말을 터진 꽈리로 녁이는 위인이라. 쟝주ᄉᆞ 박시어가 벌셔 그 집 가풍을 력력히 츄칙ᄒᆞ는 고로[19]

위 인용 부분은 본격적인 약탈의 서사가 시작되기 전 이 시종의 사람됨을 서술하는 대목이다.[20] 후실 최씨와 점쟁이, 무당, 지관 등에 의해 농락당하여 패가망신하고도 정신을 차리지 못하는 함진해와 박 시

18) 이해조, 「구마검」, 『제국신문』, 1908.4.25~7.23. 이후 대한서림(1908)과 이문당(1917)에서 단행본으로 출판되었다.

19) 관해생, 「춘몽」, 『조선일보』, 1920.3.9, 4면.

20) '이 시종'은 인물의 성명이 아니라 이씨 성을 가진 시종(侍從)이라는 의미로 파악해야 한다. 이 시종이라는 인물 명칭은 이해조의 신소설 「박정화(『대한민보』, 1910.3.10~5.31)」와 그 단행본 출판물인 『산천초목(유일서관, 1912)』에도 쓰인 바 있다. 「박정화」에서의 이 시종의 성격과 「춘몽」에서의 그것은 많은 차이를 나타내지만 허랑방탕한 인물이면서 협잡배들의 먹잇감이 된다는 설정에서는 공통점을 보인다.

어, 장 주사, 목 참봉 등 협잡배들에게 멀쩡히 두 눈을 뜨고 당하는 이 시종은 쌍생아처럼 닮아 있다. 게다가 함진해가 조카 일청과 문중의 정당한 권유를 받아들이지 않는 모습은 이 시종이 부친의 가르침을 흘려듣고 부친 사후에는 최창세, 김 교원 등의 충고를 외면하는 것과 겹쳐진다. 이토록 어리석은 함진해와 이 시종은 스스로의 힘으로 난국을 헤쳐 나갈 의지도 능력도 없는 허깨비 같은 존재다.

두 사람의 주변에 각각 포진해 있는 악한들이 모두 전근대적 명찰을 달고 있으면서도 가치 전환의 혼란기를 틈타 재빠르게 잇속을 챙기는 영악한 인물들로 묘사되어 있는 것도 공통점이다. 「춘몽」의 악인형 인물들이 시어,[21] 주사, 참봉, 위원, 판관 등 시대에 걸맞지 않은 직함을 가지고 있는 것, 그 직함에 관계없이 모리배 협잡을 벌여 변한 시대에 적응하지 못하는 어수룩한 부자(富者)를 마음껏 이용한다는 설정 또한 「구마검」에서의 전근대적 미신을 이용한 사기꾼들의 행각과 지극히 유사하다.

몰락에 이르고 나서도 개선의 기미가 없는 함진해를 구원해내는 존재로 신세대 인물인 종표가 부각되고 있는 점도 이 시종을 위한 조력자가 영만, 창세, 중창 등의 신세대임을 드러내는 것과 짝지어 설명할 수 있다. 게다가 조력자들의 역할이 위기상황의 주요인물을 도와주는 것에 그치지 않고 법의 힘을 빌려 악인을 처벌한 후 상황을 원점으로 복귀시키는 결말도 두 작품을 통해 동일하다.

무능한 구시대적 기득권층의 이익을 정의 혹은 선이라는 명분으로

---

21) 시어(侍御)라는 낯선 명칭은 조선 말기와 대한 제국기에 걸쳐 궁내부 시종원에서 임금을 가까이에서 받드는 일을 맡아보던 벼슬아치를 뜻하는 말이다. 1900(광무 4)년에는 좌시어와 우시어를 두었고, 주임관(奏任官) 직위로 각 1명, 판임관(判任官) 직위로 모두 9명이 있었다고 한다. 물론 이 작품의 상황 속에서 박 시어라는 인물이 정말 시어 벼슬을 살았던 자라고 볼 필요는 없을 것이다. 장 주사 박 참봉 등의 인물도 마찬가지다. 이 생소한 직함이 쓰인 다른 신소설 작품이 있는데, 그것이 바로 이해조의 연재소설 「월하가인(『매일신보』, 1911.1.18~4.5)」이다. 심 진사의 부인 장씨의 위기상황에서 의남매를 맺는 인물이 장 시어이다.

포장하여 복권시키는 점에서 두 작품 모두 일정한 한계를 노정하고 있다. 그러나 이는 오래된 것을 악으로 새로운 것을 선으로 직대입시키는 권신징구의 틀을 미세하게 비켜나가고 있다는 점에서 유달리 평가할 수 있는 부분이기도 하다. 두 작품의 악인형 인물들은 전근대적이거나 봉건적인 구습에 물들어 있다기보다는 변화하는 세태 속에서 교활하고 영악하게 자신의 잇속을 챙기는 당대적 인간형이기 때문이다. 신 · 구의 대립을 조직하기는 하나 당대적 전형으로서의 악인을 부각하여 전환기적 사회를 담아내고자 한 작법이라 할 수 있다. 이 두 작품의 인물 뿐 아니라 「화의 혈」[22]의 이 시찰 또한 근대적 정신, 습속과는 무관하나 전환기의 세태를 이용할 수 있는 교활한 인물의 전형이다.

사실 '춘몽(春夢)'이라는 제목은 신소설 연구자들에게 그리 낯선 것이 아니다. 현재까지 발견된 딱지본 신소설 『춘몽』 텍스트는 박문서관에서 발행된 해동초인 최찬식의 작품[23]과 이후 모방, 표절된 작자미상의 출판물[24]이 대부분이다. 그런데 최찬식의 「춘몽」과 관해생의 「춘몽」은 내용의 유사성도 발견되지 않고 인물구도나 주제의식 면에서도 공통점을 발견하기가 쉽지 않다. 또한 덧붙여 생각해야 할 점은 한 작가가 같은 제목으로 두 편의 성격이 다른 텍스트를 생산하였겠는가 하는 점이다.

관해생의 「춘몽」이 1920년에, 최찬식의 「춘몽」은 1924년에 발표되었다. 이후 독자들에 의해 더 익숙하게 수용된 작품은 최찬식의 것이

22) 이해조, 「화의 혈」, 『매일신보』, 1911.4.6~6.21.

23) 최찬식, 『춘몽』, 박문서관, 1924.

24) 대표적인 예로 세창서관 1952년 본 『춘몽』이 있다. 이 책에는 초판이 신흥서관에서 발행되었다는 표지가 남아 있으며, 초판의 발행 시기를 알 수 있는 근거는 확인되지 않는다. 최찬식의 「춘몽」과 비교해 보면 인명과 배경을 바꾼 것 이외의 의미 있는 차이가 드러나지 않는 모방작 중 하나이다.

었을 가능성이 높다. 단정적으로 말하기는 어렵지만 관해생의 「춘몽」은 대중적인 책의 형태로 출판되지 못한 것으로 보이는데,[25] 최찬식의 그것은 박문서관에서 출판된 후 다수의 동종 모방작, 표절작으로 재생산되었던 것이다. 4년이라는 짧은 기간을 사이에 두고 속편의 성격이 아닌 작품을 동일한 표제로 창작한다는 것은 자연스럽지 않다. 게다가 최찬식은 이해조처럼 다양한 필명을 사용한 작가가 아니다.

5. 「춘몽」의 작가 해명을 위한 보완적 추론

위에서 단계적으로 고찰한 바 『조선일보』 첫 연재소설 「춘몽」은 이해조의 작품일 가능성이 충분하다. 상정할 수 있는 많은 경우의 수를 가능한 배제하지 않고 텍스트 내·외적으로 추적한 결과이므로, 이상의 소론이 완전치는 않더라도 이미 연보 등을 통해 알려진 이해조의 생애와 행적을 고찰하는 일과 「춘몽」 텍스트 이외의 당대 『조선일보』 지면을 탐색하는 일로서 논의의 진전을 꾀하고자 한다.

이해조의 경우 수십 편의 신소설 작품을 창작 발표한 것으로 알려져 있는데, 그의 작품을 규명하는 연구는 주로 1913년 이전의 작품들에 집중되어 있다. 즉 『제국신문』과 『매일신보』에서 기자로 활동하던 시기의 연재물과 단행본 텍스트가 그것들이다. 사실 서론에서 열거한 이해조의 많은 필명들도 거의 『매일신보』 등 신문 지면에 신소설 작품을 연재하면서 사용한 것들이다.[26] 1913년 『매일신보』 퇴사[27] 후

25) 관해생의 「춘몽」이 단행본으로 출판되지 못했다면 그 사유는 여러 가지로 추정될 수 있겠으나, 작품의 수준이나 텍스트의 가독성 등으로 최찬식의 작품과 비교 판단할 하등의 이유는 없다. 어쩌면 연재 종료 이후 원고를 신문 지면으로부터 다시 수집하는 것이 용이치 않았을 가능성도 있다. 『조선일보』의 열악했던 발행 상황으로 볼 때 현존 자료의 미비는 비단 한 세기가 지난 지금의 문제만이 아닐지도 모른다.

26) 예컨대 수문생(隨聞生)은 「박정화」 연재 당시의 필명이며, 선음자(善飮子)는 「화세계(『매일신보』, 1910.10.12~1911.1.17)」, 신안생(神眼生)은 「구의산(『매일신보』, 1911.6.

이해조의 행적이나 작품 발표에 관한 기록은 별로 남아 있지 않고 그나마 「강명화실기」 류[28]를 제외하면 고전문학 관련 텍스트들[29]이다.

1906년부터 1913년까지 쉴 새 없이 작품을 내어놓던 이해조가 갑자기 사라진 이유에 대해서는 우선 『매일신보』 내부의 문제가 있었으리라 추측할 수 있다. 이해조가 독점하고 있다시피 하던 문예란에 후배 작가들이 등장하여 조금씩 영역을 넓혀 갔던 것인데, 신문사 측의 의도가 얼마나 개입되었는가를 차치하고라도, 이해조의 구세대적 감각으로는 더 이상 독자들을 설득하거나 후배 작가들에 비해 대중성 차원의 비교우위를 점하는 일이 힘들어진 것 아니겠는가.[30] 마침 한동안 침묵을 지키던 이인직이 『매일신보』에 마지막 작품 「모란봉」[31]을 연재하다가 미완으로 중단한 시기도 이해조의 은퇴시기와 거의 일치

22~9.28)」, 하관생(遐觀生)은 「월하가인」, 석춘자(惜春子)는 「화의 혈」, 우산거사(牛山居士)는 「소양정(『매일신보』, 1911.9.30~12.17)」를 연재할 당시 사용했던 필명이다. 이 필명들은 '동농' 혹은 '(이)열재', '해관(자)'과 달리 해당 작품 연재 당시 이외에는 쓰인 예를 발견할 수 없다. 『매일신보』에 연재된 이해조의 작품 중에는 「탄금대(『매일신보』, 1912.3.15~5.1)」, 「소학령(『매일신보』, 1912.5.2~7.6)」, 마지막 연재물이기도 한 「우중행인(『매일신보』, 1913.2.25~5.11)」 등 필명이 표기되지 않은 작품들도 다수 발견된다. 이와 관련하여 다음과 같은 언급은 대단히 흥미롭다. "『대한민보』에 「박정화」를 연재할 당시 이해조는 동농이나 열재와 같은 평소 사용하던 호 대신 수문생이란 특이한 필명을 쓰고 있다. 수문생이란 필명은 이 소설에서만 유일하게 사용되었을 뿐더러 그 뜻에 있어서 시정의 이야기를 듣고 그것을 기초로 소설을 지었다는 인상을 강하게 풍기고 있다."(한기형, 『한국 근대소설사의 시각』, 소명출판, 1999, 170면) 이와 같은 시각은 수문생만이 아닌 다른 많은 이해조의 필명들에 적용될 수 있는 것이다.

27) 이해조의 『매일신보』 퇴사 시점을 명확하게 밝힌 연보는 발견되지 않으나, 2년 이상에 걸쳐 여러 작품을 지속적으로 연재했고, 「우중행인」 이후 갑자기 종적을 감추는 것으로 보아 「우중행인」의 마지막 연재일인 1913년 5월 11일 어간에 퇴사한 것으로 보는 데 별 무리가 없을 것이다.

28) 『강명화실기(회동서관, 1925)』, 『강명화전(회동서관, 1927)』. 두 책 모두 표제 앞에 '여(女)의 귀(鬼)'라고 표기되어 있다.

29) 『홍장군전(오거서창, 1918)』, 『한씨보응록(오거서창, 1918)』 등의 고소설 창작과 가곡집 『정선 조선가곡(신구서림, 1914)』의 편찬이 그 예이다.

30) 이희정은 「『매일신보』에 연재된 이해조 신소설의 근대성 연구」(『현대소설연구』 22호, 2004.6)에서 이해조의 소설 연재가 조일재 등의 번안소설에 자리를 내어주게 된 사정을 소상히 분석하고 있다.

31) 이인직, 「모란봉」, 『매일신보』, 1913.2.5~6.3(65회 미완).

함을 발견할 수 있다. 신소설계의 두 거목이 동반 퇴장하는 시기로서 1913년은 의미심장한 시사점을 드러내고 있다.

그러나 1913년 즈음은 신소설 혹은 딱지본 형태의 봉건적이거나 통속적인 텍스트가 활발하게 유통되고 있던 시기였음을 간과해서는 안 된다. 이해조가 신문 독자들에게서 상대적으로 외면 받은 것이 사실이라 해도 그의 대중 작가로서의 가치가 소멸된 것은 아니었다는 뜻이다. 오히려 이인직과 이해조의 초기 작품들은 1910년대뿐 아니라 1920, 1930년대에도 끊임없이 모방되고 변주되었던 것이다.

최소한 이해조가 세상을 떠난 1927년까지는 그가 보여준 작법 혹은 컨텐츠의 생명력이 남아 있었다. 이해조의 것이지만 작자가 표기되어 있지 않아서, 알려지지 않은 필명 탓에 지금껏 밝혀지지 않은 작품이 몇 편에 이르는지조차 알 수 없다.

이와 관련하여 근대 초기 정기간행물 매체의 작가 및 필명 처리 관행을 살펴볼 필요가 있다. 하나의 간행물에 여러 개의 텍스트를 수록한다고 할 때 한 사람이 한 작품씩 써낸 것을 모으는 것이 이상적이겠지만, 당대의 실정은 그렇지 않았다. 서론에서 언급했다시피 한 사람의 문인이 해당 신문 잡지에 두세 개 이상의 글을 싣는 경우가 많았다. 이 경우에도 간행물의 목차에는 하나의 필명이 여러 번 발견되지 않는 것이 상례이다. 필자명의 중복을 막기 위해 다른 필명을 만들어 썼기 때문이다. 글의 장르나 성격에 따라 혹은 내용에 따라, 최소한 필자명의 중복을 막기 위해 여러 개의 필명을 나누어 쓰는 유명 문인들이 분명 있었다.[32)]

---

32) 각주 1)에서 언급한 '보경'이라는 이광수의 필명도 동일한 견지에서 볼 수 있다. 이광수가 보경이라는 필명으로 쓴 「문학의 가치」는 유학생 잡지 『대한흥학보』의 1910년 3월호에 실렸는데, 동일 권・호에 이광수는 단편 「무정」을 '고주(孤舟)'라는 필명으로 게재하고 있다. 또한 김기진의 회고담에 의하면 자신의 팔봉(八峯)이라는 호는 『개벽』에 성격이 다른 두 개의 텍스트를 동시 게재하게 된 것을 계기로 잡지의 주필 김기전(金起田)의 권유를 따라 지은 것이라고 한다. 1923년 여름 일본에서 귀국하여 본명으로만 『개벽』에 작품을 발표하고 있던 김기진이 팔봉(산인)이라는 호를

그렇다면 방향을 바꾸어 1920년 창간 당시의 『조선일보』에 이해조가 쓴 글이 존재하는가를 추적하는 것도 「춘몽」 작가 검증에 도움이 된다는 결론을 얻을 수 있다. 당대 『조선일보』에 이해조가 기자로 근무하면서 자신의 글을 싣고 있었다는 것이 입증된다면, 최소한 『조선일보』 해당 자료에서 이해조의 흔적이 발견된다면 앞서의 모든 텍스트 내·외적 검토를 강화하는 유력한 보충 근거가 될 수 있기 때문이다. 기자로든 아니든 이해조가 『조선일보』에 관여하고 있었다면 연재소설의 집필 또한 다른 사람에게 맡기지 않고 자신이 직접 수행했을 가능성이 농후하다.

이와 같은 시각에서 바라볼 때 현존 최고(最古)의 『조선일보』 자료 1920년 3월 9일자 4면에 게재된 「창승과 밀봉」[33]은 여러 모로 흥미로운 텍스트이다. 쉬파리(蒼蠅)와 꿀벌(蜜蜂)을 의인화하여 그들의 대화 및 토론을 교훈적 담론으로 구성한 단편서사물이다. 확인할 수 있는 자료는 연재 2회분이고, 마지막에 완료 표지는 없지만 내용상 완결된 것으로 볼 수 있다. 부지런한 꿀벌과 게으른 쉬파리를 등장시켜 꿀벌로 하여금 악습을 경계하고 근검절약해야 한다는 교훈을 설파하게 했다.

창승의 말과 밀봉의 말이 번갈아 가며 인용되는 형식을 띠고 있으며, 마지막 논평을 제외하면 서술자의 개입이 드러나지 않는다. 현재 확인할 수 없는 앞서의 연재 1회분에서는 서두를 서술자의 말로 시작하고 창승과 밀봉의 대화를 이어 나갔으리라 짐작된다. 현재의 상태

처음 쓴 것은 『개벽』 1924년 1월호를 통해서였다. 평론 「지배계급교화 피지배계급교화」를 '팔봉산인(八峯山人)'이라는 필명으로, 수필 「눈물의 순례」를 본명 '김기진(金基鎭)'으로 동시에 게재했던 것이다.("0시에 만난 사람 - 팔봉이 된 사연", 동아방송, 1966년 9월 9일 방송 ; http://dbs.donga.com/comm/view.php?r_id=03984&r_serial=01, 참조.)

33) 게재 지면에 '蒼蠅과 蜜蜂'이라고 제목 표기를 하고 있다. 한자 옆에 한글로 '창승, 봉밀'을 병기했는데 봉밀은 내용상 밀봉의 오기이다. 실제로 본문 안에 '밀봉'이라는 대화지문의 주체가 나타난다. 같은 지면의 「춘몽」에는 없는 회차 정보가 「창승과 밀봉」에는 '(二)'라고 표기되어 있다.

에 안주하고 변화할 미래를 대비하지 못하는 창승의 미련함은 결국 비참한 최후를 맞게 된다. 결국 현명한 밀봉처럼 근검절약하고 미래를 위해 준비해야 한다는 뜻인데, 식자 과정에서의 오자와 탈자가 너무 많아 정확한 자구의 뜻은 재구하기 어렵다.

텍스트의 내용과 더불어 주목해야 할 것은 대화지문의 인용 방법이다.

> (창승) 자네ᄂᆞᆫ 가위 언족이식비도다. 쟈네가 불쳘쥬야ᄒᆞ고 화충즁으로 왕ᄅᆡᄒᆞ야 외양은 운잇ᄂᆞᆫ 듯ᄒᆞ나, 기실은 화즙을 취코져 골몰ᄒᆞᆷ이니,(…중략-인용자…)
>
> (밀봉) 그ᄂᆞᆫ 악ᄒᆞᆫ 계모가 효자의게 허물을 씨우고저 ᄂᆞ의 일신을 구집ᄒᆞ야 짐짓 쵸마 속에 너음이오, 결코 ᄂᆞ의 ᄌᆞ유로 그른 일을 ᄒᆡᆼᄒᆞᆷ 안이니, 족히 ᄂᆞ의 ᄒᆞ쟈될 바 업ᄂᆞ니,(…하략-인용자…)[34]

대화지문의 화자를 괄호 속에 넣어 표기하는 이 익숙한 방법은 같은 지면의 연재소설 「춘몽」에도 유사하게 활용되고 있다. 이와 같은 표기법은 분명 1920년대의 기준으로 보아 낡은 것임에 틀림없다.

「창승과 밀봉」과 「춘몽」은 토론체 우화와 서사 중심의 신소설이라는 형식의 차이와 더불어 그 길이도 단편과 장편으로 확연한 차이를 보이지만, 한글 표기의 방식이나 문체, 대화지문의 삽입 방식 등에서 많은 공통점을 드러내고 있다. 게다가 「춘몽」의 주요인물 이시종이야말로 「창승과 밀봉」에서의 창승과 같은 존재이다. 다가올 추운 겨울을 대비하지 않고 나태한 나날을 보내며 현명한 주변인물의 조언을 귀담아 듣지 않는 어리석은 인물인 것이다. 어쩌면 장편 「춘몽」의 서문 성격을 띤 알레고리적 우화가 「창승과 밀봉」이라고도 말할 수 있다.

---

34) 이열자, 「창승과 밀봉」, 『조선일보』, 1920.3.9, 4면.

이 단편서사물의 필자는 '이열자(怡悅子)'이다. '이열(怡悅)' 혹은 '이열재(怡悅齋)'라는 이름을 사용한 적이 있는 열재 이해조가 이 텍스트의 주인이다. 1920년 3월 이후 수개월 동안 이해조는 『조선일보』에 직접적으로 관여하면서 장편 연재소설 및 단형서사 텍스트 등을 통해 집필 활동을 재개하고 있었던 것이다. 『매일신보』 퇴사 이후 몇 차례 단행본 출판 이외의 공식적 문단활동 기록이 남아 있지 않았던 이해조이기에 「춘몽」의 작가를 해명하는 작업은 이해조의 작가론을 수정 보완하는 데 있어 작지 않은 비중을 차지할 것으로 판단된다.

이와 더불어 『조선일보』에 연재된 「농가월령가」[35] 등의 자료를 비슷한 시각에서 살펴볼 필요가 있다. 1920년 7월 7일 「춘몽」의 연재가 56회로 마감된 이후 얼마 지나지 않은 7월 23일 『조선일보』의 4면에는 「농가월령가」가 연재되기 시작한다. '농가월령가(農家月令歌)'라는 제목 외에 따로 회차를 표기하지는 않았지만 각 월령의 지표가 부기되어 있어 회차 정보를 대신하고 있다. 즉 하루에 1개 월령씩의 가사를 나누어 연재한 것이다. 그런데 이 연재물의 저자 난에는 '동해농인(東海農人)'이라는 필명이 기재되어 있음을 확인할 수 있다.[36] 물론 이 가사를 '동해농인'의 창작으로 간주할 필요는 없다. 동해농인이라는 필자가 채록하여 정서한 연재물로 보는 것이 여러 모로 자연스럽다.

주지하다시피 고전 시가나 판소리 사설을 채록하고 산정하여 활자 텍스트로 만들어내는 작업은 이해조가 지속적으로 추진하던 일이었다. 신문 연재를 통하여, 단행본 출판을 통하여 네 개 마당에 이르는 판소리 사설의 당대적 정본화[37]를 시도한 이도 이해조였고, 『매일신

35) 동해농인, 「농가월령가」, 『조선일보』, 1920.7.23~8.6.
36) 8월 1일자부터 2일자까지 2회분(8, 9월령)은 '東海農숀'이라고 필자를 표기하고 있는데, 이는 오식의 결과로 추정된다. 8월 4일자 자료부터 다시 '東海農人'이라는 필명으로 복원되기 때문이다. 한자 3자에 한글 1자가 조합된 필명 자체가 부자연스럽기도 하다.
37) 이해조는 「옥중화(『매일신보』, 1912.1.1~3.16)」, 「강상련(『매일신보』, 1912.3.17~4.26)」, 「연의 각(『매일신보』, 1912.4.29~6.7)」, 「토의 간(『매일신보』, 1912.6.9~

보』에서 은퇴한 이후 당대의 명창과 교유하며 가곡집 『정선 조선가곡』을 편찬한 이도 이해조였던 것이다. 게다가 '동해농인'이라는 필명에서 '동농'이라는, 현대 독자에게도 익숙한 이해조의 호를 연상하는 것은 어렵거나 부자연스러운 일이 아니다.

6. 결론

『조선일보』의 첫 장편 연재소설 「춘몽」은 이해조의 작품일 가능성이 대단히 높다. 본 논문은 「춘몽」의 작가를 해명하기 위하여 작품 내외적 조건과 당대 및 이전의 상황을 동시에 살폈고, 이에 더하여 근대 초기의 밝혀지지 않은 수많은 필명을 추적 탐구하는 과정으로서 후속 연구 및 문학 교육의 장에 활용될 수 있는 하나의 연구 모델을 제시하였다.

1906년 「잠상태」,[38] 1907년 「고목화」[39] 등의 초기 소설 발표를 시작으로 작가 활동을 왕성하게 전개한 이해조는 『기호흥학회월보』 등

7.11)」을 '해관자'라는 필명으로 연달아 연재하였다. 4개 텍스트 모두 연재 지면에 텍스트의 제목 이후 구술(口述)한 명창의 이름을 먼저 표기하고 이어 '解觀子 刪正'이라고 표기하고 있다. 당시의 이해조는 판소리 사설을 산정하여 연재하면서 창작 신소설 연재를 병행하고 있었다. 「춘외춘(『매일신보』, 1912.1.1～3.14)」, 「탄금대(『매일신보』, 1912.3.15～5.1)」, 「소학령(『매일신보』, 1912.5.2～7.6)」의 전체 연재 기간과 「봉선화(『매일신보』, 1912.7.7～11.29)」의 초반 일부가 판소리계 신소설이라고 일컬어지는 4개 텍스트의 연재 기간과 겹쳐 있는 것이다. 「춘외춘」에는 '이열재(怡悅齋)'라는 필명이 기재되어 있는 데 비해 「탄금대」와 「소학령」에는 필자명을 표기하지 않고 있다. 또 「봉선화」에는 해관자라는 필명이 기재되었다. 즉 '해관자'라는 필명이 두 개의 텍스트에 동시에 쓰인 것은 6개월이 넘는 긴 기간 중 1912년 7월 7일부터 11일까지의 시기뿐이다. 이 또한 동일 지면에 필명이 중복되어 나타나는 것을 꺼리는 당대의 관행 탓이었을 것이다. 만약 선행 연구의 도움 없이 당대 『매일신보』 자료를 처음 접하는 독자라면 「탄금대」와 「소학령」의 작가를 해명하기 위해 본 논문과 유사한 추적 과정을 거쳐야 할 것이다.

38) 이해조, 「잠상태」, 『소년한반도』, 1906.11～1907.4.

39) 이해조, 「고목화」, 『제국신문』, 1907.6.5～10.4.

의 잡지를 통해 계몽적 논설을 발표하고, 『제국신문』, 『대한민보』, 『매일신보』 등의 신문에 작품을 연재하거나 단행본을 출판하는 방식으로 독자와 소통하였다. 1913년 『매일신보』에서 퇴사할 때까지 그는 작가로서, 그리고 기자로서 당대의 계몽적 서사 담론 형성에 기여하였다. 이후 1927년 타계할 때까지 10여 년간 이해조의 작품 활동을 포함한 사회적 활동은 지극히 위축된 것으로 보이는데, 본 논문에서는 그의 말년에 해당하는 1920년대에 『조선일보』를 기반으로 한 활동 재개 양상이 있었음을 밝혔다. 관해생이라는 필명으로 『조선일보』의 첫 연재 장편 「춘몽」을 집필한 사람은 『기호흥학회월보』의 편집자이기도 했던 관해생 이해조였다는 것이 이 논문의 주장이다.

이와 같은 의견을 뒷받침하기 위해 창간 당시의 『조선일보』의 상황을 살펴보았고, 결과적으로 「춘몽」의 연재가 외부 필진에 의한 것이 아닌 내부 기자의 집필이었으리라는 개연성에 주목하게 되었다. 또한 「춘몽」이 같은 시기 『매일신보』에 연재되던 서사 텍스트의 양식적 특질과 비교할 때 구투에 가까운 신소설의 느낌을 주는 점, 1910년 이전 텍스트인 이해조의 「구마검」과 유사한 특질을 형식·내용적으로 드러내고 있는 점도 더불어 논하였다.

「춘몽」의 연재시기 중 『조선일보』 4면을 통해 발표된 단형서사 「창승과 밀봉」, 그리고 「춘몽」 연재가 끝난 지 얼마 되지 않은 시기에 같은 지면을 통해 연재된 「농가월령가」의 필자가 각각 '이열자', '동해농인'이라는 사실에도 주목하지 않을 수 없다.

이해조 등 근대 초기의 몇몇 문인들이 수많은 필명들을 사용하게 된 계기에 대해서도 당대 간행물의 편집 관행과 관련하여 논의하였다. 이해조의 수많은 필명들이 당대의 독자들에게 각각 다른 집필 주체의 이름으로 인식되었는지는 알 수 없지만, 동일 권·호의 잡지 목차에 필명이 중복되는 것을 꺼리는 것이 당시의 관행이었다면, 한 사람의 작가가 한 신문의 연재 지면을 독점하는 식으로 인식되는 것도 꺼려

졌을 것이다. 이해조가 『매일신보』에 연달아 소설을 연재하면서 여러 개의 일시적 필명을 고안해야 했던 이유이다. 결과적으로 이해조의 『조선일보』에서의 활동은 짧은 기간 내에 마무리되었지만, '관해생'이라는 묵혀 두었던 필명을 다시 꺼내어 썼던 것은 『매일신보』 재직 당시의 습속을 따른 것이면서 기자 겸 작가로서의 생활이 지속될 가능성에 대비하는 행위였을 것이다.

지금까지 잘 알려지지 않은 이해조의 작품과 1920년대 작품 활동의 일단을 밝히고자 한 본 논문은 이해조의 작품일 가능성이 있는 다른 텍스트의 검증, 여타 작가의 미확인 필명을 추적하는 후속 연구의 2차 자료가 될 수 있다. 이해조 및 이해조 작품세계의 전모는 아직 밝혀지지 않았다. 이해조의 광범위한 작품세계를 가능한 전모에 가깝게 고증하는 일은, 특히 그의 후반기 작품을 발굴하고 고찰하는 일은 근대를 계몽 사업의 콘텐츠로 이해했던 신소설 작가로부터 본격적 근대문학 이론과 작법으로 무장한 신진 작가로의 소설사적 헤게모니 이동 과정을 재구하기 위해서도 꼭 필요한 작업이다. 근대 초기의 소설사와 작가론은 지금까지보다 촘촘한 맥락으로 빈 곳 없이 규명될 필요가 있다.

은국산인의 「누구의 죄」와 무서명 「박쥐우산」의 필자 문제

1. 머리말

보급서관에서 1913년에 출판된 것으로 알려진 은국산인의 「누구의 죄」[1]는 한국 추리소설사의 초기 성과로 인정되어 왔다. 물론 이 작품은 창작이 아닌 번역 · 번안물이지만,[2] 「누구의 죄」를 포함한 1910년대 대중적 독물로서의 번역 · 번안 텍스트는 이해조의 「쌍옥적」 이후로부터 1930년대 본격적인 창작시기 이전까지 근대 초기 추리소설사의 공백을 메우고 있었으며, 우리 작가들이 정교한 추리소설 문법을 가지게 되는 토대로 기능했다.[3]

이러한 문학사적 의의를 지니고 있음에도 불구하고 「누구의 죄」의 경우 당시 판본의 확보가 어려웠던 탓에 출판사와 출판시기를 포함한 서지의 확증이 미루어졌고, 이에 따라 많은 연구자들은 전광용 편 『한

1) 은국산인, 『누구의 죄』, 보급서관, 1913. 현재 보급서관 초판본은 소장처를 알 수 없는 상황이며, 이 책의 서지사항은 전광용 편, 『한국신소설전집』 제7권(을유문화사, 1969) 및 개화기 서사를 포함한 근대소설 작품 연보 등을 통해 전해지고 있는 형편이다.

2) 내용상 에밀 가보리오Emile Gaboriau의 대표작 「르루주 사건L'Affaire Lerouge」(1863)의 번역이다.

3) 대중서사장르연구회, 『대중서사장르의 모든 것 - 3. 추리물』, 이론과실천, 2011, 152면 참조.

국신소설전집』에 수록된 텍스트로 분석 작업을 진행해 온 실정이다. 특히 번역·번안소설이나 근대 초기의 대중서사에 집중적인 관심을 내비친 최근의 젊은 연구자들은 1차 자료의 신빙성 문제로부터 자유롭지 못한 상태에서 2차 자료에 의존하여 기존의 연구사를 재생산할 수밖에 없었고, 이에 따라 '은국산인(隱菊散人)'이라는 필명이 누구의 것인지조차 확증하지 못한 상태에서 불완전한 문학사적 퍼즐 맞추기를 시도하고 있었다.[4)]

『조선일보』 초창기의 장편 연재소설 「박쥐우산」[5)]의 경우도 사정은 비슷했다. 『조선일보』 창간 당시의 자료가 불완전하게 남아 있는 탓에 완전한 형태의 전문을 확인할 수 없다는 점, 작가의 이름이 밝혀져 있지 않은 무서명 작품이라는 점 등이 연구자들의 활발한 관심을 끌지 못한 이유가 되었다고 본다. 최근에 이르러서야 문학사적 연구의 대상으로 편입되었으나 현재까지의 성과는 「누구의 죄」와 마찬가지로 작품 내적 분석이나 작품 간 유사성에서 출발한 비교 분석 등에 머무르고 있다.[6)]

만약 이 두 편의 작가 혹은 번역자가 밝혀져 있다면 사정은 어떠했을까. 본 논문은 이러한 문제의식으로부터 출발한다. 추리소설사에서의 기념비적 작품으로 꼽을 만한 「쌍옥적」의 작자가 이해조임이 분명한 상태에서 「누구의 죄」의 번역자 은국산인의 정체를 분명히 알지 못하고 있다는 것은 두 작품의 매개 고리를 헐겁게 하여 특정 경로에

---

4) 몇몇 연구자들에 의한 '은국산인'이 이해조의 필명일 것이라는 추정은 대개 "이해조씨는 1910년에 여자해방을 표방한 소설 「자유종」을 필두로 하고 「한씨보응록」, 「홍장군전」, 「화의혈」, 「쌍옥적」, 「빈상설」, 「누구의죄」, 「봉선화」, 「모란병」, 「홍도화」, 「소양정」, 「원앙도」 등 30여 종을 쓰고"라는 김태준의 언급(『조선소설사』, 학예사, 1939, 248면)에서 비롯된 것으로 보이나 이를 확증하는 논문은 아직 제출되지 않았다.

5) 「박쥐우산」, 『조선일보』, 1920.7.14~9.5. 미완 상태에서 연재가 중단되었으며, 『조선일보』 9월 5일자의 자료는 43회분이다.

6) 고은지, 「'정탐소설' 출현의 소설적 환경과 추리소설로서의 특성 - 『쌍옥적』과 『박쥐우산』을 중심으로」(『비평문학』 35, 2010.3, 7~25면)가 대표적인 예이다.

서의 비교 연구의 가능성[7]을 차단시킨다. 게다가 「누구의 죄」와 「박쥐우산」은 여러 모로 유사한 화소와 모티프들을 공유한 작품인데, 전자와 후자 모두 그 필자가 분명치 않은 상태에서는 시기의 차이에 따르는 작품 내적 밀도의 차이를 검증하는 연구, 후자가 전자를 계승한 부분과 극복한 부분은 무엇인가에 초점을 맞추는 연구 정도가 가능할 뿐이다. 요컨대 앞선 작품 「누구의 죄」의 의의는 번역물이라는 자체의 성격에 의해 감쇄되며, 뒤따르는 작품 「박쥐우산」의 의의는 고유한 성취의 부분을 인정하더라도 결국 번역물에 힌트를 얻어 창작의 요소를 가미한 후세대 무명작가의 작품쯤으로 고정될 가능성이 있는 것이다. 나아가 1908년 작 「쌍옥적」과 1920년 작 「박쥐우산」을 양자 모두 창작품이라는 관점에서 비교하는 연구의 경우도 후자의 작가가 확증되지 않은 상태에서는 일정한 한계상황에 봉착할 수밖에 없다.

본 논문에서 다루고 있는 텍스트가 아니더라도 근대 초기의 작품들이 누구에 의해 집필되었는가를 추정 내지 확정하는 일은 당대 작가들의 성취를 정당하게 평가하는 데 필수적 역할을 담당할 수 있다는 점에서 지속적으로 추구되어야 한다. 또한 이와 같은 노력은 작품의 내적 연관관계도에 국한하지 않고 작가 문제까지를 연구 대상으로 포섭하여 특정 장르의 총체적 계보를 그려 나가기 위해서도 반드시 필요한 기초 작업이다.

2. 「누구의 죄」의 필자 확정을 위한 탐색

「누구의 죄」는 프랑스를 배경으로 하는 탐정소설이다. 인명과 지명 등이 당대 조선의 사정과는 동떨어져 있어 번역 혹은 번안소설일 것

7) 예를 들면 작가 및 작품 간의 영향관계, 작가론 측면에서의 전·후기 작품세계 변화 등을 다루는 연구의 가능성.

이라는 추정만이 지속되던 중 최근에 이르러서야 프랑스 추리소설 작가 에밀 가보리오의 「르루즈 사건」을 번역 혹은 번안한 것이라는 점이 밝혀졌다. 우리 소설사 연구가 번역・번안소설과 추리소설 등 대중독물로까지 관심의 폭을 넓히기 시작한지 얼마 되지 않은 것을 감안하면 「누구의 죄」는 이러한 새로운 연구 경향의 덕에 새로이 빛을 보게 된 텍스트라고 할 수 있다.

근대 초기의 번역・번안문학에 대한 연구의 성과는 최근 빠르게 축적되고 있으나, 1970년대 김병철의 노작 『한국근대번역문학사연구』[8]의 수준을 - 적어도 그 압도적인 범위에 있어서는 - 뚜렷이 극복했다고 보기 어렵다. 오히려 아직까지는 김병철의 책에 상당 부분을 의존할 수밖에 없는 단계라고 해야 할 것이다. 어쩌면 수정 증보된 번역문학사를 다시 쓰는 일보다는 기존의 번역문학사에서 오류를 잡아내고 확증할 수 있는 근거를 광범위하게 보충하는 단계라는 평가가 요즘의 연구를 설명하는 데 알맞을지 모른다.

그런데 김병철의 이 책에도 번역소설 혹은 번안소설로서의 「누구의 죄」는 거론되지 않는다. 보급서관에서 발행된 「누구의 죄」의 초판이 1970년대에 존재했는지는 단정할 수 없지만, 김병철이 해당 판본을 접했더라도 자신의 저서에 서지와 내용을 서술했으리라는 확신 또한 할 수 없다. 「누구의 죄」와 같은 연도에 출판된 「비행선」, 「일만구천방」을 설명하는 항목에서 김병철은 "번역인지 창작인지 아직 단정을 내릴 수 없으며, 다만 책표지에 '김교제 역술'로 되어 있는 것으로 보아"[9] 번역이라고 추정하였다는 서술을 하고 있기 때문이다. 만약 1960년대의 을유문화사 판 『한국신소설전집』 편찬 당시 「누구의 죄」의 보급서관 초판본이 있었고, 그것의 내용은 물론 표지와 판권지의 정보를 가감 없이 제시한 것이라면, '은국산인'이라는 필명 이외에 번

8) 김병철, 『한국근대번역문학사연구』, 을유문화사, 1975.
9) 김병철, 『한국근대번역문학사연구』, 을유문화사, 1975, 330~331면 참조.

역이나 번안에 대한 표지는 없었을 가능성이 높다.

'은국산인'의 존재와 「누구의 죄」의 성격에 관심이 기울여진 최근의 상황은 구활자본 자료의 분실 훼손이 가속화된 이후이다. 이전까지 이인직이나 이해조 등 대표적인 신소설 작가의 창작소설에 연구가 집중되면서 번역 · 번안소설이나 대중서사 텍스트는 연구의 자장에서 일정 부분 소외되었고, 해당 자료의 가치 또한 저평가되어 온 것이 사실이다. 다시금 그 자료들에 관심을 가지려 해도 서지사항만이 존재할 뿐 실물 자료는 찾아보기 힘든 상태가 되었다.

이러한 상황에서 1910년대의 구활자본 자료를 광범위하게 검토해 보면 해당 서적의 작품 텍스트뿐만 아니라 표지와 간지, 판권지 등으로부터 다양한 정보를 습득할 수 있다. '신간 소개'나 '발행 예고' 등의 광고문은 기존의 작품 연보나 문학사적 연대기를 수정할 만한 자료로서 특별한 가치가 있다. 그 중 「누구의 죄」와 관련된 다음의 정보는 작가 문제와 관련하여 귀중한 시사점을 던져 준다. 1918년 오거서창 발행 『홍장군전』 하권 권말 광고에는 "「홍장군전」, 「한씨보응록」 2편을 이해조가 '특별편집(特別編輯)'하고, 「화의 혈」, 「쌍옥적」, 「빈상설」, 「누구의 죄」 4편을 '일신교정(一新校正)'하여 발행"[10]한다는 기록이 있다. 이 중 오거서창 1918년 본이 남아 있는 텍스트는 「홍장군전」, 「한씨보응록」, 「화의 혈」, 「쌍옥적」 4편이다.[11] 현재 발견되지는

10) 이해조, 『홍장군전』, 오거서창, 1918, 80면. 이와 같은 광고 문구는 같은 해에 발행된 『화의 혈』 권말에도 동일하게 발견된다.

11) 이해조, 『홍장군전(상)』, 오거서창, 1918, 95면.
이해조, 『홍장군전(하)』, 오거서창, 1918, 80면.
이해조, 『한씨보응록』, 오거서창, 1918, 173면.
이해조, 『화의 혈』, 오거서창, 1918, 100면.
이해조, 『쌍옥적』, 오거서창, 1918, 74면.
이 중 『한씨보응록』은 실물을 직접 확인하지 못하고 『활자본고전소설전집 12권』(아세아문화사, 1977)에 수록된 영인본을 참조했다. 영인본 텍스트의 간기가 누락되어 출판사명과 저자명을 확인할 수 없지만, 전집 해제에 오거서창판 1918년 본을 대본으로 했다고 밝히고 있다.

않고 있지만 「빈상설」과 「누구의 죄」 또한 비슷한 시기에 발행되었을 가능성이 있다.[12] 오거서창에서 1918년에 발행된 다른 단행본에도 위와 같은 광고문이 수록되어 있었을 가능성이 매우 높다.

그런데, 인용한 광고 문안의 '특별편집'과 '일신교정'이라는 표현을 주목할 필요가 있다. 전자 구소설 2편을 편집하고 후자 신소설 및 번역소설 4편을 교정하였다는 것은 장르의 차이가 아니라 후자 4편이 이미 단행본으로 발행된 적이 있었다는 것을 의미한다. 즉 전자 2편은 1918년 당시에 처음 출판된 텍스트이고, 후자 4편은 1907년부터 1913년까지 신문 연재 혹은 단행본 출판을 통해 독자를 만났던 텍스트이다.[13] 또한 '편집'을 저작 개념과 동일하게 간주할 수 있느냐 하는 점도 문제가 되는데, 이에 대해서는 이해조가 늘 자신의 정체성을 '작가(作家)'보다는 '기자(記者)'에 두었고, 이때의 '기자'란 신문 등의 매체에 종사하는 기자의 의미를 넘어서는 광의의 개념이라는 것을 생각하면 엄밀히 따질 문제는 아닐지 모른다.[14] 그러나 여전히 남는 문제는 이미 발표된 4편의 텍스트를 '교정'하는 주체가 반드시 해당 작품의

12) 1918년에 오거서창에서 발행된 『쌍옥적』은 발매소가 박문서관으로 기록되어 있는데, 권말에 '本書林發行及發賣書籍目錄'이라 하여 백여 권 책의 제목과 정가를 기록하고 있다. 이 광고면의 '본 서림'이란 오거서창이라기보다는 박문서관일 가능성이 높은데, 목록 중에 '누구의 죄'가 포함되어 있고, '40전'으로 정가가 기록되어 있다. 『누구의 죄』를 박문서관에서 직접 발행했을 가능성도 있고, 『쌍옥적』처럼 오거서창에서 발행하고 박문서관에서 발매했을 가능성도 배제할 수 없다. 동일 목록에서 '빈상설'은 발견되지 않는다.

13) 「빈상설」은 1907년부터 『제국신문』에 연재 후 1908년 광학서포, 1911년 동양서원에서 발행되었다. 「쌍옥적」은 1908년부터 『제국신문』에 연재 후 1911년 보급서관, 1912년 현공렴가, 1917년 동일서관에서 발행되었다. 「화의 혈」은 1911년부터 『매일신보』에 연재 후 1912년 보급서관에서 발행되었다. 이 중 현공렴가에서 발행된 단행본 『쌍옥적』은 실물을 확인하지 못하였으며, 박진영의 글 「최초의 추리 소설 『쌍옥적』의 미스터리」(http://blog.naver.com/PostView.nhn?blogId=bookgram&logNo=120170731651)를 참고했다.

14) 어쩌면 이해조의 집필로 이루어진 30여 종의 텍스트 중 대부분을 순수 창작으로 간주하기 어렵다고 볼 수도 있다. 엄밀히 말하면 이해조에게 있어 텍스트를 서술하는 행위는 번역 혹은 번안, 인유, 채록 등을 포함한 편집에 창작의 요소와 계몽적 담론을 유기적으로 더하는 행위였다.

저작자여야 하느냐는 점이다.

나머지 5편의 작품이 모두 이해조의 것임을 고려할 때 「누구의 죄」 또한 이해조의 손에서 탄생한 작품일 가능성이 높다는 추정은 타당해 보인다. 그러나 사실 엄밀히 말하면 위에 거론한 작품 중 이해조의 저작으로 확증할 수 있는 근거가 충분히 남아 있지 않은 작품은 「누구의 죄」 하나뿐이 아니다.[15)]

가장 분명한 확증 방법은 역시 당대의 자료를 찾는 일뿐이다. 영남대 도서관에 소장된 단행본 『누구의 죄』가 현재로서는 가장 분명한 근거 자료가 된다. 영남대 소장본은 박문서관에서 1921년에 발행한 재판본이다.[16)] 주목해야 할 것은 이 책의 본문 첫 장에 기록된 '해관산정(解觀刪正)'이라는 표기이다. '해관'은 두말할 필요 없이 이해조의 필명이다. 또한 '산정'이라는 표지는 이해조가 『매일신보』에 판소리계 신소설이라 일컬어지는 4편의 텍스트를 연재할 때 '해관' 혹은 '해관자'라는 필명과 함께 사용했던 어휘 그대로이다.

좀 더 자세히 단행본 자료를 살펴보면 '대정 2년' 즉 1913년에 초판이 발행되었음을 판권지를 통해 확인할 수 있다. 이때의 1913년 초판 기록은 을유문화사 간 『한국신소설전집』의 바탕이 된 보급서관 발행 판본을 따른 것일 가능성이 높다. 당대의 어지러운 출판 상황을 감안할 때 확언하기는 어렵지만, 보급서관 1913년 본이 초판이고 박문서관 1921년 본이 재판이라면 오거서창 1918년 본은 끝내 출판되지 않았을 가능성도 있다.[17)]

---

15) 예를 들어 「홍장군전」만 해도 그 작자의 추정 근거는 위 광고문안 이외에서 별달리 찾아지지 않는다.

16) 133면으로 조판되어 있으며 정가는 40전이다. 표지에 '偵探小說 누구의죄 誰의罪', 본문 첫 장에 '누구의죄 解觀刪正'이라고 표기되어 있다. 작품 서두에 "불란셔 경셩 파리부 보기바 근쳐에 손조촌이라 하는 동리에셔 일쳔구백팔십륙 년 삼월 초닷새ㅅ날"이라고 배경을 소개하는 부분이 있는데, 오기인 것으로 보이는 '1986'년이라는 시간적 배경이 60년대에 편집된 전집에도 그대로 반영되어 있음을 확인하였다.

17) 사실 1910~20년대의 구활자본 신소설의 권말 도서목록에는 '누구의 죄'라는 표제가

'은국산인'이라는 제삼의 필자가 작품을 번역하고 이해조가 '해관'이라는 필명을 내세워 그것의 교정본을 다시 출판하였으리라 보기는 어렵다. 앞서 언급한 '산정'이라는 용어는 이해조가 명창의 구술을 받아 적되 그것에만 충실한 것이 아니라 저술자의 입장에서 텍스트 내에 적극적으로 개입하여 당대적 담론을 인입시킨 텍스트에 부기한 것이다. 즉 이해조는 「누구의 죄」의 최초 집필 당시 번역자나 번안자로서의 의식보다는 저술자로서의 책임을 의식한 것이라 할 수 있다. 1913년 당시의 번역이나 번안 텍스트에는 '역(譯)' 혹은 '번안(飜案)' 등의 지표가 곧잘 생략되었던 것을 상기할 필요가 있다. 이는 당대의 필자들이 고의로 모방과 표절을 숨기려 한 것이라기보다는 그들에게 창작 및 번역 · 번안에 대한 개념이 확립되지 않은 탓으로 보아야 한다. 물론 1921년의 상황에서는 저작이나 번역 및 번안에 관한 개념이 자리를 잡기 시작하였으므로 이해조 역시 이 같은 상황을 의식했을 것이다. 이에 따라 '작(作)' 대신 자신에게 익숙한 '산정'이라는 용어를 택하였던 것으로 판단된다.

요컨대 1918년 이해조는 오거서창이라는 신생 출판사를 기반으로 구소설 작품 두 편을 세상에 내놓고, 신소설 및 번역 · 번안 작품 네 편을 다시 내놓거나 그럴 준비를 하고 있었다. 그 여섯 편 중 현재 소장처가 확인된 작품은 네 편이다. 「누구의 죄」를 담은 오거서창 발행 단행본은 남아 있지 않고, 3년 뒤인 1921년에 발행된 박문서관 본이 발견되었다.

그런데 비슷한 시기인 1920년에 정탐소설 「박쥐우산」이라는 문제적 텍스트가 신생 매체인 『조선일보』를 통하여 발표된 것을 확인할

반복적으로 나타난다. 이것을 모두 보급서관 초판으로 간주하기는 어려워 보이는 것이 사실이다. 오거서창이 아니더라도 1918년 이전에 다른 출판사에서 간행되었을 가능성이 높다. 그러나 1921년 박문서관 본 이외에 당대의 단행본 자료는 발견되지 않았다.

수 있다. 이것은 여러 모로 「누구의 죄」를 꼭 빼닮은 작품인데,[18] '박쥐우산'이라는 표제와 '정탐소설'이라는 장르 정보만이 연재 본문 앞에 표기되어 있을 뿐 필자에 대한 정보는 수록되어 있지 않다. 「박쥐우산」은 누구의 작품이며, 당시 이해조는 무엇을 하고 있었던가.[19]

3. 「박쥐우산」의 필자 추론

「박쥐우산」[20]은 1920년에 창간된 『조선일보』 4면의 연재 정탐소설이다. 『조선일보』 첫 연재소설인 관해생의 「춘몽」[21]의 뒤를 이어 같은 지면에 연재되었다. 1920년 3월 『조선일보』의 창간 이후 첫 번째

18) 「누구의 죄」와 「박쥐우산」의 유사성 및 차이에 관한 논의는 고은지의 논문 「'정탐소설' 출현의 소설적 환경과 추리소설로서의 특성 - 『쌍옥적』과 『박쥐우산』을 중심으로」(『비평문학』 35, 2010.3, 7~25면)에서 이미 다루어졌으므로 할애한다.

19) 후속 작업을 통해 보완되어야 하겠지만, 만약 「박쥐우산」이 이해조의 작품이라면 박문서관 본 재판 『누구의 죄』가 1921년에 발표된 것을 생각할 때 어째서 「박쥐우산」은 연재 이후 출판된 흔적이 보이지 않는가가 의문점으로 떠오를 수 있다. 오거서창에서 『누구의 죄』가 일신된 판형으로 출판되지 않았다면, 이해조의 입장에서 『조선일보』에 연재한 새로운 작품을 대신 단행본으로 낼 욕심이 생겼을 수 있기 때문이다. 그러나 이는 「춘몽」의 경우와 마찬가지로 당대 『조선일보』의 열악했던 상황에 비추어 생각할 수밖에 없다. 「박쥐우산」이 단행본으로 출판될 수 있었다면 앞선 연재물 「춘몽」 또한 동일한 조건에 있었으리라 보는 것이 온당하다. 결과적으로 두 작품이 모두 출판되지 못한 것은 연재본의 보관 상태가 양호하지 않아서였으리라는 것이 본 연구자의 판단이다.

20) 1920년 7월 14일부터 9월 5일까지 43회에 걸쳐 연재되다가 『조선일보』의 정간으로 중단되었다. 연재 지면에 '뎡탐소셜 박쥐우산'이라고 표기되어 있다. 작가에 관한 표기는 되어 있지 않은 무서명 소설이다. 『조선일보』의 정간은 9월 5일자 지령 116호 이후 12월 2일자 지령 117호 발행 전까지 무려 3개월간이나 지속된다. 이후의 자료에서 「박쥐우산」의 흔적은 발견되지 않는다. 「박쥐우산」 뿐만 아니라 동년 12월 이후의 『조선일보』 자료에서 이해조의 흔적은 사라졌다고 해도 무방하다. 만약 「박쥐우산」도 이해조의 작품이라고 본다면 이해조는 『조선일보』 3월 창간 이후 기자 등의 자격으로 4면 연재소설을 집필하면서 9월까지 신문에 관여하다가 3개월 정도에 이르는 정간 기간 중에 퇴사한 것으로 판단할 수 있다.

21) 관해생, 「춘몽」, 『조선일보』, 1920.3.9~7.7. 연재 지면에 '소셜 츈몽 春夢 觀海生'이라고 표기되어 있다.

연재 장편인 「춘몽」은 이해조의 작품이며, 창간 당시의 각 지면에는 이해조의 기자 겸 전속작가로서의 역할이 상당 부분 존재하고 있었다는 것이 본 연구자의 판단이다. 『조선일보』는 초창기에 간헐적인 휴간과 정간, 복간을 반복하는 불안전한 상황을 견디고 있었는데, 1920년 9월 이후에는 3개월 가까운 정간 사태를 맞았다. 1920년 12월 복간한 『조선일보』는 정간 이전과 비교하여 체제를 일신하고 한동안 안정적으로 지령을 쌓아간다. 『조선일보』 초창기에 이해조가 맡고 있던 기자 겸 전속작가의 역할을 12월 복간 이후에는 빙허 현진건이 수행하게 된다.

1913년 『매일신보』를 떠나 작가로서의 휴지기를 보내고 있던 이해조가 7년에 가까운 시간이 흐른 후 1920년 3월 『조선일보』에 소설을 연재했다거나 아예 그 신문사에서 기자로 종사하고 있었다는 추론은 「춘몽」이라는 텍스트와 '관해생'이라는 필명을 통해 가능한 것이었다. 1920년 12월 이후 '격공생', '청황생', '포영생' 등의 필명을 연달아 사용하며 번안소설을 발표한 것이 현진건임을 추론하는 과정 또한 당시 『조선일보』 등 정간물 및 단행본의 발행 상황을 고려한 텍스트 외적 분석에 의해 가능했다.[22]

요컨대 1920년 당시 『조선일보』의 상황은 외부의 작가가 계약 관계하에서 날짜에 맞추어 연재분을 송고할 만큼 안정적인 것이 되지 못했다. 첫 연재소설 「춘몽」이 발표되었던 3월부터 7월까지나 12월 복간 후는 물론이고 「박쥐우산」연재되기 시작한 7월부터 3개월 정간이 시작된 9월까지도 마찬가지의 상황이었다. 그렇다면 「박쥐우산」 또한 『조선일보』에 적을 두고 있는 기자 겸 전속작가의 집필에 의한 텍스

---

22) 이에 대한 상세한 논의는 필자의 선행 논문 「『조선일보』 초창기 연재 번역·번안소설과 현진건(『어문논집』 65, 2012.4, 463~485면)」 및 「『조선일보』 첫 연재소설 관해생의 「춘몽」 고찰(『정신문화연구』 127, 2012.6, 121~143면)」에서 이루어졌으므로, 본 논문에서는 할애한다.

트이리라는 판단이 가능하다.[23] 게다가 「박쥐우산」 연재 지면에 저자 난을 비워 두었다는 것은 이 텍스트를 외부 필진의 것이라 보기 힘든 또 하나의 이유가 된다.

남는 문제는 『조선일보』의 창간 기자로서 연재소설의 집필을 맡았던 이해조의 역할이 언제까지 이어졌느냐 하는 점이다. 1920년 12월 복간 이후의 『조선일보』 지면에서는 이해조의 흔적을 찾아볼 수 없다. 3월부터 7월까지 이해조가 『조선일보』의 연재물을 집필하고 지면을 편집하는 데 관여했다면 동일한 일을 7월 이후부터 9월 이전까지의 2개월 동안 이어갔느냐 하는 점을 증명해야 할 것이다. 그렇다면 「박쥐우산」 또한 「춘몽」과 마찬가지로 이해조의 작품일 개연성이 한층 높아지는 것이다.

1920년 7월 7일 「춘몽」의 연재가 56회로 마감된 후 얼마 지나지 않은 7월 23일, 『조선일보』의 4면에는 「농가월령가」[24]가 연재되기 시작한다. 제목 외에 따로 회차를 표기하지는 않았지만 각 월령의 지표가 부기되어 있어 회차 정보를 대신했다. 즉 하루에 1개 월령씩의 가사를 나누어 연재한 것이다. 그런데 이 연재물의 필자 난에는 '동해농인(東海農人)'이라는 필명이 기재되어 있다. 물론 이 가사는 '동해농인'의 창작이 아니라 해당 필명을 내건 필자가 채록하여 정서한 연재물일 것이다. 고전 시가나 판소리 사설을 채록·산정하여 활자 텍스트로 만들어내는 일이 이해조가 지속적으로 수행하던 작업임은 주지의 사실이다. 신문 연재와 단행본 출판을 통하여 네 개 마당의 판소리 사설을 정본화한 이도 이해조였고, 『매일신보』에서 은퇴한 이후 당대의

---

23) 특히 『조선일보』 초창기인 1920년과 1921년에 연재된 4면 대중소설 「춘몽」, 「박쥐우산」, 「발전」, 「백발」, 「처녀의 자랑」 등 모호한 필명을 사용했거나 작가가 표기되어 있지 않은 텍스트는 더욱 외부의 필진에 의한 작품이라 보기 어려운 경우이다.

24) 동해농인, 「농가월령가」, 『조선일보』, 1920.7.23~8.6. 8월 1일자부터 2일자까지 2회분(8, 9월령)은 '東海農㑖'이라고 필자를 표기하고 있는데, 이는 오식일 것이다. 8월 4일자 자료부터 다시 '東海農人'이라는 필명으로 복원된다.

명창과 교유하며 가곡집 『정선 조선가곡』[25]을 편찬한 이도 이해조였다. 뿐만 아니라 '동해농인'이라는 필명에서 '동농'이라는, 현대 독자에게도 익숙한 이해조의 호를 연상하는 것은 어렵지 않다.

동해농인의 「농가월령가」가 연재되고 있을 당시의 『조선일보』 4면 장편 연재소설이 바로 정탐소설 「박쥐우산」이다. 「춘몽」 연재가 끝나고 며칠이 채 지나지 않아 「박쥐우산」의 연재가 시작되었다는 점, 「박쥐우산」의 연재 기간과 「농가월령가」의 연재 기간에 겹치는 부분이 있다는 점 등을 고려하면 무서명 소설인 「박쥐우산」도 이해조의 작품일 가능성이 매우 높다. 대중적 독물인 정탐소설 「박쥐우산」과 동시에 고전 가사 「농가월령가」가 함께 연재되는 정황을 살펴보면 이해조가 『매일신보』에서 고전 산정과 신소설 창작을 병행할 때와 대단히 유사한 패턴을 보이고 있음을 알게 된다.

이에 덧붙여 3개월가량의 정간 상황을 당하기 며칠 전 8월 24일자 『조선일보』에 다음과 같은 흥미로운 기사가 게재되었음을 함께 생각해 볼 필요가 있다.

> 무릇 쇼셜을 짓ᄂᆞᆫᄃᆡ ᄃᆡᄒᆞ야 두 가지 톄가 잇스니 한일 셔졍(敍情)톄오 일은 셔ᄉᆞ(敍事)톄라. 셔졍톄ᄂᆞᆫ ᄌᆞ기에 감동ᄒᆞᄂᆞᆫ 바를 발표홈이오 셔ᄉᆞ톄ᄂᆞᆫ 듯고 봄을 인ᄒᆞ야 밧그로 오ᄂᆞᆫ 사무을 초현홈이라. 이 두 가지에 각각 셰 가지 톄가 또 잇스니 사람과 사ᄅᆞᆷ이 셔로 수작ᄒᆞ듯 ᄒᆞᄂᆞᆫ 담화톄(談話體)와 불리은 평ᄒᆞᄂᆞᆫ 것 갓흔 풍자톄(諷刺體)와 ᄉᆞ실은 영즁외물뿐이오 도도ᄒᆞᆫ 문환을 쥬장을 삼ᄂᆞᆫ 문장톄(文章體) 이 셰 가지 톄로 작자 그사ᄅᆞᆷ의 붓ᄭᅳᆺ을 조차 박안경긔ᄒᆞᄂᆞᆫ 쇼셜이 셰상의 나오ᄂᆞ니 쇼셜 일편 우에셔 ᄭᅳᆺᄭᆞ지 그 즁근에 우쥬관(宇宙觀) 사회관(社會觀) 인ᄉᆡᆼ관(人生觀) 이 셰 가지가 잇셔 천 가지로 달으고 만 가지로 분별된 ᄎᆞᆷ얼골을 그려ᄂᆡᆷ이 돌연한

25) 이해조 편, 『정선 조선가곡』, 신구서림, 1914.

ᄉ건도 발싱ᄒ고 쳘뎌한 심리도 량히ᄒ야 조직의 자미가 보ᄂ자의 심근을 자극ᄒ되 범위을 버셔ᄂ지 말고 원칙을 유린치 말어야 바야흐로 쇼셜이라 ᄒᆯ지니라.[26)]

이 짧은 기사의 제목은 '소설계(小說界)'이며 필자는 이해량(李海亮)이다. 『조선일보』 지령 100호 발행을 즈음하여[27)] 기존 4면 편집의 틀을 깨고 면수를 보강, 사회 각계각층의 인사들로부터 축하의 뜻과 더불어 당면한 과제 등을 투고 받아 게재한 것 중 하나이다.[28)] 소설계의 대표로서 '이해량'이라는 인물이 등장하여 기초적인 소설 작법 이론을 제시하고 있는 셈인데, 그 대표성을 입증하기에는 너무도 생소한 이름이라고 하지 않을 수 없다.

소설의 체제를 서정체와 서사체로 양분하고, 각각의 하위에 담화체, 풍자체, 문장체가 있다는 분류법을 제시하는 것이 1920년대 소설계의 수준을 대표한다고 보기에는 무리가 있다. 논의 수준이 기초적인 것을 제하고 보더라도 '영중외물', '박안경기' 등의 고색창연한 수사 또한 당대의 보편성과는 거리가 있다고 할 것이다. 그 내용이나 수준, 문체 등 모든 것을 고려할 때 이는 오히려 "무릇 소설은 체제가 여러 가지라"[29)]고 주장하던, "혹 직설도 하며 혹 풍자도 하여 사람의 칠정에 각측될 만한 공전절후의 신소설"[30)]을 저술했다고 자임하던 『매일신보』 기자 겸 전속작가 이해조의 목소리에 훨씬 더 가깝다.

이와 함께 『조선일보』 1면에 1920년 7월 25일부터 3회 연재된 「소설법(小說法)」[31)] 또한 동일 연관선상에서 살펴볼 수 있을 것이다.

---

26) 이해량, 「소설계」, 『조선일보』, 1920.8.24, 5면.
27) 해당 신문 자료는 지령 110호이다.
28) 예컨대 '耶蘇教家'의 대표로 '耶蘇教美監理派監理司' 최병헌(崔炳憲), 교육계의 대표로 '朝鮮教育會' 조제항(趙齊桓)이 각자의 의견을 집필하여 전체 지면을 채우는 식이다.
29) 이해조, 「화의 혈 서언」, 『매일신보』, 1911.4.6.
30) 이해조, 「탄금대 후기」, 『매일신보』, 1912.5.1.
31) 「소설법」, 『조선일보』, 1920.7.25~30. 신문 1면의 '蕉窓一筆' 난에 연재되었으며 필

> 或曰 小說家의 筆法이 虛荒無稽ᄒᆞ야 孟浪ᄒᆞᆫ 誕說과 弔詭한 荒辭가 可히 取信키 不能ᄒᆞᆯ 一種이라 文學上의 病風을 鼓吹ᄒᆞᄂᆞᆫ 一物이니 此ᄂᆞᆫ * 陽紅炎에 投홈이 可ᄒᆞ다 ᄒᆞ거ᄂᆞᆯ 此를 變ᄒᆞ야 曰 此ᄂᆞᆫ 小說의 本義를 不知ᄒᆞᄂᆞᆫ 者의 膚見이로다. 作者의 靈臺上에 安排布置ᄒᆞᆫ 意匠이 生活ᄒᆞ야 或 勸善懲惡의 主義도 有ᄒᆞ고 或 感發八情의 主義도 有ᄒᆞ고 或 諷刺一世의 主義도 有ᄒᆞ고 或 導達狂情의 主義도 有ᄒᆞ야[32]

1920년 3월부터 7월까지 「춘몽」의 필자이자 기자로서 이해조가 『조선일보』에서 활동하고 있었다고 볼 때 「박쥐우산」이 연재되던 7월부터 9월 초까지도 이해조의 것이라 추정되는 텍스트는 상당할 정도로 눈에 띄는 것이 사실이다. 요컨대 창간 당시의 『조선일보』 각 지면에는 이해조가 집필한 기사문 및 서사 텍스트가 기명 및 무기명으로 다수 게재되었으며, 특히 4면의 연재소설은 「춘몽」의 연재 시작일인 1920년 3월 5일부터 「박쥐우산」의 최종 연재분 게재일인 9월 5일까지 이해조가 전담하였다는 것이 본 연구자의 판단이다.

단적으로 말해 「춘몽」이 관해생 즉 이해조의 작품이라면 바로 이어지는 연재물 「박쥐우산」을 다른 무명작가에게 맡겼으리라 볼 수 있겠는가 의심스러운 것이 사실이다. 하물며 「박쥐우산」이 이해조의 이전 번역물 「누구의 죄」와 유사한 작품이라는 것을 감안한다면 더욱 그렇다. 『조선일보』에 이해조의 영향이 직·간접적으로 미치고 있는 상황에서 다른 필자가 「누구의 죄」와 닮은 작품을 연재한다는 것은 부자연스러운 일일 수밖에 없는 것이다.

『매일신보』에서 이해조가 3년에 가까운 기간 동안 매일 1~2편의

자명은 기록되어 있지 않다.

32) 「소설법 하」, 『조선일보』, 1920.7.27, 1면. 인용문의 * 표는 자료 상태의 불량으로 해독 불가능한 글자이다. 7월 25일자 연재분에 '上', 27일자와 30일자 연재분에는 공히 '下'라고 표기되어 있다.

연재물을 담당하여 쉼 없이 원고를 게재할 수 있었던 것은, 그의 타고난 스토리텔러로서의 재능 탓이기도 하겠지만, 이해조의 서사텍스트 작법 자체가 판소리계 소설을 포함한 우리 고전소설, 중국소설, 서양소설 등 기존 텍스트의 인용 및 모방, 번안에 준하는 편집 저술의 성격을 띠고 있었기 때문이다.

7년이라는 공백기 이후 『조선일보』를 통해 현업에 복귀한 이해조가 「춘몽」이라는 창작 신소설 연재 이후 곧바로 「박쥐우산」 연재를 이어간 것이 사실이라면 이를 가능케 한 데는 「누구의 죄」라는 자신의 번역 텍스트가 긴요한 역할을 담당했을 것이며, 따라서 「박쥐우산」은 「누구의 죄」의 재번안 성격을 띤 텍스트로 간주할 만하다.

4. 맺음말

정탐소설 「누구의 죄」와 「박쥐우산」은 각각 1913년과 1920년에 단행본과 신문 연재의 형태로 발표되었다. 본 논문은 이미 검증된 두 작품의 유사성을 전제하고 아직 확정되지 않은 각각의 필자 문제를 고찰하면서 실증과 추론의 바탕이 될 근거를 모으는 데 주력하였다. 이에 따라 두 작품이 동일 인물 즉 이해조의 손에 의해 탄생한 텍스트일 가능성이 높다는 판단에 이르렀다.

낯선 필명만이 제시되어 있거나 필자가 제시되어 있지 않아서 오랫동안 작자미상으로 처리되었던, 뒤늦게 여러 경로를 통한 고증으로 이해조의 것임이 밝혀진 여러 작품들이 있다. 예컨대 『대한민보』에 연재된 「박정화」가 이해조의 연보에 포함될 수 있었던 것은 그의 작품 「산천초목」과 동일한 작품이라는 점이 증명되었기 때문인데, 이를 달리 말하자면 「박정화」가 이해조의 작품이라는 것의 고증이 늦어진 이유는 '수문생'이라는 낯선 필명이 중간에 끼어 있었기 때문이다. 아직도 연구자들은 이해조의 작품 수를 30여 편 정도라고 어림하고 있을 뿐 정확한 통계를 제시하기 어려운 상태이며, 시일이 지날수록 그 수는 늘어날 가능성이 높다.

또한 한편에서는 외국문학 및 번역문학, 고전문학에 관심을 가진 전공자들의 참여로 근대 초기소설의 연구 방법 및 시각이 다채로워지면서 이해조의 창작이라고 여겨지던 많은 텍스트들이 번역이거나 번안 혹은 그러한 요소를 포함한 것으로 속속 밝혀지는 추세이다. 그렇다고 해서 근대 초기 우리 소설사에서의 이해조의 위상이나 가치가 감쇄되는 것은 결코 아니다. 그가 집적한 방대한 스토리와 그가 시도한 다양한 플롯이 후대의 근대 작가들에게 지대한 영향을 끼쳤음이 분명하기 때문이다.

우리 소설사 최초의 정탐소설로 여겨지는 「쌍옥적」이 누군가의 연구에 의해 번안 작품으로 밝혀질 가능성도 배제할 수 없다. 그러나 저작 개념이나 번역, 번안의 개념이 확립되지 않은 상황에서 당대의 요구에 충실하게 '읽을 만한', '읽힐 만한' 이야기 텍스트를 꾸준히 생산하고 있었던 이해조의 선구적 시도를 폄하할 이유는 없다. 뒤이어 「누구의 죄」를 집필하던 1910년대 초반에도, 「박쥐우산」을 집필하던 1920년에도 이해조의 목표는 '독자를 만족시킬 수 있는 흥미로운 텍스트의 조직'에 있었을 것임이 틀림없기 때문이다.

본 논문의 문제제기가 여러 경로로 확산된다면 한국 추리소설사 초창기의 이해조의 업적이 재조명될 수 있을 것이다. 또한 1913년 『매일신보』 퇴사 이후 1920년대 초반까지 이해조의 행적을 보완한 작가론의 탐색이 가능해질 수도 있다. 무엇보다도 한국 근대 초기 소설 창작의 개념과 작법의 형성과정이라는 문학사적 과제를 다룰 때 번역 및 번안의 역할이 어떤 것이었는가를 고찰하는 연구에 의미 있는 기초자료를 추가할 수 있으리라 생각한다.

『조선일보』 초창기 연재 번역 · 번안소설과 현진건

1. 머리말

1920년 『조선일보』의 창간[1] 이후 최초로 연재된 소설은 관해생(觀海生)의 「춘몽(春夢)」[2]이다. 이 작품의 뒤를 이어 동일 지면(4면)에 「박쥐우산」[3]이라는 제목의 탐정소설이 연재된다. 창간 초기 『조선일보』의 어수선한 분위기 가운데 9월까지는 상기 2편의 소설이 4면에 연재된 것 이외에 특기할 만한 연재물을 확인할 수 없다.[4] 1920년 9

1) 1920년 3월 5일 창간.

2) 관해생, 「춘몽」, 『조선일보』, 1920.3.9~7.7. 연재 지면(4면)에 '소셜 츈몽 春夢 觀海生'이라고 표기되어 있다. 전형적인 당대 신소설의 얼개와 내용을 보여주는 텍스트이다. 1920년 7월 7일자에 56회로 마감되었으나 구해볼 수 있는 자료 중 6월 30일자와 7월 1일자 연재분에 모두 50회라고 기록되어 있는 등 연재 횟수를 정확히 판단하기 어렵다. 현재 확인할 수 없는 20여 회 분량의 결락 부분이 모두 검증되어야 정확한 연재 횟수를 밝힐 수 있다. 필명 관해생(觀海生)에 대해서는 지금까지 알려진 바가 없다.

3) 작자미상, 「박쥐우산」, 『조선일보』, 1920.7.14~9.5(43회 미완). 연재 지면에 '명탐소셜 박쥐우산'이라고 표기되어 있으며 작자는 미상이다. 연재가 끝나지 않은 상태에서 1920년 9월 5일 『조선일보』가 2차 정간되었다. 1920년 9월 5일자가 지령 116호이며 속간된 12월 2일자 신문이 117호이다. 12월 2일자 4면에는 격공생(擊空生)의 「발전(發展)」이 새로 연재되기 시작한다.

4) 1920년 5월 12일자(2회)부터 26일자(15회)까지 '봄비'라는 필명의 작가가 「完我」라는 단편을 1면에 15회 연재한 것, 7월 9일자부터 13일자까지 '광파생'이라는 필명의 작가가 「無語友」라는 단편을 4면에 4회 연재한 것 정도가 현존 자료로 확인할 수 있는 연재소설 텍스트이다.

월 초부터 12월 초까지 『조선일보』가 장기간 정간된 이후 12월 2일자 속간호부터는 1면과 4면에 각기 다른 성격과 내용의 소설이 연재되기 시작한다. 이전에는 없던 1면 소설 연재의 첫 작품이 현진건의 번역소설 「초련」[5]이다.

「춘몽」과 「박쥐우산」의 내용을 상술하기는 어렵지만 이전부터 신소설에서 유행하던 법정담화와 탐정서사의 연장선에서 볼 수 있는 텍스트들이며 번역이나 번안으로 단정할 근거가 미약하다. 그런데 3개월가량의 정간 이후 속간호에서부터는 바로 번역·번안소설이 연재되기 시작한다. 게다가 같은 일자(속간호) 4면에는 일종의 번안소설인 「발전」[6]이 1면의 번역소설 「초련」과 동시에 연재되기 시작하였다.

1920년 12월부터 1921년 12월까지 1년여 동안 『조선일보』에는 1면과 4면을 통해 많은 번역소설과 번안소설이 연재된다.[7] 당시 『조선일보』 지면의 역자 혹은 편집자가 제시한 용어 구분에 따르면 1면에는 대개 예술소설을 중심으로 4면에는 대개 통속소설을 위주로 하여 따로 연재되는 것이 관행이었다. 즉 1면의 연재소설과 4면의 연재소설은 각기 다른 독자층을 대상으로 한 편집 기획의 산물이었다.

본 논문은 위 시기의 번역·번안소설 연재가 가지는 함의와 그 당시의 현진건의 역할에 대해 탐구하는 것을 목적으로 한다. 연보에 따라 조금의 차이는 있지만 현진건이 해당 신문의 기자로 재직하고 있었고,[8] 이 과정에 당숙인 현희운(현철)의 영향 혹은 도움이 있었다는

---

5) 투르게네프, 빙허생 역, 「초련」, 『조선일보』, 1920.12.2~1921.1.23(44회 완). 연재 지면에 '初戀 憑虛生 譯 투게네프 原作'이라고 표기되어 있다.

6) 격공생, 「발전」, 『조선일보』, 1920.12.2~1921.4.21(127회 상편 완). 연재 지면에 '쇼셜 發展발뎐 擊空生'이라고 표기되어 있다.

7) 동일시기에 발표된 창작소설에 비해 번역·번안의 비중이 압도적으로 크다.

8) 현진건의 조선일보 입사는 1920년 혹은 1921년으로 연보에 따라 다르게 나타나고 있다. 정확한 퇴사 시점을 언급하고 있는 연보는 찾아볼 수 없으나 『동명』과 『시대일보』 기자로 입사한 시기가 1923년임을 고려하면 최소한 1년 이상 길게는 2년 정도의 조선일보 근속을 추정할 수 있다. 1922년 『조선일보』 자료가 유실되어 검색이 불가한 것은 유감스러운 일이다.

것은 널리 알려진 사실이다. 문단에 진출하고 언론기관에 취직하는 일련의 개인사가 1920년대 초기에 진행되었던 것으로, 현진건의 초기 작가적 성향을 탐구하는 데 있어 『조선일보』 수록 텍스트는 매우 중요한 1차 자료라고 판단된다.

그러나 1920년과 1921년의 『조선일보』 연재소설이나 현진건의 해당 시기 작품은 문학사와 연구의 조명을 거의 받지 못하고 있다. 현진건 작가 연구에서도 이들 텍스트는 그동안 외면되어 온 것이다. 이 연구의 대상이 되는 1920년 12월부터 1921년 12월까지 1년간 『조선일보』에 연재된 소설들은 근대 초기 번역·번안소설의 성격을 밝히는 연구, 『매일신보』나 『동아일보』 등 당대 신문 연재소설의 성격을 밝히거나 비교하는 연구 등의 기본자료로서 주목될 필요가 있다. 본 연구는 해당 텍스트의 내적 분석을 의도하기보다는 우선 외적인 조건과 작가-텍스트의 맥락을 살피고자 하며, 기존에 알려지지 않은 필명의 주인을 추적하여 후속 연구의 2차 자료로서 기능할 수 있도록 노력할 것이다. 또한 현진건의 작가론과 연보의 미비한 점을 보충하는 것으로도 연구의 의의를 찾을 수 있다.

2. 빙허생(憑虛生) 역 「초련(初戀)」과 「부운(浮雲)」[9]

「초련」의 연재가 시작된 1920년 12월은 현진건이 등단작 「희생화」[10]를 『개벽』에 발표한 직후이다. 또한 출세작 「빈처」[11]를 같은 잡지에 발표하기 직전이기도 하다. 기존의 현진건 연구 및 연보에서 「희생화」

9) 투르게네프, 빙허생 역, 「부운」, 『조선일보』, 1921.1.24～4.30(86회 완). 연재 지면에 '浮雲 투게네프 原作 憑虛生 譯'이라고 표기되어 있다.
10) 빙허 현진건, 「희생화」, 『개벽』 5호, 1920.11.
11) 빙허 현진건, 「빈처」, 『개벽』 7호, 1921.1.

와 「빈처」를 언급하고, 1920년 발표 번역소설 「행복」,[12] 「석죽화」[13]도 거론하면서 동일한 시기에 발표된 「초련」을 누락시키고 있는 것은 수정될 필요가 있다.

『개벽』에 발표된 텍스트들을 순서대로 늘어놓아 보면 통권 3호에 「행복」이, 4호에 「석죽화」가, 5호에 「희생화」가 연달아 게재되고, 한 호를 걸러 7호에 「빈처」가 수록되어 있다. 등단 초기의 문학수업과 작품 발표에 당숙 현철의 도움이 지대한 영향을 끼쳤음을 알 수 있는 대목이다. 『조선일보』에 연재된 번역소설 「초련」도 『개벽』에 발표된 번역소설들처럼 '憑虛生'이라는 필명을 쓰고 있다. 현철의 지원을 받아 문단에 등장한 빙허생 현진건은 외국 소설의 번역으로 시작하여 의욕적인 창작소설 발표로 단기간 내에 이름을 알리는 데 성공한 것이다.

『조선일보』 입사와 관련된 구체적이고 정확한 근거는 보충될 필요가 있겠지만 여기에도 현철의 영향이 있었음은 충분히 짐작 가능한 일이며, 장기간 정간 후의 복간호 1면에 이전의 『조선일보』 신문 지면에는 없던 번역소설 연재가 시작된 것으로 미루어 최소한 1920년 12월부터는 현진건의 『조선일보』 생활이 전개되고 있었다고 보아야 한다.

1920년 11월에 발표한 「희생화」에 대한 문단의 평가는 박한 것이었으며 이후 현진건 자신도 이를 인정하는 태도를 취했다.[14] 「희생화」 이후 지면을 옮겨 다시 번역소설에 착수한 것은 신문사의 요구에 의한 것이었을 수 있으나, 분명한 것은 이 같은 활동이 습작기의 문체와 작법 형성에 일정한 영향을 끼쳤으리라는 점이다. 1921년 1월에 「빈처」가 발표되었으니 「빈처」의 집필은 「초련」의 번역 집필과 거의 동

12) 아르치바셰프, 빙허생 역, 「행복」, 『개벽』 3호, 1920.8.

13) 뮌체르, 빙허생 역, 「석죽화」, 『개벽』 4호, 1920.9.

14) 황석우, 「「희생화」와 「신시」를 읽고」, 『개벽』 6호, 1920.12 참조.

시에 수행되었다고 할 수 있다.

다음은 「초련」 연재 1회분의 서두에 실린 역자 서문이다.

> 讀者諸氏에게 - 이 小說은 저 有名한 露西亞 文豪 투게네프의 傑話短篇의 하나이다. 彼文傑은 獨特히 艶麗한 彩筆로 하염없는 靑春의 閑愁哀思를 遺憾없이 그려낸 것이다. 寂寞하던 우리 文*도 漸漸 文學의 고운 꽃이 피려는 이때 渺然한 이 一篇이라도 滋味없지 아니할까 하노라.15)

원작자인 투르게네프와 원작 「첫사랑」을 상찬하는 내용이 주를 이루는 위 서문에서 우선 주목되는 것은 국한문혼용체의 표기방식이다. 이는 같은 일자에 연재가 시작된 4면의 번안소설 「발전」의 서문과 비교할 때 분명히 구분된다.

> 요사이 신문들에 나는 소설들을 보면 대개 두 가지 종류가 있으니 그 한 가지는 예술품의 소설이라고 하여 지은 바 소설 내용에 마련과 성격과 인물이 모두 그 심곡한 데 뇌를 많이 쓰므로 감상의 힘이 적은 일반 독자들은 오히려 이것을 자미 없이 여기는 편이 많은 것이요 또 한 가지는 통속소설이라고 하여 성격의 심곡한 것을 힘쓰는 것보다 마련의 변천에 뇌를 많이 쓰므로 예술품으로는 오히려 가치가 적으나 일반 독자에게는 이것을 자미 있게 보기 때문에 개 신문에는 예술품의 소설보다도 통속소설을 많이 쓰는 것이올시다. 우리가 지금 쓰려고 하는 이 소설도 통속소설이올시다.16)

4면 연재소설의 서문과 본문이 모두 순한글로 표기된 것은 서론에

15) 빙허생, 「'초련' 역자서문」, 『조선일보』, 1920.12.2, 1면. * 표시는 판독 불가. 이하 인용문은 꼭 필요한 부분을 제외하고 고어 표기를 현대어 표기로 바꾼다.
16) 격공생, 「'발전' 서문」 부분, 『조선일보』, 1921.12.2, 4면.

서 언급했듯 1면 연재소설의 독자와 4면 연재소설의 독자를 구분하여 예상하고 그에 대응한 편집방식임에 틀림없다. 「초련」의 '讀者諸氏'가 저명한 문호의 걸작을 향유할 수 있는 고급독자라면, 「발전」의 독자는 흥미 위주의 독물을 원하는 '일반 독자'가 되는 셈이다. 고급독자가 원하는 소설이 '예술소설(예술품으로서의 소설)'이라면 일반 독자가 원하는 소설은 '통속소설'이다.

1면과 4면의 성격을 의도적으로 구분하는 표지로서의 '표기방식'이나 '연재 텍스트의 특질'은 이후에도 계속 지속되는 것으로 판단할 수 있다. 대개 4면의 연재물이 공백 없이 다음 작품으로 이어지는 데 비해 1면의 연재물은 간헐적으로 이어지고 분량 또한 4면 연재물에 비해 짧은 특징을 드러내기는 한다. 이는 1면의 연재물을 4면의 연재물보다 중요하게 여기지 않았다기보다는 연재를 지속할 필자를 구하기가 어려웠기 때문이라고 추측되는데, 최소한 12월 2일 속간호 이후의 『조선일보』는 1면의 소설 연재를 상시 지속하려는 의도를 드러내고 있기 때문이다.

『조선일보』 1면의 첫 연재소설인 빙허생 역 「초련」의 연재가 끝날 무렵 동일 지면에는 다음과 같은 예고 기사가 게재된다.

> 一面小說豫告 / 本報가 續刊된 以後로 連載되었던 一面小說 「初戀」은 그 原著가 世界에 有名한 傑作이 될 뿐 아니라 憑虛生의 活譯은 自畵自讚이 아니라 아마 滿天下 讀者의 淵鑑이 自在하리라. 그러한데 近日中에 該小說은 完載되고 今番에는 特히 一面小說로 / 「浮雲」 / 투게네프 原作 / 憑虛生 譯 / 을 다시 愛讀者 諸位에게 紹介하노니 이 小說의 本名은 「루우진」이라 하여 그 文豪의 六大傑作小說中의 一이올시다. 進步하는 露西亞 社會의 가장 興味있는 類型的 人物을 解說하여 曲折 많은 그 戀愛事件으로 主人公의 思想과 그 事業을 說明한 것이 이 小說의 大旨이올시다. 知識小說인 同時에 戀愛小說이요, 戀愛小說인 同時에 知識

小說이올시다. 그 人物과 그 事件이 우리 朝鮮社會와 共鳴될 點이 많은 것은 可讀할 價値가 有한 듯하외다.[17]

「초련」의 최종회가 게재된 1921년 1월 23일자 지면에 후속 연재의 예고가 실리고, 바로 다음 날인 1월 24일부터 연재가 시작된 작품은 빙허생의 번역소설 「부운」이었다. 속간호로부터 시작된 '一面小說'을 중단 없이 이끌고 나가려는 의도가 드러나 있다. 「초련」은 신문사의 사정상 예고 없이 연재가 시작되었으므로 연재 1회 본문 앞에 서문을 더하였으나, 「부운」의 연재는 의욕 넘치는 예고 기사와 함께 첫 장을 열고 있는 것이다. 원작자와 원작에 대한 상찬 일색의 해설은 「초련」 서문과 다를 바가 없으나, 그 앞에 번역자 빙허생을 도드라지게 드러내는 문장이 추가되어 있다.

「초련」에서 「부운」까지 『조선일보』에서의 현진건의 번역 집필은 단 하루의 휴지 기간도 없이 5개월 동안 이어진다는 것을 알 수 있다. 여기서 주목되는 사실은 『제국신문』과 『매일신보』에서 이해조가 그랬듯 현진건 또한 기자이면서 전속작가로서의 역할을 병행하고 있었다는 점이다. 입사와 거의 동시에 신문 지면의 일부분을 책임지고 메워야 하는 임무가 주어졌던 것으로 추정하기에 부족함이 없다.

현진건의 초기 3부작으로 일컬어지는 「빈처」, 「술 권하는 사회」,[18] 「타락자」[19] 중 「빈처」와 「술 권하는 사회」의 발표 시기 차이가 10개월에 달하는데, 이 연보상의 공백 기간이 본 논문에서 거론하는 『조선일보』에서의 번역·번안과 창작소설 집필 활동 사실로 메워지게 된다. 현진건은 실제로 이 기간 동안 『개벽』과 『조선일보』 양 매체를 통해 그야말로 빼곡하게, 쉼 없는 집필을 이어 가고 있었던 것이다.

---

17) 「'부운' 연재예고」, 『조선일보』, 1921.1.23, 1면.
18) 빙허생, 「술 권하는 사회」, 『개벽』 17호, 1921.11.
19) 빙허생, 「타락자」, 『개벽』 19~22호, 1922.1~4.

본 논문의 대상인 번역·번안소설의 범주에 속하지는 않지만 「부운」 연재 종료 후 이어지는 『조선일보』 '1면소설'에 대해 몇 가지 정보를 밝혀 둘 필요가 있다. 왜냐하면 그것은 다름 아닌 현진건의 창작소설 「효무」[20]이기 때문이다. 「효무」 역시 「부운」 연재 종료 직전 '一面小說豫告'라는 기사를 통해 광고되었으며 「부운」의 연재 최종회 게재 다음 일자인 5월 1일 『조선일보』 1면에 서문 없이 연재를 시작하였다. 앞에서 다룬 번역소설들을 포함하면 현진건의 『조선일보』 '1면소설' 집필 전담 기간은 6개월로 늘어난다.[21]

3. 「백발(白髮)」[22]의 청황생(靑黃生)

현진건이 「초련」, 「부운」, 「효무」로 이어지는 번역 및 창작소설 연재를 1면에서 쉼 없이 이어가고 있을 때, 『조선일보』 4면에서는 「발전」 상편 완료 이후 하편 연재 없이 박은파의 「금강석」[23]이 연재된

---

20) 현빙허, 「효무」, 『조선일보』, 1921.5.1~30(28회 미완). 연재 지면에 '曉霧 玄憑虛 作'이라고 표기되어 있다.

21) 현진건의 창작소설 「효무」 또한 기존의 작가론이나 연보에서 배제된 경우가 대부분이다. 분명한 것은 「효무」가 중편소설 「지새는 안개(『개벽』 22~30호, 1923.2~10)」와 직접적인 관련이 있는 작품이라는 점이다. 최근 안서현의 논문 「현진건 「지새는 안개」의 개작 과정 고찰」(『한국현대문학연구』 33집, 2011.4)에서 거론되기 이전까지 「효무」에 관한 논의는 전무했다고 해도 과언이 아니다. 「효무」와 「지새는 안개」의 비교 고찰 이외에도 본 논문에서 거론되는 현진건의 번역·번안소설과 동시대 및 이후 창작소설의 맥락을 공시적, 통시적으로 검토하는 과제가 남아 있다. 지면의 제약으로 본 논문에서는 할애하지만 후속 연구를 통해 보완할 것이다.

22) 청황생, 「백발」, 『조선일보』, 1921.5.14~9.30(125회 미완). 연재 지면에 '白髮 靑黃生'이라고 표기되어 있다. 『조선일보』 1921년 9월 30일자에 125회가 연재된 것을 확인할 수 있으나 이후 『조선일보』 자료가 한 달 넘게 유실되어 정확한 연재 종료 시점을 알 수 없다. 유실된 10월 자료 동일 지면에 일정 기간 더 연재된 후 완결되었을 가능성이 크다. 남아 있는 자료로 추적 가능한 이후의 4면 연재소설은 1921년 11월 16일자의 번역소설 「칼멘」 11회분이 첫 텍스트이다.

23) 박은파, 「금강석」, 『조선일보』, 1921.4.24~5.12(19회 미완). 연재 지면에 '金剛石 朴隱坡 作'이라고 표기되어 있다. 박은파는 박용환의 필명이다. 5월 12일자 19회 이후 연

다. 그러나 「금강석」은 미완 상태에서 연재가 중단되고, 5월 14일자부터 「백발」이라는 소설의 연재가 시작된다.

「금강석」의 연재가 중단된 사유는 확인할 길이 없으나 후속 연재물을 준비할 시간적 여유가 많지 않았을 것임은 쉽게 추측할 수 있다. 별다른 연재 예고 없이 시작된 「백발」 연재 1회분의 본문 앞에는 다음과 같은 서문이 붙어 있다.

> 독자제씨에게. 이 소설은 이태리소설이올시다. 아니 소설이 아니라 사실기담(事實奇談)이올시다. 세계 의학계를 진동한 죽었다가 살아난 사람이 지은 자서전이올시다. 이 소설 가운데 일어나는 어느 일이 기이하고 자미스럽지 않은 것이 없으며 그러면서도 그것이 꾸민 것이 아니고 지은 것이 아니라 낱낱이 참된 말이올시다. 그리고 정 많고 한 많은 남쪽 구라파 사람의 손에 된 것이라 그 창자를 에는 듯 애처로운 생각에는 사람으로 하여금 한 줄의 눈물을 아낄 수가 없게 하고 그 꽃답고 향기로운 구절에는 보는 사람으로 하여금 마음이 저리고 눈이 어리게 만듭니다. 다만 이것을 우리말로 옮기는 필자의 재주 없음을 한할 뿐입니다.[24)]

위 인용 부분에서 얻을 수 있는 정보는 원작이 '이태리' 텍스트라는 점, 소설이 아닌 '사실기담' 혹은 '자서전'이라는 점 정도인데 그 자체에 대한 신뢰도는 현저히 떨어진다. '세계 의학계를 진동'했다거나 '낱낱이 참된 말'이라고 하는 것도 본문 텍스트의 내용과는 완전히 동떨어진 수사이다.[25)] '청황생'이라는 필자의 정체부터 알 수 없고, 따라서

재가 중단되었으며 그 사유는 지면을 통해 밝혀지지 않았다. 5월 14일자부터 청황생의 「백발」이 후속 연재된다.

24) 청황생, 「'백발' 서문」, 『조선일보』, 1921.5.14, 4면.

25) '실연'과 '복수'를 주요 내용으로 하고 '동굴'이 중요한 배경으로 설정되어 있는 등 많은 부분에서 알렉상드르 뒤마의 「몬테크리스토 백작」을 연상시키는 작품이다. 그러나 뒤마의 작품을 직접적인 대본으로 삼았다고 하기에는 차이가 많고, 뒤마가 이태리 사람이거나 「몬테크리스토 백작」이 이태리 작품인 것도 아니다. 게다가 「몬테

원작은 훌륭하나 '옮기는 필자' 즉 역자의 재주 없음을 한한다는 서술까지를 믿을 수 없게 된다.

당대의 신문 독자들이 원작자나 원작, 번역자에 대해 어느 정도의 정보를 가지고 텍스트를 읽었을지는 알 수 없으나 현대 독자에게 '청황생(靑黃生)'은 낯선 필명이다. 또한 '옮기는 필자'라는 언급 때문에 「백발」이 번역 혹은 번안일 것이라는 가정을 할 수 있을 뿐, 연재 지면에는 제목 '백발' 뒤에 원작자나 원작에 대한 정보도, 필자 '청황생'의 뒤에 '역' 혹은 '번안'이라는 표지도 전혀 없다. 이는 1면에 연재된 번역소설 「초련」, 「부운」이 원작자명을 밝히고 번역자의 필명 뒤에 '역(譯)'이라는 표지를 둔 것과 비교할 때 분명한 차이를 드러내 보인다.

그런데 그야 말로 우연한 기회를 통해 현진건은 스스로 '청황생'이 자신의 필명이요, 「백발」이 자신의 번역물이라는 것을 밝혀 놓았다. 1929년 『별건곤』 1월호는 '소설 쓴 뒤 - 소설가가 소설 쓴 때문에 당한 일'이라는 기획 하에 여러 작가의 일화를 소개하고 있는데, 이 중 현진건의 「같잖은 소설로 문제」가 수록되어 있는 것이다.

> 나는 只今으로부터 約 八九年前에 어떤 新聞社에 있을 때에 筆者의 이름도 잘 모르고 內容도 그리 변변치 못한 어떤 西洋小說을 하나 飜譯하여 「白髮」이라는 題로 發表한 적이 있었는데 그 뒤에 東明社에 있을 때에 나에게 고맙게 하는 친구 한 분이 某書店에 그것을 紹介하여 一金三百圓也의 原稿料를 받고 팔게 하였었다. 그 서점에서는 것을 「惡魔와 가티」로 改題하여 출판하였었는데(…중략…)얼마 전에 그 書店에서는 나에게 何等의 말도 없이 다른 書店으로 版權을 轉賣하고 그 書店에서는 다

크리스토 백작」은 이상협에 의해서 「해왕성」이라는 표제로 1916년 『매일신보』에 연재되고 1920년에 단행본으로 출간되는 등 당대 독자들에게 이미 친숙한 서사였다고 할 수 있다. 뒤마의 원작 자체가 공전의 히트를 기록한 작품이고 여러 가지 언어로 번역 혹은 번안된 바 있으니 어쩌면 청황생의 번역 대본은 그 많은 번안본 가운데 하나일 수도 있고, 그 번안본이 이태리 텍스트였는지도 모른다.

시 題目을 고쳐서 「再活」이라 하고 出版하여 新聞上으로 또는 삐라도 염치 좋게 憑虛 玄鎭健 著라 하고 굉장하게 宣傳을 하였었다.[26]

1929년을 기준으로 하여 '8, 9년 전'이라면 1920～21년이며, 그러므로 '어떤 신문사'란 조선일보사가 된다. 필자의 이름도 잘 모르고 내용도 변변찮은 서양소설이라 하여 여기서 또한 번역 대본의 원작자와 작품명은 밝히지 않고 있다. 어쨌든 「백발」의 번역자 청황생이 현진건 자신임을 시인한 것이다.

'동명사에 있을 때' 즉 1923～25년경에 지인의 도움으로 출판된 「백발」 텍스트는 '악마와 같이'로 개제되었고, 정황상 이 단행본의 번역자명은 아예 기록되지 않았거나 최초 필명인 '청황생'으로 두었을 것이 분명하다.[27] 「백발」의 번역이 현진건에게 있어 그리 자랑스러운 일은 아니었을 것이기 때문이다. 이는 이후 판권이 팔리고 나서 '염치 좋게 빙허 현진건 저'라 했다고 하는 부분에서 더 분명히 드러난다.

요컨대 현진건은 1921년에 『조선일보』를 통해 「백발」이라는 번역 소설을 발표했으며, 이 텍스트가 자신의 동의하에 『악마와 같이』라는 단행본으로 출판되었고, 이후 아무런 동의 없이 『재활』[28]로 개제되어 자신의 이름이 들어간 저서로 출판되는 바람에 문제가 생겼다는 것이 이 글의 요지인 셈이다.

---

26) 현진건, 「같잖은 소설로 문제」, 『별건곤』 18호, 1929.1, 117면. 잡지 지면에는 '갓잔은 小說로 問題'라고 표기되어 있다.

27) 『악마와 같이』는 1924년에 박문서관에서 출판되었다는 기록이 있으나 현재 단행본의 존재는 확인되지 않는다. 1924년은 현진건이 동명사에 재직하고 있던 기간과 일치한다.

28) 현진건 역, 『재활』, 광한서림, 1928. 따라서 인용문의 '모서점'은 박문서관, '다른 서점'은 광한서림일 것이다. 1928년이라는 광한서림의 출판년도 또한 '얼마 전에'라는 인용문의 표현과 일치함을 알 수 있다. 확인해 본 결과 「백발」 텍스트는 1928년 이후에도 개제 출판이 이어졌다. 『마인(문언사, 1948)』, 『요부의 말로(동문사서점, 1949)』가 그것들이다. 관련 판본들 중 『악마와 같이』는 현재 소장처를 확인할 수 없다. 『재활』, 『마인』은 국립중앙도서관에 소장되어 있으며, 『요부의 말로』는 국립중앙도서관 소장자료 목록에서 검색되나 자료 분실로 열람은 불가능한 상태이다.

이를 통해 알 수 있는 사실은 현진건이 「백발」 번역을 자신이 한 일로 드러내고 싶지 않았고, 때문에 본명이나 빙허라는 호를 숨긴 채 '청황생'이라는 별호를 임시로 썼다는 점이다. 첫 단행본의 출판 과정에서는 원고료 수입에 의한 경제적 도움을 받았으나 본명은 숨길 수 있었던 셈인데, 출판사 간에 판권이 거래되는 과정에서 자신의 이름이 드러나 버리고 만 것이다.

「백발」 번역을 자랑스럽게 여기기는커녕 숨기려고 하는 이와 같은 의도는 같은 시기에 연재한 1면소설 「초련」, 「부운」의 번역 태도와 극명하게 대조되는 의식이다. 빙허 또는 현진건이라는 이름을 내걸고, 원작자를 밝힌 상태에서 번역하는 데 전혀 스스럼이 없는 이유는 자신이 판단한 원본 텍스트의 가치 및 성격이 '통속소설'이 아닌 '예술소설'에 해당하기 때문인 것이다.

「백발」의 연재기간인 1921년 5월 14일부터 9월 30일까지는 현진건이 「부운」의 연재를 끝내고 「효무」를 연재하던 기간과 겹치는 부분이 있다. 「효무」의 연재가 미완으로 중단되고 만 것과 「백발」 번역 연재 사이에 어느 정도의 관련이 있으리라 짐작된다. 다시 말하면 1면소설 「효무」의 연재 시작 시기는 4면소설 「금강석」의 연재가 진행되던 도중이다. 「금강석」의 미완 연재 중단이 작가의 사정 때문인지 다른 이유에서인지는 확인할 수 없으나, 신문사의 입장에서는 하루빨리 4면의 연재물을 속개해야 하는 또 하나의 돌발적인 사정이 생겼던 셈이다. 예정에 없었거나 넉넉한 시간 여유를 잡고 있었던 「백발」 번역이 급작스럽게 편성되었을 것이며, 현진건의 입장에서 2개의 번역을 동시에 수행하는 것도 아닌, 하나의 번역과 다른 하나의 창작을 병행하는 일은 절대 무리로 여겨졌을 가능성이 농후하다.

또한 동일 매체에 성격이 다른 두 개 이상의 글을 실을 때 필명을 달리하던 근대 초기의 관행이 여기서 확인된다. 현진건의 경우 스스로 생각한 자신의 정체성에 부합하는 텍스트의 번역 혹은 창작에는 본명이나 빙허라는 호를, 그렇지 않은 텍스트에는 임시로 지은 별호를 사용하여 각각 대응한 것으로 볼 수 있다.

청황생이라는 별호 뒤에 번역 혹은 번안이라는 표지를 두지 않은 것도 다시 한 번 생각해 볼 필요가 있다. 대본이 있는 상태에서의 2차 텍스트 생산의 과정에서 원작을 드러내지 않고 역, 번안의 표지도 제시하지 않는 데는 나름의 사정이 있었을 것이라 생각되기 때문이다. 현진건은 자신의 집필 행위가 창작도 아니고 본격적인 번역도 아니라는 것을 자각하고 있었음에 틀림없다.[29] 번안이라면 번안일 수는 있겠는데 자신이 판단한 번안의 기준이나 범주에도 들어맞지 않았던 것이 아닐까. 그렇다면 원본 텍스트와 2차 텍스트의 거리를 의도적으로 늘려 저(著) 혹은 작(作), 번안의 경계를 모호하게 하는 당대적 관행과 과히 멀리 떨어지지 않은 것으로 해석될 여지가 충분하다. 1920년대 초반만 해도 우리 문단의 사정은 '저', '작', '번역', '번안'의 개념에 대한 합의가 제대로 이루어지지 않은 상태였다고 보이기 때문이다.[30]

4. 「발전(發展)」의 격공생(擊空生)과 「처녀의 자랑」의 포영생(泡影生)

이쯤에서 머리말부터 간간이 언급된 「발전」 연재의 전후 사정을 다시 한 번 상세히 살펴볼 필요가 있다. 「발전」은 『조선일보』 속간호로

29) 우선 작가적 양심에 따라 '작'이라고 표기하는 것은 불가능했을 것이다. 그와는 다르게 만약 번역이라는 표지를 두었다면 원작을 밝혀야 할 것이고, 그와 동시에 번역자는 원본 텍스트와 번역 텍스트 사이의 내용적 동일성과 표기언어에 의해 발생하는 차이의 적절성을 책임져야 하는 문제가 발생한다.

30) 이에 대한 서술은 지면 관계상 본 논문에서 계속하기 어려우므로 후속 연구에 의해 보충할 것이다. 근대 초기 서사 텍스트를 열람할 때 '번안'이라는 개념이 확립되는 과정, 표제와 필자를 표기하는 부분에서 '번안'이라는 표지가 일정한 기준에 따라 일관적으로 부기되는 시기 등을 전반적으로 고찰할 필요가 있다.

부터 4면에 연재를 시작한 소설 텍스트이다. 「발전」 연재 1회분의 본문 앞에는 서문이 붙어 있는데, 앞서 2절에 인용한 부분 이후에 다음과 같은 내용이 이어진다.

> 이 소설은 격공생이 새로 지은 소설이 아니요, 영국 사람이 만든 소설이올시다. 그러나 요사이 항용 쓰는 신문 소설 격식으로 하면 남의 소설을 땅의 이름과 사람의 이름만 고치고 자기가 지은 것같이 하는 일이 종종 있으나 이는 글을 좋아하는 우리네들의 차마 못할 일이올시다. (…중략…) 다만 한 가지 유감되는 일은 이 소설을 쓰는 격공생이 본 통속소설에는 뜻한 바이 적고 이것을 취미 붙인 일이 없었으므로 될 수 있는 대로는 이 통속소설을 쓰지 아니하려고 하였더니 여러 공론이 이 격공생이 써야만 자미가 있겠다 하여 부득이 이 소설을 쓰게 되었습니다. 과연 자미가 있을는지 없을는지는 현명한 우리 애독자 제씨의 높은 비평을 바라거니와 끝으로 한 마디 여러분에게 사과할 일은 이 격공이라고 하는 이름이 행용이 사람의 글에 쓰는 이름은 아니올시다. 이번에 새로이 이 소설에 격공생이라 쓰는 것은 이 사람이 원래 글을 좋아하고 배우며 연구하는 것과는 길이 좀 다른 까닭에 딴 이름을 쓴 것이니 많은 사랑을 주시는 우리 독자 여러분은 과히 꾸지람을 마시고 심심한 틈을 타서 한 번씩 보시면 ** 소설과 같이 과히 자미 없지 아니할 줄 스스로 믿는 바이올시다.[31]

위 인용문은 앞 절에서 언급한바 원작자와 원작을 밝히지 않는 문제, 저작과 번역 및 번안의 경계에 관한 문제, 필명에 관한 문제를 모두 포괄하고 있다는 점에서 주목된다. 「백발」을 이태리 소설이라고만 하고 원작자와 원작명을 밝히지 않았듯 「발전」의 서문에도 '영국 사람이 만든 소설'이라는 정보 밖에는 주고 있지 않다. 또한 위 글에는

31) 격공생, 「'발전' 서문」 부분, 『조선일보』, 1921.12.2, 4면.

'새로 지은', '만든', '쓰는' 등의 술어가 구분되어 쓰이고 있는데, 서문의 필자는 「발전」 텍스트가 짓거나 만든 것은 아니고 쓰는 것이라고 하고 있다. 즉 '창작'은 아니나 '번역' 혹은 '번안'도 아닌 포괄적인 '저술' 행위로 인식하고 있는 것이다.

그렇다면 「발전」의 필자 '격공생'은 누구인가? 이 물음에 대해 답할 수 있는 사실 근거는 현재까지 드러나지 않았다. 그러나 여러 가지 정황 근거로 유추해 볼 때 '격공생' 또한 현진건일 가능성이 대단히 높다.

첫째 '예술소설'과 '통속소설'을 구분하고 1면에 예술소설을, 4면에 통속소설을 배치하는 편집 방법은 1920년 12월2일자 속간호부터 지속된 것인데, 첫 1면소설인 「초련」의 역자가 빙허 현진건이라는 사실이 주목된다. 「백발」의 '청황생'이 「효무」의 '현빙허'와 구분하기 위해 지은 임시 별호라면, 「발전」의 격공생 또한 같은 기간 1면에 연재되고 있던 「초련」의 역자 빙허생과의 구분 의도에서 지어진 별호일 가능성이 있다. 세계적 걸작소설을 번역하거나 자신의 창작소설을 의욕적으로 발표하는 것에 비해 통속소설을 번역하거나 번안하여 정체불명의 독물을 만드는 행위는 현진건의 입장에서 '뜻한 바 없는' 행위였던 것이다.

둘째 『조선일보』 1면에서 현진건의 「초련」과 「부운」 번역 연재가 연달아 이어지는 시기(1920.12.2~1921.4.30)와 격공생의 「발전」 연재 시기(1920.12.2~1921.4.21)가 거의 일치하고 있다는 점이다. 이 또한 「초련」과 「부운」의 필명이 '빙허생'으로, 「발전」의 필명이 '격공생'으로 각각 구분되고 있다고 자연스럽게 해석될 수 있는 사항이다. 물론 한 사람의 작가가 5개월이 넘는 기간 동안 동일 매체에서 두 가지 텍스트 연재를 동시에 지속하는 것이 가능하겠는가 하는 의문이 생길 수 있다. 그러나 이는 앞 절에서 언급한바 집필하고 있는 텍스트의 성격에 따라 달리 고려해야 할 문제다. 즉 이 시기의 병행 연재 텍스트는 모두 대본이 있는 번역·번안 텍스트인 것이다.

4월 21일 「발전」 연재 종료[32] 후 『조선일보』 4면에는 후속작으로 「금강석」이 연재되기 시작한다. 「금강석」은 앞에서 언급했다시피 현진건의 작품이 아니다. 4월 21일부터 30일까지 현진건은 「부운」의 마무리만 하면 되는 상황이었고, 4면의 연재를 일정 기간 박은파에게 맡긴 상태에서 의욕적으로 「효무」의 연재를 기획하였던 것이다. 5월 1일 「효무」의 연재가 1면에서 시작되었고, 이는 현진건이 조선일보사 입사 후 가장 바라던 일이었을 것이다. 그러나 뜻하지 않게 「금강석」의 연재가 파행을 겪게 되고, 이는 앞 절에서 말한 대로 창작과 번역을 동시에 수행해야 하는 결과로 나타났다. 둘 중 하나를 포기해야 하는 시점에 이르러 현진건의 선택은 자신의 창작소설의 연재를 지속하는 대신 대본이 있는 번역 집필의 지속을 택한 것이다. 그리하여 「효무」의 연재는 미완 상태에서 중단되었다.[33]

「발전」이 그의 작품이라고 가정하고 1920년 12월 2일부터 현진건이 『조선일보』에 연재한 소설 텍스트들을 정리해 보면 다음과 같다.

제목	필명	연재시작일	연재종료일	게재면	비고
초련	빙허생	1920.12.2	1921.1.23	1면	번역. 44회 완.
발전	격공생	1920.12.2	1921.4.21	4면	번안. 127회 상편 완.
부운	빙허생	1921.1.24	1921.4.30	1면	번역. 86회 완.
효무	현빙허	1921.5.1	1921.5.30	1면	창작. 28회 미완
백발	청황생	1921.5.14	1921.10.?	4면	번안. 125회(9.30) 이후 확인 불가.

1920년 12월 『조선일보』 속간으로부터 시작된 현진건의 집필은

32) 「발전」 최종회 본문 뒤에는 다음과 같은 후기가 덧붙여져 있다. "아경의 발전 소설은 이것으로써 그 상편을 마쳤다. 이제는 하편을 계속할 것이로되 기자의 사정에 의하여 이만 끝을 막고 붓을 놓으려고 하는 바이다."

33) 「효무」 마지막 연재분 말미에는 "작자의 사정에 의하여 유감천만이지마는 여기서 붓을 멈춥니다."라는 작가의 말이 부기되어 있다.

1921년 10월까지 하루도 쉼 없이 계속되었음을 알 수 있다. 특히 1921년 5월까지는 2개의 텍스트를 1면과 4면에 걸쳐 동시에 집필하고 있었다. 「발전」의 번안 집필이 4월 21일 상편만으로 완료되었던 사정도 짐작이 가능하다. 4면 소설을 집필할 다른 필자 즉 박은파가 섭외된 상태에서 5월부터 자신의 창작소설에 전념하기 위해서가 아니었겠는가. 그러나 앞에서 밝혔다시피 박은파의 「금강석」은 19회 연재를 끝으로 미완 상태에서 조기에 종료되고, 현진건은 4면 소설의 신연재를 이어가기 위해 「효무」의 창작 연재를 중단해야 했던 것이다.

그렇다면 1921년 10월 이후의 현진건은 『조선일보』의 지면을 통해 무엇을 하고 있었을까. 이는 10월 이후 『조선일보』에는 어떤 소설이 연재되고 있었는지를 확인하는 작업으로부터 해명될 수밖에 없다. 일단 현진건, 빙허 등의 이름으로 발표된 소설 텍스트는 확인되지 않는다. 게다가 『조선일보』의 1922년 자료가 통째로 분실되어 확인이 불가한 상태이므로 1921년 12월까지만을 대상으로 하여 추적해 보았다.

1면에서는 「효무」의 연재 중단 이후 6월부터 소설 연재가 자취를 감추었다가 9월 15일부터 탐정소설 「813」[34]이 연재되기 시작한다. 9월 30일자까지는 연재가 지속되고 있는 것을 확인할 수 있으나 이후 신문 자료가 유실되어 정확한 연재 종료 시점을 알 수 없다. 9월 30일 이후 최초로 확인할 수 있는 자료인 11월 16일자 『조선일보』에는 「813」의 존재를 찾을 수 없다. 예술소설이라고 하기 힘든 모리스 르블랑의 탐정소설을 배치한 것부터 1면과 4면의 구분은 유명무실해진 것으로 보이며, 「813」 연재의 앞뒤에 산견되는 시나 수필, 평론, 단편 등의 간헐적 게재를 연재라고 부를 수도 없는 상황이다.

---

34) 모리스 르블랑, 운파 역, 「813」, 『조선일보』, 1921.9.16~10.?. 동 지면 9월 15일자에 원작과 원작자에 대해 자세히 설명하는 소개 글이 수록되어 있다. 연재 지면에 '奇怪探偵小說 813 雲波 譯'이라고 표기되어 있다. 회차 정보가 표기되지 않았다. 원작은 프랑스 작가 르블랑Maurice Leblanc의 『813(1910)』이며 '雲波'는 崔相僖의 필명이다. 일본 改造社 간 保篠龍緒 역본의 중역이다.

4면의 소설 연재는 1면보다 꾸준히 이어졌다. 11월 16일자의 『조선일보』 4면에는 나도향 역의 「칼멘」[35] 11회분이 수록되어 있다. 빨라도 10월 말, 늦어도 11월 초에 연재가 시작된 것으로 볼 수 있으므로, 청황생의 「백발」이 10월까지 연재 지속된 후 후속작으로 등장한 것이라고 추측된다. 「칼멘」의 연재가 12월 5일 27회로 완결 종료된 후에는 포영생의 「처녀의 자랑」[36]이 뒤를 이었다.

위에 열거한 연재 텍스트들 중 「813」과 「칼멘」은 역자가 밝혀져 있으므로 별도의 분석을 하지 않는다. 여기서 주목해야 할 작품은 포영생의 「처녀의 자랑」이다.

「칼멘」의 비교적 짧은 연재 기간이 끝을 향해 가고 있을 때 『조선일보』의 4면에는 후속 연재물 「처녀의 자랑」에 대한 광고가 11월 30일자부터 12월 4일자까지 날마다 게재되었다. "진부한 通俗小說은 이미 讀書界의 中心을 떠낫고 그럿다고 純文藝小說은 一部에뿐 기울어지는 欠點이 업지 안슴니다. 絶大한 興味를 일으키는 同時에 豐富한 藝術味를 가진 것이 新聞小說의 理想이 아닐 수 업슴니다."[37]로 시작하는 이 광고는 소설의 분위기와 내용을 비교적 상세히 서술한 후 '新聞小說의 空前'이 되리라는 자신감 있는 표현으로 마무리된다.

그러나 「처녀의 자랑」 연재가 시작된 12월 6일자에는 소설 본문에 앞서 필자의 서문이 붙어 있는데, 이 글의 분위기는 의기양양하던 연재예고의 표현과 완전히 동떨어진 변명투의 분위기를 자아내고 있다. 게다가 그 변명의 내용이 의미심장하다.

---

35) 메리메, 나도향 역, 「칼멘」, 『조선일보』, 1921.11.16(11회)~12.5(27회 완). 1921년 11월 16일자 이전의 신문 자료가 유실되어 정확한 연재 시작일을 알 수 없고, 10회까지의 연재분 내용 또한 확인할 수 없다. 연재 지면에 '戀愛小說 칼멘 羅稻香 譯'이라고 표기되어 있다. 원작은 프랑스의 작가 메리메Prosper Mérimée의 장편소설 『카르멘Carmen(1845)』이다.

36) 포영생, 「처녀의 자랑」, 『조선일보』, 1921.12.6~?. 연재 지면에 '小說 處女의 자랑 泡影生'이라고 표기되어 있다.

37) 「4면소설 예고」, 『조선일보』, 1921.11.30, 4면.

필자로부터 독자에게. 이 소설은 필자의 창작한 것은 아닙니다. 그러면 번역인가? 번역도 아닙니다. 번안인가? 완전한 번안이라고도 할 수 없습니다. 이것도 아니고 저것도 아닌 이상야릇한 무엇이 될 것 같습니다. 이것은 필자의 재능도 없는 때문이거니와 워낙 짧은 시간을 가지고 하는 노릇인 까닭이올시다. 이런 짓을 아니 할 수 없는 이 필자의 자신을 슬퍼하는 동시에 이 소설을 보아 주실 이에게 많은 용서를 빌며 또 이 소설의 원작자에게도 깊이깊이 사죄하는 바입니다.[38)]

창작도 아니고 번역도 아니고 완전한 번안도 아닌 이상야릇한 독물, 그것을 짧은 시간 안에 집필하여 연재해야 하는 필자의 사정, 대본이 있으나 번역이나 번안이라고 하지 못하기에 원작자에게 느끼는 죄책감 등이 위 서문의 내용인 것이다. 이는 격공생이라는 이름을 임시로 지어 「발전」을 연재할 때의 필자의 자의식, 청황생이라는 별호로 자신을 숨기고 「백발」을 연재한 사실을 8, 9년 동안 숨기고 있다가 문제가 발생하자 뒤늦게 사정을 밝혀야 했던 필자의 자의식과 상당 부분 겹쳐진다고 할 수밖에 없다.

창작이라고도 번역・번안이라고도 할 수 없어서 필명 뒤에 '작', '역', '번안' 등의 표기를 생략하는 것도 필자의 의식적인 행위라고 보아야 한다. 작품의 제목과 필명 외에 아무 정보를 주지 않는 다른 매체, 다른 작가의 많은 텍스트에 대해서도 세심한 분석적 고찰을 가해야 하는 이유이다. 그들 중 다수는 '짓'지도 않았고 '옮기'지도 않았으며 단지 '쓰'는 일을 하고 있었다. '작자'도 '역자'도 아닌 '필자'요 '기자'인 셈이다.

아무튼 위와 같은 정황을 고려할 때 당시의 『조선일보』에서 포영생이라는 이름으로 「처녀의 자랑」을 연재해야 하는 임무는 기자 현진건

38) 포영생, 「'처녀의 자랑' 서문」, 『조선일보』, 1921.12.6, 4면.

에게 다시 지워졌을 가능성이 농후하다. 우연한 일일지라도 '擊空', '泡影' 등의 필명은 '憑虛'와 함께 '憑空捉影'이라는 근대 초기의 숙어에 교묘히 걸쳐져 있지 않은가.

5. 맺음말

1920년 12월부터 1921년 12월까지 1년 남짓의 기간 동안 발행된 『조선일보』의 확인 가능한 모든 자료를 검색·열람하여 이 시기에 연재된 소설 텍스트의 성격을 살펴보고, 번역·번안류의 텍스트를 중심으로 그 연재 정보와 상황을 고찰해 보았다. 1920년에 조선일보사에 입사하여 기자로 근무했다고 전해지는 현진건과 관련된 자료를 우선적으로 분석한 이 논문은 각 작품의 연재 예고 및 서문, 제목과 필자의 표기 방식 등에 주목하였고, 이를 통해 번역·번안소설 연재의 양상과 현진건의 역할을 상세히 밝히려 노력하였다.

1920년 9월 정간 이전에는 없던 1면의 소설 연재가 12월 2일 『조선일보』 속간호부터 전격적으로 시작된다. 이전에 소설을 연재하고 있던 4면과 함께 두 개의 지면이 동시에 소설을 수록하게 된 것이다. 1면과 4면의 각각 다른 소설 텍스트는 성격상 '예술소설'과 '통속소설'로 구분되며, 이는 각기 다른 독자층을 염두에 둔 편집방식일 것이라고 판단하였다.

양 지면의 연재 병행에 큰 역할을 한 사람이 바로 기자요 신인 작가였던 현진건이다. 1면의 첫 연재물 「초련」은 현진건의 번역소설이었고 뒤를 이은 「부운」과 「효무」 또한 현진건의 번역 및 창작소설이었던 것이다. 본 논문은 1920년 12월 2일에 『조선일보』 4면에 연재를 시작한 「부운」 또한 현진건이 쓴 텍스트이며, 따라서 해당일을 기점으로 5월 말까지 6개월간 현진건 혼자 1면과 4면의 소설 연재를 전담하다시피 했던 것으로 파악하였다.

현진건은 「같잖은 소설로 문제」라는 글을 통해 1921년 5월 14일에 연재가 시작된 「백발」 또한 자신의 번역물임을 밝힌 바 있다. 그렇다면 1920년 12월부터 1921년 10월까지 현진건은 『조선일보』를 통해 거의 하루도 빠짐없이 집필 활동을 이어간 것인데, 그 앞뒤로 『개벽』에 발표한 번역(「행복」(1920.8), 「석죽화」(1920.9)) 및 창작 단편(「희생화」(1920.11), 「빈처」(1921.1), 「술 권하는 사회」(1921.11))들을 늘어놓는다면 빈틈을 발견할 수 없는 집필활동의 지속을 확인하게 된다.

본 논문은 1921년 12월 6일에 연재를 시작한 4면소설 「처녀의 자랑」 또한 현진건의 작품일 가능성을 놓고 연재 예고 및 서문을 분석하였다. 「발전」, 「처녀의 자랑」을 현진건의 작품일 것이라고 판단하고 그 사이의 「백발」과 함께 살펴보면 현진건의 통속소설에 대한 의식 및 근대작가로서의 정체성에 관한 의식을 엿볼 수 있다.

이 논문이 분석한 연재소설 텍스트들은 근대 초기 번역·번안소설 및 『매일신보』나 『동아일보』 등 당대 신문 연재소설의 성격을 밝히거나 비교하는 연구 등의 기본자료이다. 기존의 현진건 작가론과 연보가 가지고 있는 결락지점을 빈틈없이 메우는 데도 유용한 자료가 될 것이다.

더 나아가 당대의 작가들에게 '창작', '번역', '번안'의 경계에 대한 개념 정립이 이루어지고 있었으며, 그럼에도 불구하고 그것들을 모호하게 하는 '저술' 행위가 지속되고 있음을 본 논문은 확인하였다. 동시기 및 전후(前後) 시기의 다른 매체에 발표된 텍스트로 대상을 넓혀 정교한 분석을 가해야 할 것이며 이는 후속 연구를 통해 보완해야 할 남은 과제이다.